UNITALL

DIE SCHLÜSSEL DER OFFENBARUNG

– Die totale Überwachung –

Julian von Salomon

1. Auflage
Juli 2015

HJB Verlag & Shop KG
Im Kai 1
78259 Mühlhausen-Ehingen
Deutschland
Tel. 0 77 33 – 9 77 34 30
Fax 0 77 33 – 9 77 34 39
www.alternative-realitaet.de
hjb@bernt.de

Dieses Buch erscheint unter dem
eingetragenen Warenzeichen UNITALL®
innerhalb der Reihe *Alternative Realität*

Printed in EU

ISBN 978-3-95634-049-9

Inhaltsverzeichnis

Band 3: Die totale Überwachung – Wie der Gott der Illuminaten Realität wird

Vorwort

Zunächst möchte ich mich ehrlich entschuldigen. Ich schaffe es nicht mehr, sämtliche Leserbriefe individuell zu beantworten. Sowohl mein Verleger als auch ich hatten nicht mit dieser Flut von Zuschriften gerechnet. Wir waren davon ausgegangen, jedem einzelnen Leser, der uns schreibt, antworten zu können. Das ist mittlerweile unmöglich geworden. Würde ich dies tun, wäre das Ihnen nun vorliegende Buch niemals fertig geworden.

Deshalb möchte ich Sie um Nachsicht bitten. Ich kann zwar nur einen Bruchteil der Leserbriefe beantworten, aber ich kann sie alle lesen. Und ich merke mir sehr gut, was Sie, liebe Leser, bewegt. Im nun vorliegenden Band kann ich zwar nicht auf alle Leserfragen eingehen, aber immerhin einen Großteil davon beantworten.

Nach der Lektüre des »Geheimen Weltkriegs der *Illuminaten*« wollten viele wissen, wie denn die Zukunftspläne der *Bruderschaft* wohl aussehen mögen. Jene Leser werden nun voll auf ihre Kosten kommen.

Andere wünschten sich zusätzliche Informationen über die *Artur* und ihren wissenschaftlichen Arm, die *Vril-Gesellschaft*. Diesen Wunsch kann ich natürlich sehr gut nachvollziehen und werde ihm im Folgeband gerecht werden. Falls Sie, liebe Leser, mich nicht zu einem anderen Vorgehen veranlassen, möchte ich den roten Faden folgendermaßen weiterspinnen:

Nachdem ich im vorausgegangenen Band die Strategien der *Illuminaten* und ihre Auswirkungen auf unsere heutige Welt geschildert habe, werde ich nun auf die Pläne der *Bruderschaft* für die nahe Zukunft eingehen. Diese Pläne bestehen im Wesentlichen aus der Realisierung einer Form von Totalüberwachung, im Vergleich zu der Orwells 1984er-Dystopie wie ein Kindergeburtstag wirkt. Ich werde aufzeigen, dass eine Fortsetzung der gegenwärtigen Finanz- und Herrschaftsstrukturen uns alle in die totale Sklaverei führen wird, wenn wir nichts dagegen unternehmen und/oder wenn wir keine Hilfe von »außen«, d. h. von den *Artur* erhalten.

Der technologische Fortschritt wird die wahren Herrscher mit einer Macht ausstatten, die in jedem Detail vergleichbar ist mit der (diesseitigen) Allwissenheit des biblischen Rachegottes JHWH und seiner Allmacht, jeden jederzeit bei Fehlverhalten bestrafen zu können. Deshalb habe ich den Titel dieses Buches todernst gemeint.

Auch wenn Ihnen diese Aussagen vielleicht noch unglaubwürdig erscheinen mögen, so lesen Sie bitte dieses Buch und fragen sich erneut, ob die technische Realisierung der wichtigsten Fähigkeiten (von der Macht, Tote wieder auferstehen zu lassen, einmal abgesehen) des biblischen Gottes tatsächlich unglaubwürdig ist.

Ich werde aufzeigen, dass ein kontinuierlicher Prozess zu diesem Ziel führt und dass wir uns bereits mitten in dieser seit Jahrzehnten sorgfältig vorbereiteten Entwicklung befinden. Die *Bruderschaft* sieht ihre eigene Bestimmung darin, totale, absolute, unumstößliche Macht über die Menschen zu gewinnen. Dieses Ziel rückt nun in greifbare Nähe.

Im Folgeband werde ich dann darauf eingehen, wie diese Welt der Totalversklavten nach den *illuminierten* Planungen aussehen soll, wie man das Problem der Überbevölkerung in den Griff zu bekommen gedenkt, warum es zu jener Zeit höchstwahrscheinlich zu einer finalen Auseinandersetzung zwischen der *Bruderschaft* und den *Artur* kommen wird und warum Letztere nicht heute schon ins Weltgeschehen eingreifen.

Doch nun wünsche ich Ihnen erst einmal interessante Lesestunden. Und wenn Sie durch meine Ausführungen schockiert werden und vielleicht den Glauben an eine lebenswerte Zukunft verlieren, so behalten Sie immer im Hinterkopf, dass es nicht so kommen muss. Letztlich liegt es an uns, ob wir uns als würdig erweisen, in Freiheit statt in Sklaverei zu leben.

Irgendwo in Deutschland, irgendwann im Dezember 2014,
Ihr
Julian von Salomon

Teil 1: Grundlagen und Zusammenhänge

1.1 Aufruf zum Widerstand

In meinem Buch »Der geheime Weltkrieg der *Illuminaten*« schilderte ich ausführlich, wie sich die verschiedenen Bausteine des Herrschaftsgebäudes der *Illuminaten* ergänzen. Das Fundament besteht aus dem Finanzsystem – der Schöpfung von Geld aus dem Nichts. Durch die dafür verlangten Zinszahlungen vom Staat, von den Unternehmen und von Privatpersonen schneiden sich die *Illuminaten* einen erheblichen Teil vom Produktionskuchen ab. Folglich ist es in ihrem Interesse, dass sich a) der Staat verschuldet und dass b) uns allen durch Steuern, Abgaben und »Umweltbewusstsein« möglichst wenig Geld zur freien Verfügung bleibt, weshalb wir eher bereit sind, Kredite aufzunehmen. Der zuletzt genannte Punkt wird zusätzlich durch die Ideologie des Materialismus verschärft, die den Menschen einimpft, alle möglichen unsinnigen Dinge unbedingt haben zu müssen.

Dabei ist zu beachten, dass sich a) und b) gegenseitig verstärken. Je höher der Staat verschuldet ist, umso höhere Steuern muss er verlangen, um die Zinszahlungen leisten zu können und umso weniger Geld bleibt in unseren Taschen, was unsere Bereitschaft, private Kredite aufzunehmen, entsprechend steigert.

Soweit die Kurzfassung. Vor diesem Hintergrund wird sofort verständlich, warum die *Illuminaten* ein großes Interesse an einem ausufernden Sozialstaat haben – was durch die Migration in die Sozialsysteme der Industriestaaten befeuert wird – und warum sie kein Interesse daran haben, dass Frieden in der Welt real wird.

Dauerhafter Krieg, meist durch religiösen Unsinn ausgelöst und aufrechterhalten, hat zusätzlich zur Staatsverschuldung auch noch den Vorteil, ein (Total)überwachungssystem zu rechtfertigen. Schließlich droht der Terror immer und überall. An dieser Stelle schließt sich auch der Kreis zur Migration: Neben der daraus resultierenden Staatsverschuldung entsteht die »Terrorgefahr« gerade erst durch die Zuwanderung von Menschen aus »fremden«, unaufgeklärten[1] Kulturkreisen, womit sich wiederum die Überwachung rechtfertigen lässt.

Wie ich gezeigt habe, entsteht so ein sich selbst verstärkendes Herrschaftssystem aus Zinsen, Sozialstaat (Migration), Krieg (Terror) und Religion (Bevormundung). Die zuletzt genannte Komponente wird genutzt, um den Menschen von Kindesbeinen an einzureden, die Obrigkeit sei autorisiert, die Wertvorstellungen jedes Einzelnen, dessen Privatleben betreffend, vorzugeben. Auch diese Mechanismen habe ich in meinem vorherigen Buch »Der geheime Weltkrieg der *Illuminaten*« ausführlich beschrieben.

Das so auf kriminelle Weise »verdiente« Geld wird von der *Bruderschaft* in bleibende Sachwerte investiert. Dies geschieht vorzugsweise in Form von Unternehmensbeteiligungen und zwar genau in den Branchen, die von den Verbrechen der *Bruderschaft* profitieren: Rüstungsindustrie, Sozialindustrie und Ökoindustrie. Auf diese Weise verdienen die *Illuminaten* neben den Zinszahlungen doppelt.

Ein weiterer Teil des Geldes wird für die Beherrschung der großen Medienunternehmen ausgegeben, um die Meinung der breiten Masse zu »bilden«. Zusätzlich investiert man Geld schlicht in Bestechung, indem Journalisten gezielt geschmiert[2]

---

[1] Wenn ich von »Aufklärung«, »aufgeklärt« bzw. »unaufgeklärt« rede, meine ich dies immer in Bezug auf den Einfluss von Religion auf das Leben der Menschen.

[2] Siehe dazu auch Ulfkotte (2015). Dabei handelt es sich keinesfalls um »Verschwörungsliteratur«, sondern der Autor nennt ganz konkret die Namen der verbrecherischen Journalisten, und er vertritt ganz einfach den Standpunkt: »Sollte etwas, das ich schreibe, nicht wahr sein, werde ich von dem zu Unrecht Beschuldigten verklagt

und die Karrieren von »geeigneten« Politikern gefördert werden.

Nachdem ich dies alles in meinem vorherigen Buch im Detail geschildert habe, brach natürlich eine Flut von Leserbriefen über mich herein, die (fast) alle eine Frage gemeinsam hatten: Was können wir gegen dieses verbrecherische System tun? Die meisten Leser stellten diese Frage in Verbindung mit der Befürchtung, dass möglicherweise bereits alles zu spät sei, dass die Macht der *Bruderschaft* soweit gefestigt sei, dass sie nicht mehr gebrochen werden kann. Diese fatalistische Vorstellung ist glücklicherweise falsch. Man kann tatsächlich etwas tun – etwas sehr Effektives sogar.

Greifen Sie die Grundlage der Herrschaft an, die Bevormundung – und nicht etwa die jeweilige Ausprägung. Es ist nämlich keineswegs »gottgegeben«, dass der Staat irgendein Recht hätte, Ihnen in Ihre Privatangelegenheiten hineinzureden, speziell, wofür Sie das von Ihnen erwirtschaftete Geld ausgeben müssen bzw. wofür der Staat sich anmaßt, Ihr Geld auszugeben.

Diesen Gedanken möchte ich an einem Beispiel erläutern: Nehmen wir eine Diskussion darüber, ob Deutschland mehr Flüchtlinge aus Afrika aufnehmen sollte. Der Nutzen für die *Bruderschaft* ist klar, dementsprechend wird die Meinung der nicht-denkenden Mehrheit von den bestochenen[3] Journalisten manipuliert. Wenn Sie nun argumentieren, dass alle Prognosen ein gigantisches Bevölkerungswachstum in Afrika vorhersagen, dass dadurch das Elend auf diesem Kontinent immer größer wird, dass demnach ein ständig wachsender Flüchtlings-

---

und entsprechend verurteilt werden. Aus der Tatsache, dass eine Verurteilung Ulfkottes bis heute nicht geschehen ist, mag der Leser seine Schlüsse ziehen.

[3] Die niederen Ränge bekommen im Gegensatz zu den höheren keine direkten Vergünstigungen; sie wissen jedoch sehr wohl, dass ihre Karriere bald beendet ist, wenn sie etwas anderes schreiben.

strom entsteht, dass es sich also um ein Fass ohne Boden handelt, dann, ja dann, liebe Leser, stehen Sie schon auf verlorenem Posten.

Nicht nur, dass Sie die Medienmeinung gegen sich haben, Sie werden auch sogleich mit Nettigkeiten wie »Unmensch« im günstigsten Falle oder »Rassist und Nazi« im ungünstigeren Fall belegt. Folglich sollten Sie überhaupt nicht über die Sache (Afrikaflüchtlinge) diskutieren, sondern stattdessen darüber, dass es Privatsache ist, ob jemand sein selbst erwirtschaftetes Geld für Afrikaflüchtlinge ausgeben möchte oder eben nicht.

Vertreten Sie den Standpunkt (ohne sich zunächst in der Sache festzulegen), dass diejenigen, die dafür sind, ihre Moral nicht denjenigen vorschreiben dürfen, die das lieber nicht wollen. Schließlich sei es nicht ihre Absicht, diejenigen daran zu hindern, die einen Teil ihres Geldes für Afrikaflüchtlinge spenden wollen. Umgekehrt sei es nicht mit einem freiheitlichen Gesellschaftssystem vereinbar, dass Menschen dazu gezwungen würden, ihr Geld nach den Moralvorstellungen von anderen auszugeben. Letzteres bedeutet nämlich nichts anderes als Diktatur – ein Wort, das aus dem lateinischen »dictare« abgeleitet ist, was »befehlen«, »diktieren« bedeutet.

Auf diese Argumentation hört man häufig den Einwand: »Die Steuern werden von der Regierung erhoben und verwendet, wozu diese Regierung das Recht hat, weil sie schließlich demokratisch legitimiert ist.« Natürlich könnten Sie nun vorbringen, dass die Mehrheitsmeinung von den Meinungsmachern, also den Medien, gemacht wird und dass dieses System folglich die Diktatur derjenigen ermöglicht, die die Medien kontrollieren.

Doch damit begeben Sie sich gleich in eine Diskussion darüber, wer denn die Medien kontrolliert und welches Interesse diese Leute daran haben, dass beispielsweise unqualifizierte Migranten mit einem archaischen Gesellschaftsverständnis nach Deutschland kommen. Und schon wären Sie mitten in einem Disput über das Finanzsystem und über die Totalüberwachung, wobei das eigentliche Thema, die Bevormundung, in den Hintergrund rückt. Genau das sollten Sie vermeiden.

Bleiben Sie bei Ihrem Kritikpunkt des Systems: Bevormundung. Schließlich hat auch die Mehrheit nicht das Recht, einer Minderheit Privatangelegenheiten betreffende Moralvorstellungen zu diktieren. Wenn die Mehrheit beispielsweise der Meinung ist, nicht an Gott zu glauben sei Gotteslästerung und müsse mit dem Tode bestraft werden[4], so ist eine solche Meinung mit einem freiheitlichen Gesellschaftssystem vollkommen inkompatibel.

Gleiches gilt, wenn die Mehrheit der Meinung ist, wir alle sollten den Großteil unserer Arbeitszeit damit zubringen, Kathedralen zu bauen. Kathedralen bauen zu müssen, ist durch die Mehrheitsmeinung nicht zu rechtfertigen (da werden ihnen die meisten Leute recht geben), Menschen aus aller Welt zu alimentieren jedoch schon? Wer entscheidet das?

Mit anderen Worten: Vertreten Sie die Rolle des Kämpfers für Freiheit und gegen Diktatur und Totalitarismus, womit Sie den hirngewaschenen Gutmenschen in die Rolle zwingen, Bevormundung im privaten Bereich, d. h. Diktatur, zu rechtfertigen.

Diese Rolle dürfte den sozialistisch-christlichen Nachplapperern des medial vorgegebenen Zeitgeistes ziemlich schwer fallen. Weigern Sie sich standhaft, diese Linie zu verlassen und über den Inhalt der Bevormundung zu diskutieren. Sie können sogar heucheln – damit schlagen Sie das System mit dessen eigenen Waffen – und behaupten, Sie seien ebenfalls, um beim obigen Beispiel zu bleiben, für die Einwanderung afrikanischer

---

[4] Dies ist natürlich kein absurdes Beispiel, sondern in islamischen Republiken Realität. Bevor nun ein Christ vom hohen Ross herab auf die Muslime zeigt, möchte ich daran erinnern, dass dies vor der teilweisen Entmachtung der Religion durch die Aufklärung in Europa ebenso der Fall war.

Flüchtlinge aus humanitären Gründen und würden freiwillig dafür bezahlen, Sie seien jedoch dagegen, dass andere Menschen gezwungen werden, ihr eigenhändig verdientes Geld für diese Meinung in Form von Steuern und »Sozialabgaben« ausgeben zu müssen.

Lassen Sie sich nicht in die Schublade »Anarchie« stecken und stellen Sie klar, dass es Gesetze gegen Raub und Mord geben muss, nicht jedoch zum Aufzwingen persönlicher Wertvorstellungen – wobei es sich um ein ganz anderes Paar Schuhe handelt.

Weisen Sie darauf hin, dass die Hauptursache aller Kriege das Aufzwingen der Moralvorstellungen/Ideologie/Religion der einen Seite durch die andere ist. Deshalb ist jeder, der Bevormundung im privaten Bereich befürwortet, letztlich ein Kriegstreiber.

Friedliches Zusammenleben zwischen Menschen ist nur dann möglich, wenn der Eine dem Anderen nicht in die private Lebensführung hineinredet. Besonders, wenn sich die eine Seite im Besitz der absoluten Wahrheit glaubt, daraus das Recht ableitet, diese »Wahrheit« jedermann aufzwingen zu dürfen und entsprechend aggressiv vorgeht, hat der seine persönliche Freiheit Verteidigende kaum noch eine Chance, sich sein Recht auf Selbstbestimmung nur durch Argumente zu bewahren. Gewalt ist die Folge.

»War es das?«, werden Sie sich jetzt vielleicht fragen. »Mehr kann man nicht tun?«

Doch! Man kann! Aber dabei zu helfen, eine von Bevormundung, Beschränktheit und religiösem Irrsinn heilende Geisteshaltung zu verbreiten, die sich folglich gegen die Grundlage des Systems wendet und das Potenzial hat, sich schnell zu verbreiten, ist schon mal ein guter Anfang.

Die weiteren Dinge, die man tun kann, hängen von Ihrer gesellschaftlichen Position ab. Wenn Sie beispielsweise Journalist der sogenannten Mainstream-Medien sind, können Sie natürlich nichts gegen die Aufnahme afrikanischer Flüchtlinge schreiben, wenn Sie Ihren Job behalten wollen. Sie können aber immer wieder in Ihre Artikel einfließen lassen, dass uns ein bisschen weniger Staat gut tun würde, dass die Bürger nicht ständig »erzogen« werden müssen, dass man von erwachsenen Menschen Selbstverantwortung erwarten darf und ihnen das Recht auf Selbstbestimmung gewähren sollte. Dazu gehört natürlich auch das Recht, selbst zu entscheiden, wofür man arbeitet.

Falls Sie Mitglied in einer Gewerkschaft oder einem Arbeitgeberverband sind, so fragen Sie sich doch mal abends beim Bier, warum sich Arbeitgeber und -nehmer über ein oder zwei Prozentpunkte mehr oder weniger Lohnerhöhung heftig streiten, während die Staatsquote rund 50 % beträgt.

Wäre es nicht erheblich sinnvoller, statt für besagten Prozentpunkt zu streiken (oder auszusperren), den Staat durch eine gemeinsame Arbeitsniederlegung von Unternehmern, Mitarbeitern und Führungskräften dazu zu zwingen, die Steuern drastisch zu reduzieren?

Würden beide Seiten nicht erheblich mehr davon profitieren, dem Staat nicht mehr zu gestatten, ihr sauer verdientes Geld für Dinge auszugeben, die weder im Interesse der einen noch der anderen Seite sind?

Zurzeit bestimmen Menschen, die selbst noch nie etwas produziert haben, nie ein unternehmerisches Risiko eingegangen sind und pünktlich jeden Monat ihr aus Steuermitteln finanziertes Gehalt überwiesen bekommen, darüber, was mit mehr als der Hälfte der Produktion geschieht.

Stellen Sie sich einfach mal vor, 50.000 bis 100.000 mittelständische Unternehmer würden sich zusammen mit ihren Belegschaften verbünden, ein paar Euros auf die hohe Kante legen und dann streiken mit der Forderung an die Regierung, die Staatsquote von derzeit 50 % auf 10 % (dem Niveau des Kaiserreichs) zu senken. Der Effekt wäre, dass jeder dreimal so viel Geld (Kaufkraft) zur Verfügung hätte wie zuvor.[5] Natürlich wäre das Geschrei des Staates und all der von seinen Zahlungen Abhängigen groß. Wer soll dann die ganze Bürokratie, Politbonzen, »Sozial«projekte, Zinsforderungen, Sozialhilfeempfänger usw. bezahlen?

»Wir auf jeden Fall nicht, es sei denn freiwillig, denn wir haben dann ja dreimal so viel Geld!«, wäre die passende Antwort. »Der Staat soll sich um innere und äußere Sicherheit, das Bildungssystem und die Infrastruktur kümmern – also um seine ureigensten Aufgaben, statt uns unser Geld wegzunehmen und nach Gutdünken den Großteil an Banker, Politbonzen, die ›Sozial‹industrie und einen kleinen ›Alibi‹-Anteil an die ›Armen‹ umzuverteilen.«

Stellen Sie sich ein solches Szenario einmal vor. Die Politiker könnten nichts dagegen tun. Schließlich produzieren sie selbst überhaupt nichts und sind deshalb vollumfänglich abhängig von der produzierenden Bevölkerung. Es bliebe ihnen nichts anderes übrig, als auf die Forderungen einzugehen und die ungeheure Bereicherung der Unproduktiven (Banker, Politiker, Sozialindustrie) einzustellen.

Würde dies in Deutschland geschehen, so wäre ein seit dem Ende des Weltkriegs nicht mehr dagewesener wirtschaftlicher Aufschwung in unserem Land die Folge. Das Wort »Wirtschaftswunder« würde eine sehr aktuelle Bedeutung bekommen. Doch dies würde auch eine Abkopplung von der Herrschaft der Finanzelite bedeuten. Deshalb müssten wir damit rechnen, dass schon bald ein paar schießwütige Engländer und Amerikaner bei uns aufkreuzen würden. Schließlich hätten die angloamerikanischen Medien ihre Bevölkerung dahingehend manipuliert, die Umwälzungen in Deutschland würden von einem »neuen Hitler« durchgeführt. Würde ein solcher »Aufstand der Produktiven« jedoch in der gesamten westlichen Welt

[5] Siehe Abschnitt 1.2

geschehen, hätte die Herrschaftselite, gestatten Sie mir, diese *Illuminaten* zu nennen, die Grundlage ihrer Macht verloren. Kriege und Zinsknechtschaft würden zumindest in den Industriestaaten der Vergangenheit angehören.

Manche mögen einwenden, dass unser Währungssystem zusammenbrechen würde, wenn der Staat plötzlich die Zinsforderungen der Banken nicht mehr bedienen würde. Das ist natürlich Unsinn, weil 99 %[6] des vom Staat bei den Banken geliehenen Geldes aus dem Nichts geschöpft wurden. Selbstverständlich könnte der Staat dieses Geld selbst schöpfen und damit die Kredite tilgen. An der Geldmenge würde sich demnach überhaupt nichts ändern. Allerdings müsste der Staat dann keine Zinsen mehr an Privatleute (Banken) zahlen, die dafür absolut keine Gegenleistung erbringen.

Ein anderer Einwand mag sein, dass die armen Sozialhilfeempfänger verhungern müssten, wenn sie keine staatliche Unterstützung mehr bekämen. Das ist ebenfalls Unsinn, weil der überwältigende Teil der auf staatliche Unterstützung Angewiesenen durchaus körperlich und geistig in der Lage ist, erwerbstätig zu sein, wozu diesen Menschen als Folge des heutigen Systems allerdings jeglicher Anreiz fehlt. Wenn man beispielsweise für das Einparken der Autos von Hotelgästen nur ein paar Euro pro Monat mehr im Portemonnaie hat, als man heute an Sozialleistungen einstreicht, bleibt man natürlich lieber zu Hause. Die Frage ist allerdings, ob Ersteres nicht nur für die Gesellschaft, sondern auch für das Selbstwertgefühl des Betreffenden erheblich besser wäre. Schließlich ist es für jemanden mit einem gewissen Maß an Ehrgefühl nicht unbedingt erstrebenswert, anderen Menschen auf der Tasche zu liegen.

Ein weiterer Grund, der viele davon abhalten mag, sich gegen das Bevormundungssystem und gegen die Zinsknechtschaft zur Wehr zu setzen, mag einfach die Trägheit sein. Geht

---

[6] Der Mindestreservesatz der Europäischen Zentralbank liegt bei 1 %.

es uns als Folge der in den vergangenen Jahrzehnten erheblich gesteigerten Produktivität nicht so gut, dass wir uns nicht darüber aufregen müssen, die Hälfte unseres Geldes an Banken, Politbonzen usw. zu geben? Dieses Argument läuft darauf hinaus, dass man sich besser beklauen lassen sollte, um dem Konflikt mit dem Dieb aus dem Weg zu geben. Wenn Letzterer eine Pistole in der Hand hat, wäre das ein gutes Argument, doch im Fall des Systems ist es genau umgekehrt:

Die produktive Bevölkerung hält die Knarre in Form von Produktion in der Hand – etwas, wovon die Politiker und Geld-mit-Geld-Verdienenden vollkommen abhängig sind – eben *weil* sie selbst überhaupt nichts produzieren.

Doch es gibt noch einen viel gewichtigeren Grund, diesem »Uns-geht's-doch-gut«-Argument zu widersprechen: Die Welt bleibt nicht so, wie sie ist, sie verändert sich immer schneller. Es ist leicht einzusehen, wie ich in diesem Buch zeigen werde, dass es uns heute mehrheitlich gut gehen mag, dass dies allerdings unmöglich so bleiben kann. Es gibt Gründe, die alle mit exponentiellem Wachstum zu tun haben, die zu drastischen Veränderungen führen müssen. Das wissen natürlich auch die *Illuminaten* und handeln entsprechend – natürlich zum Nachteil der Völker und zum Vorteil ihrer eigenen Herrschaft.

Doch diesmal wird es nicht darum gehen, wie viel Geld sie uns mit ihrem Finanz- und Steuersystem aus der Tasche ziehen. Stattdessen geht es um das ungeheuerlichste Projekt in der Geschichte der Menschheit.

Wenn Sie, liebe Leser, vielleicht nicht *für* den Großteil Ihres Geldes kämpfen wollen, so sind Sie vielleicht ggf. gewillt, dies *gegen* Ihre Versklavung zu tun. Damit übertreibe ich nicht. Kein bisschen.

Dieses Buch zeigt auf, dass es sich bei diesen Plänen unserer Freunde von der *Bruderschaft* nicht um ein Hirngespinst meinerseits handelt, sondern dass die totale Versklavung der gesamten Menschheit bereits seit Jahrzehnten vorbereitet wird.

Damit meine ich einen Zustand der Unfreiheit, der weit über das hinausgeht, was die Afroafrikaner[7] auf den Baumwollfeldern erdulden mussten.

1.2 Die gesellschaftliche Akzeptanz von Bevormundung

In meinem vorherigen Buch bin ich ziemlich hart mit Religionen im Allgemeinen und den drei Wüstenreligionen Christentum, Islam und Judentum im Speziellen ins Gericht gegangen. Gerechtfertigt habe ich dies, indem ich aufzeigte, dass diese Religionen alleine dem Zweck dienen, das Fühlen, Denken und Handeln – und zwar in dieser Reihenfolge – der Menschen zu beherrschen.

Durch Religionen wird das Hineinreden in alle Lebensbereiche gerechtfertigt. Anders gesagt, wird durch Religionen erst die gesellschaftliche Akzeptanz dafür geschaffen, dass Autoritäten wie Kirche und Staat ein Recht hätten, den Menschen die private Lebensführung vorschreiben zu dürfen. Diese von den Religionen geschaffene gesellschaftliche Akzeptanz von Bevormundung wurde von den »parlamentarischen Demokratien« dankbar übernommen.

Im Prinzip handelt es sich beim Parlamentarismus, speziell beim bundesrepublikanischen, gewissermaßen einheitsparteilichen[8] Sozialismus, um eine Religion – nur eben ohne Gott. Man erntet heute die gleiche Empörung der Regimelinge, wenn man die moralischen Staatsvorgaben anzweifelt, wie man sie im Mittelalter erntete, wenn man die Jungfräulichkeit Marias hinterfragte. Lediglich die Methoden der Sanktionierung haben sich aus Glaubwürdigkeitsgründen geändert.

---

[7] Wie immer bin ich bemüht, mich politisch korrekt auszudrücken.

[8] Wenn sich nichts Wesentliches ändert, egal ob die eine oder andere Koalition regiert, ist es durchaus logisch, diesen provokanten Gedanken in die Diskussion einzubringen. Man kann zwar wählen, aber nicht zwischen echten Alternativen.

Der Staat gibt eine kostspielige (A)Sozialmoral[9] vor und zwingt jeden Bürger, diese zu teilen und dafür zu bezahlen[10]. Wer dieses Regime kritisiert, wird wie im Mittelalter als Ketzer gebrandmarkt – nur, dass man »ketzerisch« durch »ausländerfeindlich«, »populistisch« oder »irgendwie rechts« ersetzt und die Abweichler nicht mehr auf dem Scheiterhaufen verbrennt, sondern sie »nur« gesellschaftlich ausgrenzt und wirtschaftlich ruiniert.

Wie die Religionen, so gestattet auch das Regime keine anderen Götter neben sich. Man tut so, als gäbe es neben dem Parlamentarismus keine demokratische Alternative.

Und es gibt noch eine weitere Gemeinsamkeit: das baphomet'sche Prinzip[11] der Vermischung von Wahrheit mit Lüge und der völligen Verdrehung von Tatsachen. Während der Gott der Bibel bei genauerer Betrachtung ein menschenverachtender, Völker mordender Teufel ist, führt eine Analyse unserer »freiheitlich demokratischen Grundordnung« zu der Erkenntnis, dass Letztere weder besonders freiheitlich noch besonders demokratisch ist. Wer gezwungen wird, den überwiegenden Teil seiner Arbeit für die herrschende Kaste zu leisten, kann nicht unbedingt »frei« genannt werden. Dazu möchte ich die folgenden Fakten hier nochmals kurz darlegen:

Die Staatsquote beträgt in Deutschland knapp 50 %, wobei der reale Wert deutlich höher liegen dürfte, wenn man alle staatlich erzwungenen Ausgaben der Bürger zugrunde legt. Doch bleiben wir bei den 50 %. Zum Vergleich: Im Deutschen Kaiserreich betrug die Staatsquote bis 1909 nur 10 %.

---

[9] Damit sind nicht die für das menschliche Zusammenleben unabdingbaren Regeln gemeint, wie das Verbot, ohne Not zu stehlen, zu betrügen oder zu töten.

[10] Was den produktiven Bürger die Hälfte der Früchte seiner Arbeit und mehr als zwei Drittel seines frei verfügbaren Einkommens kostet.

[11] von Salomon (2014b), S. 25ff

Das monatliche Durchschnittseinkommen eines Zwei-Personen-Haushaltes beträgt in Deutschland 3.700 €, wovon also nach der staatlichen Selbstbedienung in Form direkter und indirekter Steuern, Gebühren und Abgaben noch 1.850 € übrig bleiben. Wenn man nun für Essen, Kleidung, Strom, Heizen usw. 600 € und 500 € fürs Wohnen abzieht, so bleiben als frei verfügbares Einkommen 750 € pro Monat übrig. Die 500 € fürs Wohnen werden entweder in Form von Miete oder Schuldzinsen an die Geld-mit-Geld-Verdienenden gezahlt. Aber das nur nebenbei. Ohne Staat blieben dem Haushalt 2.600 € (3.700 € ./. 1.100 €) pro Monat zur freien Verfügung. Der Staat schränkt also die freie Entfaltung des Durchschnittsbürgers, die über die reine Lebenserhaltung hinausgeht, um 71 % ein.

Lediglich 29 % des Einkommens nach Abzug der Lebenshaltungskosten lässt der Staat dem Bürger zu dessen freier Entfaltung übrig. Meiner Meinung nach grenzt es an Zynismus, eine gesellschaftliche Grundordnung, die zu diesem Zustand führt, mit dem Adjektiv »freiheitlich« zu versehen.

Aus rein finanzieller Sicht, was immerhin einen beträchtlichen Teil persönlicher Freiheit und Entfaltungsmöglichkeit betrifft, wäre es also tatsächlich besser, wenn wir »unseren Kaiser Wilhelm[12]« wieder hätten[13]. Doch keine Sorge, um die anderen Aspekte persönlicher Freiheit kümmern wir uns noch.

Das Ihnen nun vorliegende Buch weist nach, dass die staatliche Abzocke nur ein vergleichsweise kleiner Teil einer ungeheuerlichen Freiheitsberaubung ist, die bereits im Gange ist und uns erst recht noch bevorsteht. Und ob man das regelmäßige Recht, Kreuzchen auf Wahlzettel machen zu dürfen, als

---

[12] Nach dem verlorenen 1. Weltkrieg wurde von einigen skandiert: »Wir wollen unsern alten Kaiser Wilhelm wieder ha'm«.

[13] Dies ist ganz sicher kein Plädoyer für die Wiedereinführung der Monarchie. Meine Bemerkung soll lediglich wachrütteln und dafür sensibilisieren, wie es um die Freiheit im »freiheitlichsten deutschen Staat aller Zeiten« bestellt ist.

»Demokratie«, also als Volksherrschaft bezeichnen kann, ist ebenfalls höchst zweifelhaft. Schließlich wählt man nicht zwischen echten Alternativen, sondern immer die gleiche Steuer-, Sozial-, Energie- und Außenpolitik, nur immer wieder in anderen Kombinationen der Farben schwarz, rot, grün und gelb angestrichen. Warum ist das so? Weil die gleichen »religiösen« Mechanismen der Gehirnwäsche heute vom Establishment angewendet werden – wobei die sogenannten Mainstream-Journalisten, deren Karrieren vom Wohlwollen des Establishments abhängig sind, die Rolle der Priester übernommen haben.

Doch der Zusammenhang zwischen Religion und Regime geht noch viel weiter. Denn es ist die Religion, die einmal mehr als Starthilfe für die totale Herrschaft dient. Grundlage dafür ist eine weitere baphomet'sche Verwirrung des Geistes nach *Illuminaten*art. Ich spreche von dem Wort »Religionsfreiheit«, das, genauer betrachtet, ein Widerspruch in sich ist.

1.3 Das Wesen der Religionsfreiheit

Solange man seinen Glauben anderen nicht aufzwingen will und ihnen damit nicht auf die Nerven geht, soll nach freiheitlichen Maßstäben natürlich jeder glauben, was er will – und sei es noch so ein Unfug. Doch das ist mit »Religionsfreiheit«, wenn überhaupt, dann nur sekundär gemeint. Primär ermöglicht dieses »Recht« auf freie Religionsausübung jedem, sich einer »etablierten« Religionsgemeinschaft anzuschließen. Letztere sind jedoch sehr wohl daran interessiert, anderen ihren Glauben aufzuzwingen, in ihren Augen Ungläubige zu diskriminieren und in extremen Fällen Leute, die den religiösen Unsinn nicht ernst nehmen und ihn der verdienten Lächerlichkeit preisgeben, sogar mit dem Tod zu bedrohen.

Zur Stützung der obigen Behauptungen fallen einem natürlich die Berufsbeleidigten ein. Ich spreche von den Muslimen.

Zwar haben sie es mit den anderen Religionsgemeinschaften gemeinsam, ziemlich heftig zu reagieren, wenn man ihre »religiösen Gefühle verletzt«, doch ihre Reaktion auf eine derartige »Missetat« schießt schon den Vogel ab. Ein paar Striche Druckfarbe auf Papier können bei einigen dieser Leute offenbar derart schlimme »Verletzungen« mit so irrsinnig (!) grauenhaften Schmerzen hervorrufen, dass sie es für angemessen halten, den sie peinigenden Übeltäter zu ermorden.

Natürlich wird niemand verletzt und es empfindet niemand grauenhafte Qualen, die auch nur ansatzweise einen Mord rechtfertigen könnten, wenn in einer Zeitschrift irgendwelche Karikaturen eines kriegslüsternen Propheten veröffentlicht werden. Doch darum geht es nicht. Es geht darum, dass jene Leute keinerlei Kritik, geschweige denn Scherze über ihre Religion dulden. Warum eigentlich nicht? Wenn ich die politische Einstellung von jemandem kritisiere oder mich darüber lustig mache, würde niemand auf die Straße gehen und demonstrieren, ich hätte jemandes »politische Gefühle« verletzt. Zumindest in der westlichen Welt wäre man der Meinung, mein »Opfer« sollte gefälligst nicht rumheulen, sondern mir ein paar gepfefferte Gegenargumente vor den Latz knallen.[14]

Was ist also so besonders an der Religion, dass es selbst in unserer aufgeklärten Gesellschaft verpönt ist, Religiöse mit ihrem Unsinn zu konfrontieren? Den Grund habe ich soeben genannt: Es handelt sich um puren Unsinn, weshalb die Religionen durch die Vernunft leicht angreifbar sind. Da sie aber nun mal als Herrschaftsinstrument über die Gefühle, Gedanken und das Handeln der Menschen dienen, müssen sie wegen dieser Angreifbarkeit unter besonderen Schutz gestellt werden. Folg-

---

[14] Es sei denn, ich greife die Grundfesten des politischen Systems an; dann greift der gleiche Beißreflex wie bei den Religionen, und man versucht den Übeltäter auszugrenzen und zu ruinieren. Ermordung ist zwar auch üblich, aber eher selten und wird nur in besonders schweren Fällen angewandt, um das Gesicht nicht zu verlieren.

lich wird den Menschen eingeimpft, man müsse den Glauben anderer »respektieren«.

Was soll das nun wieder? Ich empfinde Respekt für jemanden, der eine herausragende sportliche oder wissenschaftliche Leistung vollbracht hat. Oder vor jemandem, der in einen reißenden Fluss springt und sein Leben riskiert, um ein Kind zu retten. Aber wieso soll ich den Glauben an Götter, an Männer, die sich für Gottes Sohn halten, oder Männer, die behaupten, das Wort Gottes persönlich eingeflüstert bekommen zu haben, an schwangere Jungfrauen, Engel, Dämonen, Kobolde und Hexen respektieren?

Was daran soll eine Leistung sein, die Respekt verdient? Warum sollte ich respektieren, dass diese Leute offensichtlich unter der Zwangsstörung leiden, der ganzen Welt durch Kopftücher, Kruzifixe, Glockengebimmel oder Muezzinrufe mitteilen zu müssen, dass sie einen Dachschaden haben? Akzeptieren vielleicht, aber respektieren?

Nein, diese gesellschaftliche Respekt-Regel hat nicht den Sinn, Gläubige vor religiösen Verletzungen und Schmerz zu bewahren, sondern es geht einzig und allein darum, die rational so leicht angreifbaren und für die gesellschaftliche Akzeptanz von Bevormundung zu wichtigen Religionen vor Kritikern zu schützen. Wenn jemand tatsächlich Schmerz empfindet, weil jemand anderes seinen Glauben nicht »respektiert«, wäre dies auf dem Niveau eines Kindes, das psychischen Schmerz erleidet, weil es seinen Willen nicht kriegt. Lassen Sie mich dies am Beispiel der Mohammed-Karikaturen der dänischen Zeitung »Jyllands-Posten« erläutern:

Im September 2005 erschienen besagte Zeichnungen in besagter Zeitung. Es handelte sich um zwölf Karikaturen, die den »Propheten« Mohammed zeigten. Das ist natürlich eine Todsünde. Im Islam existiert das Gebot, den Propheten nicht abbilden zu dürfen – natürlich erst recht nicht in karikierender Weise. Und nun das Selbstverständnis von Religion, sich allen anderen Menschen aufzwingen zu dürfen: Weil das Abbilden des »Propheten« im Islam verboten ist, müssen sich nach diesem Selbstverständnis der Religiösen schließlich auch alle anderen Menschen daran halten.

Nun gab es in Dänemark zwei Imame, die dort politisches Asyl genossen. Wie ein westlicher Staat auf die verrückte Idee kommen kann, derartigen Figuren auf Kosten der Allgemeinheit Asyl zu gewähren, braucht Ihnen, liebe Leser, nicht schleierhaft zu sein, darauf kommen wir noch ausführlich zurück.

Besagte Imame scharten eine Gruppe aus ihrer Sicht »rechtschaffender« Muslime um sich und reisten mit ihnen Ende 2005 von Dänemark nach Ägypten.

Natürlich stellt sich die Frage, warum sie nicht gleich in Ägypten politisches Asyl beantragt hatten, statt in Dänemark. Offensichtlich hätten sie da viel besser hingepasst. Das ist wohl eine Frage, die nur unsere Politiker beantworten können – oder auch nicht.

Diese Typen brachten kopierte Dokumente mit, die neben den zwölf Karikaturen der Jyllands-Posten noch drei weitere enthielten, die erheblich »beleidigender« waren als die zwölf Originale. Witzigerweise zeigte eines der hinzugefügten Bilder einen bärtigen Mann mit Schweinsmaske. Später stellte sich heraus, dass es sich dabei um das Foto eines Franzosen handelte, der an einem Wettbewerb zur Nachahmung des Quiekens von Schweinen teilgenommen hatte. Der Wettbewerb war Teil eines Festes auf dem Lande, das nichts, aber auch gar nichts mit dem Islam im Allgemeinen oder dem »Propheten« im Speziellen zu tun hatte.

Die drei Karikaturen waren also von den Imamen und ihrer Gefolgschaft selbst hinzugefügt worden, um den Hass der muslimischen Welt auf die Frevler zu schüren. Es ging ihnen also nicht um »verletzte religiöse Gefühle«, denn dann hätten sie sich die schlimmsten Verletzungen in Form der drei selbst erstellten, besonders frevlerischen Karikaturen *selbst zugefügt.*

Es ging ihnen lediglich darum, ihrer Religion Respekt zu verschaffen, indem sie ihre Glaubensbrüder aufstachelten.

Genau das gelang ihnen auch. Fünf Monate, nachdem dieses boshafte Gesindel die »Beleidigung« des Propheten entsprechend in die muslimische Welt getragen und den Hass auf den Westen geschürt hatte, brachen die herbeigesehnten Tumulte des religiös verwirrten Pöbels aus. Es wurden in mehreren muslimischen Ländern dänische Flaggen verbrannt. Da man Letztere nicht unbedingt auf einem arabischen Bazar findet, dürfte klar sein, dass die Flaggen zusammen mit der notwendigen »Empörung« von den Aufwieglern gleich mitgeliefert wurden.

Die Demonstranten forderten eine Entschuldigung der dänischen Regierung für die Beleidigung, weil ihnen von den idiotischen Imamen erzählt worden war, die Jyllands-Posten sei ein staatliches Organ. Im weiteren Verlauf des Aufruhrs kamen Dutzende Menschen ums Leben, christliche Kirchen wurden abgefackelt, und weil man schon dabei war, tat man das Gleiche auch mit den Christen persönlich, indem man sie in Autoreifen steckte, mit Benzin übergoss und anzündete.

Zeitungen in mehreren westlichen Ländern druckten die originalen zwölf Karikaturen nach, um ein Zeichen für die Pressefreiheit zu setzen. Nur in Großbritannien nahm man auf die »religiösen Gefühle« der Muslime Rücksicht. Wahrscheinlich handelte es sich eher um Angst, statt um Rücksichtnahme – ein schönes Beispiel dafür, wie weit die Islamisierung in Großbritannien schon fortgeschritten ist. Diese Angst war übrigens nicht übertrieben, wie die jüngsten Anschläge von Paris zeigen. Wer diese Einschätzung, dass die Islamisierung in Großbritannien schon sehr weit fortgeschritten ist, für übertrieben hält, möge sich mit den Hintergründen des Missbrauchskandals in der britischen Stadt Rotherham beschäftigen. Mehr als 1.400 junge Mädchen sind von einer pakistanischen Bande vergewaltigt und zur Prostitution gezwungen worden – und die Behörden wussten davon. Man ging jedoch nicht gegen die Täter vor, weil die Beamten befürchteten, für »Rassisten« gehalten zu werden.[15] Vielleicht hatten sie auch einfach nur Angst davor, was aufs Maul zu bekommen, wenn sie ihre islamischen Mitbürger an der Ausübung ihres gottgegebenen Rechts hindern, sich die Frauen der unterworfenen Ungläubigen zu Sklavinnen zu machen.

Was sonst sollte man unter »Islamisierung« verstehen, als den direkten Einfluss dieser Religion auf die gesellschaftlichen Prinzipien? Wenn Schwerverbrecher aufgrund ihrer Religion (mit Rasse hat das nichts zu tun, aber das scheint speziell den sogenannten »Gutmenschen« über den intellektuellen Horizont zu gehen) nur zögerlich von den Behörden verfolgt werden und wenn sich die Presse aus Angst vor Anschlägen selbst einschränkt, dann fallen wesentliche Prinzipien der Gesellschaft dieser Religion zum Opfer. Umso erstaunlicher finde ich es, wenn deutsche Politiker und Medien von einer »angeblichen« Islamisierung, gegen die Pegida demonstriert, reden und die Sorgen der Menschen folglich als unbegründet abtun. Schließlich impliziert der Zusatz »angeblich«, dass in Wirklichkeit keine Islamisierung stattfände. Das ist eine typische Verdrehung der Tatsachen – eine Vorgehensweise, die von den Mainstream-Medien immer wieder angewendet wird.

Doch betrachten wir den Einfluss dieser Religion, also die Islamisierung, etwas genauer, speziell in Deutschland. Schließlich bedeutet ein solcher Einfluss nicht immer gleich die Aushöhlung besagter gesellschaftlicher Prinzipien, sondern es reicht schon, wenn eine Religion Einfluss auf das tägliche Leben der »Ungläubigen« nimmt.

Selbstverständlich gehören zur Islamisierung auch, oberflächlich betrachtet, »Banalitäten«, wie zum Beispiel der Verzicht deutscher Frauen, in bestimmten Gegenden Miniröcke zu

---

[15] http://www.spiegel.de/panorama/justiz/rotherham-missbrauchsskandal-erschuettert-englische-stadt-a-988887.html

tragen, weil sie dann von muslimischen Männern als Folge von deren Erziehung als »Schlampen« beschimpft werden. Ein weiteres Beispiel in die gleiche Richtung ist das freizügige Baden, das vielerorts an Seen oder am Meer verschwunden ist, aus Angst, von muslimischen Mitbürgern angepöbelt zu werden. Oder wie sieht's mit dem Verzicht auf Schweinefleisch in einer steigenden Zahl deutscher Kantinen aus? Ist es etwa kein Einfluss dieser Religion auf unser Leben, wenn man wegen einer »konkreten Gefährdung mit islamistischem Hintergrund« einen Karnevalsumzug absagen muss?[16] Was ist mit der Lärmbelästigung durch den Muezzin-Ruf,[17] der aufgrund der Religionsfreiheit grundsätzlich erlaubt ist? Derartige Lärmbelästigungen kennen wir schließlich alle vom Glockengebimmel christlicher Kirchen. Aber sollte die christliche Tradition, anderen mit ihrer Religion auf die Nerven zu gehen, auch für den Islam gelten? Also, an einem Tag wird man vom Glockenlärm genervt, an einem anderen vom Gekreische des Muezzins, oder wie? Dies ist ein schönes, wenn auch eher harmloses Beispiel für das penetrante Aufdrängen von Religion. Lasst uns alle eine neue Religion mit Angus Young[18] als Propheten gründen und wir übertönen sowohl die Muezzin-Rufe als auch das Glockengebimmel mit »Highway to Hell«, erschallend aus Millionen Lautsprechern, bis die Kraftwerke um Gnade winseln.

Diese »Belästigungen« haben natürlich weniger dramatische Auswirkungen als der zuvor genannte Eingriff in die Grundlagen unserer gesellschaftlichen Ordnung. Trotzdem sollte man Dinge wie Verachtung gegenüber Frauen, Aufdrängen einer idiotischen Sexualmoral und Lärmbelästigung durch den Muezzin-Ruf oder Glockengebimmel nicht als »Kleinigkeiten«

---

[16] http://www.spiegel.de/politik/deutschland/braunschweig-polizei-erhielt-hinweis-auf-gefaehrdung-von-schoduvel-a-1018576.html

[17] http://www.zdf.de/forum-am-freitag/gebetsruf-ueber-eschweiler-26295402.html

[18] Leadgitarrist der Rockband AC/DC

abtun. Denn es handelt sich nicht um Kleinigkeiten. Es handelt sich auch hier darum, religiös indoktrinierten Menschen zu gestatten, anderen Menschen ihre Lebensweise aufzudrängen – ein unhaltbarer Zustand, wie ich meine.

Man versucht uns zum Schutz der Religionen weiszumachen, dass Religionsfreiheit etwas mit Toleranz zu tun hätte. Das Gegenteil ist der Fall. Wenn man die in ihrer Natur zutiefst intoleranten Religionen gewähren lässt, ist eine tolerante, freiheitliche Gesellschaft undenkbar. Die Hauptursache von Streitigkeiten zwischen Menschen bis hin zu Kriegen und Völkermord ist schließlich, dass der Eine dem Anderen die Lebensweise vorschreiben will. Und genau dies ist der Kern der Religionen. Und genau dies ist auch der Kern unseres »Sozialstaates«, womit ich an dieser Stelle den Kreis schließen möchte.

Übertreibe ich da nicht ein wenig? Ist das Christentum nicht viel toleranter? Vielleicht. Und wenn ja, dann gezwungenermaßen. Zu jenen Zeiten, als das Christentum noch nicht durch die Aufklärung in seine Schranken gewiesen wurde, war es keinen Deut toleranter als der Islam. Letzterer ist jedoch noch nicht in den »Genuss« der Aufklärung gekommen, weshalb er natürlich noch viel mehr als das Christentum als Quell für Streitigkeiten und Kriege dient. Dass ich damit den Nagel auf den Kopf treffe, wird jeden Tag durch Mord, bestialische Grausamkeit und Unterdrückung belegt – alles Taten, die im Namen dieser Religion begangen werden. Ob diese Verbrechen nur von einer kleinen Minderheit der »Gläubigen« begangen werden, oder ob dies alles sogar von einer Mehrheit zumindest toleriert wird, ist eine nebensächliche Frage. Für den Gesamtzusammenhang, den ich im nächsten Abschnitt erläutern werde, spielt diese Frage absolut keine Rolle.

Ich habe nun einiges über die »Toleranz« des Islam geschrieben und möchte nun aus Gleichbehandlungsgründen[19] ein

[19] Laut Bundesverfassungsgericht ist das Kopftuchtragen von Lehrerinnen an deutschen Schulen als Ausdruck ihrer Religiosität aus

abschließendes Bespiel aus eigener Erfahrung zur heutigen »Toleranz« des Christentums anführen. Anschließend folgt noch eine objektive[20] Betrachtung zum Inhalt der christlichen Religion, um aufzuzeigen, an was Menschen bereit sind zu glauben, wenn man sie nur früh genug damit indoktriniert.

Ein Jugendfreund von mir trat im zarten Alter von 18 Jahren aus der katholischen Kirche aus. Zehn Jahre später lernte er die Frau seines Lebens kennen. Die beiden wollten heiraten. Sie war evangelisch und in einem evangelischen Kindergarten[21] tätig. Es wurde ihr gegenüber klar kommuniziert, dass sie ihren Arbeitsplatz verlieren würde, wenn sie lediglich standesamtlich heiraten würde. Folglich musste mein Jugendfreund wieder in die Kirche, diesmal die evangelische, eintreten, damit die beiden kirchlich heiraten konnten.

Interessanterweise wird der Kindergarten fast ausschließlich durch staatliche Zuschüsse finanziert, was der Kirche jedoch die Macht verleiht, Menschen vielleicht nicht zum Glauben, so doch zumindest zum Beitritt zu ihrem Narrenverein zu zwingen.

Ein anderes Beispiel ist das Einziehen der Kirchensteuern durch den Staat und die Steuerbefreiung kirchlicher Einrichtungen. Die so entstehenden Kosten bzw. entgangenen Einnahmen werden von jedem Steuerzahler getragen, egal ob er gläubig ist oder nicht. Toleranz bedeutet, den Anderen in Ruhe

---

Gleichbehandlungsgründen gestattet, weil in den Schulen schließlich auch Kruzifixe herumhängen.

[20] Gerade die objektive Betrachtung offenbart die Grundlagen der christlichen Religion ziemlich schonungslos, wie Sie sehen werden.

[21] Natürlich wollen Religionen möglichst frühen Zugriff auf die noch »jungfräulichen« und formbaren Gehirne der Kinder. Gleiches gilt übrigens auch für den Staat, dem es aus vorgeschobenen Gründen der Gleichberechtigung von Mann und Frau am liebsten wäre, wenn die Mutter unmittelbar nach der Entbindung wieder arbeiten würde, damit man die Kleinen möglichst früh in Kindertagesstätten ideologisch indoktrinieren kann.

zu lassen, speziell ihn nicht zu beklauen – ob mit staatlichem Segen oder nicht, spielt keine Rolle.

1.4 Religion, Migration, Terror und Totalüberwachung

Dass es zwangsläufig zu Terror, Gewalt und Kriminalität führt, wenn Angehörige einer nicht-aufgeklärten Religion in ein Land voller (aus ihrer Sicht) Ungläubiger migrieren, wissen natürlich auch unsere Freunde von der *Illuminaten*-Fraktion. Deshalb weisen sie ihre Lakaien, also Politiker und Journalisten (Akkreditierte 3. Ordnung) über Handlanger (Akkreditierte 1. und 2. Ordnung) an, unter dem Deckmantel des Humanismus und der »bunten Vielfalt« genau diese Migration zu fördern – und der blöde »Gutmensch« fällt darauf herein.

An dieser Stelle möchte ich vorwegnehmen, dass diese Vorgehensweise nicht nur unser Geld kostet, sondern dass der eigentliche Plan darin besteht, uns auf diese Weise in die totale Sklaverei zu führen. Damit übertreibe ich nicht, wie Sie sehen werden. Durch diese Masseneinwanderung religiös Indoktrinierter mit einem unvermeidbaren Anteil gewaltbereiter Fanatiker und der damit verbundenen »Terrorgefahr« wird die Totalüberwachung gerechtfertigt. Damit sind wir zum Kern der Sache vorgestoßen, dem eigentlichen Ziel, um das es in diesem ganzen Spiel geht. Mit genau diesem Ziel und dessen technischer Realisierung beschäftigt sich dieses Buch. Die Auswirkungen der Totalüberwachung auf uns alle sind vergleichbar mit der Wirkung, die der Glaube an den rachsüchtigen Gott JHWH auf die Menschen ausübt – man fühlt sich bei allem, was man tut, denkt oder sagt, beobachtet und bewertet. Die Gefahr, die sich für unser aller Freiheit aus der Totalüberwachung ergibt, ist den meisten Menschen noch nicht einmal ansatzweise klar. Der Grund ist der, dass Menschen dazu neigen, die gegenwärtige Situation als konstant anzunehmen. Heute werden Telefone abgehört und E-Mails von Verdächtigen mitgelesen – was soll's? Und wenn schon in die Zukunft gedacht wird, so neigen wir dazu, linear zu denken, was bedeutet, dass der technische Fortschritt in den nächsten zwei Jahren wohl so groß sein wird wie in den vergangenen beiden. Das ist ein fataler Gedankenfehler, auf den ich noch zu sprechen kommen werde.

Verantwortlich für diese weit verbreitete Fehleinschätzung ist eine Gesetzmäßigkeit (exponentielles Wachstum), die uns im Gegensatz zum intuitiven Verständnis von linearen Zusammenhängen nicht in die Wiege gelegt wurde. Das Verständnis dessen ist wesentlich für die Erkenntnis, warum eine technische Realisierung der Totalüberwachung in einem Ausmaß, das sich kaum jemand vorstellen kann (der sich nicht intensiv mit der Materie beschäftigt hat), überhaupt möglich ist. Deshalb habe ich dem Verständnis exponentieller Zusammenhänge einen ganzen Abschnitt gewidmet (siehe 1.7) und gehe dann auf die sich daraus ergebenden konkreten technologischen Implikationen ein. Doch zunächst möchte ich noch ein wenig beim Thema Religionen verweilen, weil diese geistigen Verwirrungen erstens für die gesellschaftliche Akzeptanz von Bevormundung verantwortlich und zweitens die Ursache des Terrors sind, die wiederum die Totalüberwachung begründet. Und drittens – hier schließt sich der Kreis – ist die Totalüberwachung in ihrer Endausbaustufe nichts anderes als die technische Realisierung der Fähigkeiten des Rachegottes JHWH, so unglaublich diese Behauptung an dieser Stelle auch erscheinen mag. Wenn ich mit meiner Einschätzung, dass Religion der Akzeptanz von Bevormundung und die Migration religiös Unaufgeklärter letztlich der Rechtfertigung von Totalüberwachung dient, recht habe, so sollten wir ein entsprechendes Verhalten der Religionsfürsten beobachten können.

Schauen wir uns also an, wie sich die christlichen Kirchen zum Thema Migration verhalten. Zunächst einmal sollte man erwarten, dass eine Religionsgemeinschaft ein Problem damit hat, wenn eine Konkurrenzveranstaltung in ihren Einflussbereich eindringt. Genau so reagierten in der gesamten Menschheitsgeschichte sämtliche Religionen, wenn sich eine andere in ihrem Territorium breit machen wollte. Dabei braucht man nicht nur die Religionskriege der Vergangenheit im Hinterkopf zu haben. Auch heute noch stören sich die Muslime an den Juden in Israel, die Juden an den muslimischen Palästinensern, die Muslime an den christlichen Aramäern und so weiter. Folglich sollten speziell die christlichen Kirchen in Europa eigentlich die nicht unbegründete Angst verspüren, langsam aber sicher vom Islam verdrängt zu werden. Dementsprechend wäre es eine »vernünftige« Reaktion zur Wahrung der eigenen Interessen, wenn die christlichen Religionsfürsten die Migration aus dem islamischen Kulturraum vehement ablehnen würden – so wie es umgekehrt die religiösen Führer der anderen Religionen in den anderen Teilen der Welt auch tun.

Doch das genaue Gegenteil ist der Fall. Die christlichen Kirchen haben sich sogar zu treibenden Kräften der Migration entwickelt, wobei ihnen sicher nicht verborgen geblieben ist, dass rund zwei Drittel[22] der Migranten Muslime sind. Die christlichen Kirchen nehmen Einfluss auf die Politik, möglichst viele Menschen aufzunehmen, und wenn das noch nicht reicht, gewähren sie Kirchenasyl; sie sind ganz vorne dabei, Gegendemonstrationen zu Pegida zu organisieren; Pfarrer, die versuchen, die christlichen Interessen zu vertreten, werden sogar suspendiert[23], und Migrationsgegner werden als Unmenschen diffamiert.

Wie ist das zu erklären? Welches Interesse könnten die christlichen Religionsführer an der Migration von Muslimen haben? Ist es tatsächlich so, dass diese Kirchenmänner auf

---

[22] Quelle: Deutsches Bundesamt für Migration. Im Jahre 2013 waren 64,9 % der Migranten Muslime.

[23] http://www.spiegel.de/panorama/bischof-von-muenster-erteilt-pegida-pfarrer-predigtverbot-a-1014090.html

selbstlose Weise jedem Menschen auf der Welt, gleich welchen Glaubens, helfen wollen? Wäre es nicht angemessen, dass wir vor der unermesslichen Güte dieser Männer alle auf die Knie fallen und für unsere eigene Unvollkommenheit Buße tun?

Ich denke nicht. Es handelt sich offensichtlich um eine Heuchelei sondergleichen. Was soll das für eine Güte sein, anderen Menschen mit Forderungen helfen zu wollen und dabei zu verlangen, dass wiederum andere das bezahlen? Die christlichen Kirchen sind die reichsten Unternehmen der Welt, wo sind also die Milliardenzuschüsse, die die Kirche dem Staat für den Unterhalt der Flüchtlinge gewährt? Stattdessen erheben die Kirchen umgekehrt Anspruch auf Milliardenzuschüsse in Form von Steuervergünstigungen und einer ganzen Reihe weiterer Dinge, wie die staatliche Finanzierung kirchlicher Einrichtungen, von Religionslehrern und so weiter. Vor diesem Hintergrund wirkt die selbstlose Güte der Pfaffen schlicht unglaubwürdig – aber geschenkt, die religiöse Gefolgschaft glaubt schließlich alles, und sei es noch so absurd.

Was ist dann die tatsächliche Motivation der christlichen Kirchen, gegen die eigenen Interessen zu handeln und muslimische Migration zu fordern? Erklären kann man dies nur dadurch, dass es den christlichen Interessen *übergeordnete* Interessen gibt.

Genau dies ist auch der Fall. Wie ich ausführlich darlegte, haben die Religionen den einzigen Zweck, das Fühlen, Denken und Handeln der Menschen zu kontrollieren und die Basis für die Akzeptanz von Bevormundung in der Gesellschaft zu erzeugen. Das ist der eigentliche Sinn von Religion. Hinzu kommt, dass man die Menschen mittels Religion wunderschön gegeneinander aufhetzen kann. In der Vergangenheit wurde dieser zuletzt genannte Umstand immer wieder dazu genutzt, dass sich die Gläubigen der unterschiedlichen Fraktionen bekriegen, statt sich gegen die Obrigkeit zu wenden. Zusätzlich konnte man an diesen Kriegen vortrefflich verdienen. Heute kommt hinzu, dass ein Bestandteil dieser Kriege, nämlich Terroranschläge, notwendige Voraussetzung dafür sind, die Totalüberwachung vorantreiben zu können.

Vor diesem Hintergrund wird das eigentliche Interesse der Kirchen deutlich, und wir verstehen, warum sie sich so vehement für Migration einsetzen. Einerseits fördert der Zuzug von Menschen eines unaufgeklärten religiösen Glaubens einen Zeitgeist, der Bevormundung »von oben« als etwas völlig Normales erachtet. Zweitens kann nur so die für die Begründung der Totalüberwachung notwendige Terrorgefahr erzeugt werden. Wie wir sehen, handeln die Kirchen also nicht nach ihren religiösen Interessen, die eigentlich darin bestehen sollten, das Christentum zu stärken, sondern sie handeln eindeutig im Interesse der *Bruderschaft* – ein weiterer Beweis dafür, dass die Religionen nichts weiter als Konstrukte für die Herrschaft der *Illuminaten* sind.

Ich behaupte nicht, dass einem Dorfpfarrer und auch nicht einmal einem Bischoff diese Zusammenhänge auch nur halbwegs klar sind. Sie erhalten »von oben« die Anweisung den Standpunkt zu vertreten, Migration sei ohne wenn und aber von der Gesellschaft einzufordern und dies durch »Menschlichkeit« und »christliche Nächstenliebe« zu begründen.

Interessanterweise sehen viele »konservative Kreise« durch die Migration von Muslimen und die damit verbundene Islamisierung Europas das »christlich geprägte« Abendland dem Untergang geweiht. Aus diesem Grunde stellen sie sich schützend vor die christlichen Kirchen, die sie für so etwas wie die Behüter unserer Kultur halten, die sie wiederum durch den Islam bedroht sehen. Diese Sichtweise der Konservativen ist gleich mit mehreren Gedankenfehlern behaftet.

Zunächst einmal leben wir glücklicherweise nicht in einer christlich geprägten Kultur, sonst würde man heute noch auf dem Scheiterhaufen verbrannt, wenn man die Jungfräulichkeit Marias anzweifelte, oder aus der Gemeinschaft verstoßen, wenn frau ein uneheliches Kind bekäme. Es ärgert mich immer wieder, wenn im Zusammenhang mit dem heutigen Europa von einem »christlichen« oder »christlich geprägten« Abendland gesprochen wird. Die Bezeichnung »aufgeklärtes Abendland« wäre zutreffender. »Christlich« war das Abendland vor vierhundert Jahren.

Wir leben jedoch nach wie vor unter christlich geprägter Herrschaft, weil der Sozialismus im Prinzip nichts anderes als das Produkt der Transformation von der christlichen Religion in eine Ideologie ist und somit ebenfalls eine Kopfgeburt der *Bruderschaft* darstellt. Die wesentlichen Merkmale, wie die Bevormundung in allen Lebensbereichen und die Gleichheitslüge, sind dabei erhalten geblieben. Dementsprechend verhalten sich auch die sozialistischen Parteien CDU/CSU, SPD, FDP, Linke und Grüne, die sich vollkommen darin einig sind, den Menschen mehr als die Hälfte ihres Geldes wegzunehmen und sie zu bevormunden, wofür es ausgegeben wird. Dass sich bei dieser Betrachtungsweise der bestürzende Verdacht einstellen kann, es hierbei mit so etwas wie einer Einheitspartei zu tun zu haben, mag mir der geneigte Leser bitte verzeihen.

Vor diesem Hintergrund finde ich es erstaunlich, dass konservative Kreise und Medien, wie die »Junge Freiheit«, die (zu recht) gegen muslimische Migration und Islamisierung wettern, sich immer wieder den christlichen Kirchen anbiedern.

Die Migration unaufgeklärter Muslime bedroht nicht das Christentum, sondern die Freiheit, die sich unsere Vorväter während der Aufklärung erstritten haben. Diese Aufklärung ist der eigentliche Feind des Christentums, weshalb ihre Anführer den Zuzug von Menschen einer unaufgeklärten Religion begrüßen und mit allen Mitteln fördern. Auf diese Weise wollen sie die gesellschaftliche Akzeptanz von Bevormundung im privaten Bereich nicht nur stabilisieren, sondern weiter erhöhen, d. h. die Aufklärung zumindest teilweise wieder rückgängig machen. Deshalb möchte ich den sich »konservativ« nen-

nenden Zeitgenossen, die Migration zwar ablehnen, das Christentum jedoch verteidigen, noch einen Rat mit auf den Weg geben – nicht von mir, sondern von Sunzi, dem legendären chinesischen Kriegsstrategen:

Wenn du weder den Feind noch dich selbst kennst, wirst du in jeder Schlacht unterliegen.

1.5 Betrachtungen über die Glaubensgrundlagen des Christentums

In meinen Ausführungen spreche ich immer wieder von im wahrsten Sinne des Wortes himmelschreiendem Unsinn, auf dem sich die drei Wüstenreligionen gründen. Da ich mich speziell mit dem Christentum am besten auskenne, muss es nun stellvertretend für diese drei Religionen als mein Prügelknabe herhalten. Mir geht es weniger darum, Gläubige zu verunglimpfen, als vielmehr aufzuzeigen, an welche Absurditäten Menschen glauben, wenn Sie bereits frühkindlich damit indoktriniert wurden. Diese Erkenntnis ist deshalb so wichtig, weil der »Sozial«staat heute die gleiche Strategie fährt, indem den Frauen eingeredet wird, bereits kurz nach der Entbindung wieder arbeiten zu müssen, und wenn gute Worte nicht reichen, sorgt eben eine entsprechende Steuerbelastung dafür, dass beide Elternteile arbeiten müssen, um dann bereits in den Kindertagesstätten das ideologische Gift in die Kinderhirne einbrennen zu können. Später werden sie dann gute Sozialisten sein, egal wie sehr der Staat gegen ihre Interessen und zum Vorteil einer kleinen Elite agiert – also das gleiche Schema wie bei den Religionen.

Aus meiner Fokussierung auf das Christentum an dieser Stelle mag der Leser bitte keinesfalls schließen, dass die anderen beiden Varianten weniger verrückt wären. Nach diesen Vorbemerkungen möchte ich nun am Beispiel des Christentums aufzeigen, dass es sich bei diesen Religionen tatsächlich um kollektiven Irrsinn handelt, indem ich die Glaubensgrundsätze näher analysiere. Derart abstruses Zeug kann man eben wirklich nur in unschuldige Kindergehirne einpflanzen, weshalb sowohl die Religionen als auch der Staat so scharf darauf sind, möglichst früh Einfluss auf die Kleinen zu bekommen. Würde man einen unvorbelasteten Erwachsenen mit diesen »religiösen Lehren« konfrontieren, würde er dies schallend lachend als das abtun, was es ist: himmelschreiender Unsinn – es sei denn, der Erwachsene wäre zuvor von einer der beiden anderen Wüstenreligionen indoktriniert worden. Dann bestünde natürlich die Möglichkeit, dass er konvertiert.

Als ich die dritte oder vierte Klasse der Grundschule besuchte, besprachen wir im Religionsunterricht das Thema Aberglaube. Anmerken möchte ich noch, dass ich auf Betreiben meiner Mutter katholisch getauft wurde, später jedoch (selbstverständlich) aus der Kirche ausgetreten bin.

Um uns zu verdeutlichen, was unter Aberglaube zu verstehen ist und worin er sich vom »wahren« Glauben unterscheidet, führte der Religionslehrer, ein katholischer Pfarrer, als Beispiel einen zentralafrikanischen Stamm an. Da das Ganze einige Jahrzehnte zurückliegt und der Leser vielleicht nachvollziehen kann, dass ich wenig Lust verspüre, über afrikanischen Aberglauben zu recherchieren, möchte ich um Verständnis bitten, dass ich die Dinge hier sinngemäß, nicht jedoch exakt wiedergebe.

Glücklicherweise las ich von einer sehr ähnlichen Geschichte in Richard Dawkins Buch »Der Gotteswahn«, was meine Kindheitserinnerung an die Oberfläche meines Unterbewussten und zurück ins Bewusstsein spülte.

Die Angehörigen besagten afrikanischen Stammes glaubten an Zauberei, und zwar an eine ziemlich bösartige. Sie waren davon überzeugt, dass die bösen Zauberer über ein Zusatzorgan verfügen, das es ihnen erlaubt zu fliegen. Des Nachts würden jene Magier dann über die Felder fliegen, die Ernten vernichten und mit ihren Zauberpfeilen Ahnungslose beschießen, die daraufhin krank werden oder sterben.

Der katholische Priester schloss seine Ausführungen mit der Bemerkung, dass es erstaunlich sei, an welchen Unsinn Menschen bereit wären zu glauben. Ich nahm dabei zusätzlich einen ziemlich rassistischen Unterton wahr, denn zwischen den Zeilen sagte er uns: »An so einen Blödsinn können ja nur dumme Neger im Urwald glauben, wir Herrenmenschen hingegen schöpfen unseren Glauben direkt aus Gottes Wort und dessen Sohn.«

Ich meldete mich zu Wort und verkündete mit einem Mut, auf den ich heute rückblickend stolz bin[24], dass dieser Aberglaube in keinerlei Hinsicht unsinniger oder lächerlicher sei, als der christliche Glaube. Der Pfaffe machte ein ziemlich betroffenes Gesicht und er spürte, dass auch die anderen Kinder gern wissen wollten, wie ich so etwas behaupten konnte. Er war sich auch wohl ziemlich sicher, dass er mich an die Wand reden konnte. Also wollte er seine Maske als »lieber Onkel« – eine Rolle auf die sich katholische Priester (möglicherweise) besonders gut verstehen – noch nicht fallen lassen. Blitzschnell ersetzte er seinen betroffenen Gesichtsausdruck durch ein gütiges Lächeln, das der kirchlichen Lügenversion Jesu zur Ehre gereicht hätte. Dabei bemerkte er, dass man den Glauben an einen allmächtigen Gott doch nicht mit dem Glauben an finstere Zauberer, die über die Felder fliegen und so weiter, vergleichen könne. Daraufhin entgegnete ich, wobei ich meine aufsteigende Angst unterdrückte, sinngemäß Folgendes mit kindlichen Worten:

»Von den Zauberern der [Ich nannte den Namen des afrikanischen Stammes, der mir heute jedoch entfallen ist. Möglicher-

---

[24] Dieser Mut, das muss ich zugeben, war sicherlich eine Folge meiner Gespräche mit meinem Großvater, der ein oder zwei Jahre zuvor wieder aufgetaucht war und mich unter seine Fittiche genommen hatte.

weise handelte es sich um die von Boyer untersuchten Fang[25], die in Kamerun leben und die Dawkins (s. u.) in seinem Buch »Der Gotteswahn«[26] zitiert.] hören wir heute das erste Mal und die Geschichte erscheint uns ziemlich absurd. Doch würden wir die Sachlage immer noch so empfinden, wenn man uns diese Geschichte von frühester Kindheit an erzählt hätte? Stellen wir uns einmal vor, wir hätten noch nie vom Christentum gehört und Sie, Herr Kathol[27], würden uns heute folgende Geschichte erzählen[28]:

- *Zur Zeit unserer Vorfahren wurde ein Mann als Sohn einer Frau geboren, die Jungfrau war. Ein biologischer Vater war daran nicht beteiligt.*
- *Derselbe vaterlose Mann sprach zu einem Freund namens Lazarus, der schon so lange tot war, dass er stank, und Lazarus erwachte sofort wieder zum Leben.*
- *Der vaterlose Mann selbst wurde wieder lebendig, nachdem er tot und seit drei Tagen begraben war.*
- *Vierzig Tage später stieg der vaterlose Mann auf einen Berg und verschwand dann mit seinem ganzen Körper im Himmel.*
- *Wenn man sich private Gedanken durch den Kopf gehen lässt, kann der vaterlose Mann (und auch sein »Vater«, der er selbst ist) die Gedanken hören und möglicherweise daraufhin etwas unternehmen. Gleichzeitig hört er auch die Gedanken aller anderen Menschen auf der Welt* [Totalüberwachung und die Fähigkeit zur totalen Bestrafung].
- *Wenn man etwas Schlechtes oder etwas Gutes tut, kann der vaterlose Mann es sehen, auch wenn es sonst niemand sieht*

---

[25] Boyer (2011)

[26] Dawkins (2008)

[27] Name von mir geändert.

[28] Wie gesagt, das liegt Jahre zurück, also verwende ich eine Wortwahl, die meiner ziemlich ähnlich ist und die ich aus Richard Dawkins' »Der Gotteswahn« übernommen habe (Dawkins (2008), S. 249).

[s.o.]. *Entsprechend werden wir belohnt oder bestraft, zum Teil auch nach unserem Tod.*

- *Die jungfräuliche Mutter des vaterlosen Mannes ist nicht gestorben, sondern wurde körperlich in den Himmel »aufgenommen«.*
- *Wenn Brot und Wein von einem Priester (der aber Hoden haben muss) gesegnet werden, »verwandeln« sie sich in Fleisch und Blut des vaterlosen Mannes.*

Also ich weiß nicht, wie es Ihnen geht, liebe Leser, aber für mich erscheint die Geschichte der afrikanischen Zauberer mit dem zum Fliegen befähigenden Zusatzorgan glaubwürdiger als die des vaterlosen Mannes.

1.6 Todsünde Islamophobie

Meine Bemerkungen über muslimische Migration sind für die Regimespeichellecker sicherlich ein Anlass, mich »islamophob« zu nennen. Schließlich ist das aus der Feder eines Mainstream-Journalisten etwas ganz doll Schlimmes, vergleichbar mit dem Vorwurf der Ketzerei aus dem Munde eines Inquisitors des finsteren Mittelalters. Diese Qualitätsjournalisten würden Leute wie mich sicherlich gerne auf dem Scheiterhaufen verbrennen. Da dies aber nun mal als Folge der Aufklärung aus Glaubwürdigkeitsgründen nicht mehr geht, würden sie mich stattdessen sicherlich gerne wirtschaftlich ruinieren und gesellschaftlich ausgrenzen. Bei Wikipedia finden wir zu dem Begriff Islamophobie[29]:

***Islamfeindlichkeit** bezeichnet die Feindseligkeit gegenüber Muslimen sowie deren kategorische Abwertung und Benachteiligung. Daneben existieren die konkurrierenden Bezeichnungen und Konzepte* Islamophobie *und* antimuslimischer

[29] http://de.wikipedia.org/wiki/Islamfeindlichkeit

Rassismus, *die unterschiedliche Schwerpunkte und Wertungen bei der Betrachtung des Phänomens setzen. Umstritten ist, ob Islamfeindlichkeit als Form des Rassismus oder als eine nahe verwandte Form gruppenbezogener Menschenfeindlichkeit zu betrachten sei.*

Derartige Zusammenhänge können eigentlich nur von einem geistig verwirrten Soziologen hergestellt werden, dessen Sprachzentrum vielleicht gut entwickelt, dessen analytischer Verstand aber offensichtlich nicht über das Kleinkind-Stadium hinausgekommen ist.

Zunächst einmal steckt in dem Wort »Islamophobie« das griechische Wort »phobos«, was »Furcht« und »Schrecken« bedeutet. Ein Klaustrophobiker beispielsweise fürchtet sich vor engen Räumen, ein Arachnophobiker vor Spinnen, ein Islamophobiker fürchtet sich also vor dem Islam.

Selbstverständlich möchten die allgegenwärtigen, offensichtlich auch unter den Wikipedia-Autoren vertretenen und jeglichen Sachverhalt verzerrenden links-versifften Idioten jedem, der eine begründete Furcht vor dem Islam empfindet, Feindseligkeit unterstellen – und wenn das nicht funktioniert, dann eben antimuslimischen Rassismus.

Beides ist kompletter Unfug, weil sich eine Feindseligkeit ebenso wenig aus einer Furcht ableiten lässt wie eine Rasse aus einer Religion. Beispielsweise sind doch gerade religiöse Menschen stolz darauf, »gottesfürchtig« zu sein. Sie würden sich aber vehement dagegen wehren, wenn jemand aus dieser Furcht eine Gottesfeindlichkeit ableiten würde. Und dass nur Angehörige einer bestimmten Rasse »echte« Muslime sein können, wäre mir neu. Selbst wenn dem so wäre, läge höchstens ein Indiz für rassistisches Verhalten von Muslimen vor, wenn sie Angehörige anderer Rassen nicht als gleichberechtigte Gläubige sehen würden.

Tun sie aber nicht.

Wie man nun umgekehrt aus der Furcht vor einer Religion Rassismus ableiten kann, ist mir vollkommen schleierhaft – wie so vieles, was den absurden, irrationalen Gedankengängen der gläubigen Regimelinge entspringt. Fazit: Beide Begriffe werden lediglich dazu herangezogen, den Islamophobiker zu diskreditieren.

Im Sinne der Bedeutung des Wortes – und nicht im Sinne dessen, was irgendwelche zerebral Benachteiligten aus ideologischen Gründen hineininterpretieren – bin ich tatsächlich islamophob. Und christianophob. Und judäophob. Zusammenfassend: religonophob. Es vergeht kein Tag, an dem wir nicht irgendeine Schreckensmeldung speziell über den Islam lesen dürfen. Mich wundert, dass es überhaupt noch Menschen gibt, die nicht islamophob sind. Selbst die Muslime hätten dazu guten Grund. Schließlich sind die meisten Opfer islamischer Gewalt Muslime.

Feindschaft empfinde ich jedoch nicht gegenüber Gläubigen, egal welcher Fraktion. Ich nehme sie nur nicht für voll, aber das tue ich auch beispielsweise nicht mit Wählern der Grünen oder SPD oder CDU und so weiter. Ich möchte nur nicht, dass die Religioten, um es mit einem Begriff Michael Schmidt-Salomons zu verdeutlichen, mit ihrer in meinen Augen absurden Weltsicht andere belästigen und bevormunden, geschweige denn unterdrücken und ermorden. Noch mehr stört mich, dass sie uns allen durch ihr absurdes Treiben, das als Begründung für die Totalüberwachung dient, jegliche Freiheit rauben bzw. rauben werden. Natürlich tun sie das nicht bewusst. Sie werden als nützliche Idioten dazu benutzt, und zwar von jenen, die mittels Totalüberwachung ihre Herrschaft total werden lassen wollen. Das sind – so ganz nebenbei – die gleichen Leute, die auch die Wüstenreligionen erfunden haben. Hier schließt sich der Kreis.

Und, wie gesagt, spielt es überhaupt keine Rolle, ob dieses gewalttätige Verhalten auf die Mehrzahl der Gläubigen oder nur auf eine Minderheit zutrifft. Ich frage mich immer wieder, was wohl bei der geistigen Entwicklung eines Menschen schiefgelaufen sein muss, der immer wieder betont, man dürfe doch nicht alle Muslime für die Taten einiger weniger verantwortlich machen. Das mache ich doch nicht. Ich behaupte schließlich nicht, jemand sei böse und müsse bekämpft werden, weil er mit dem muslimischen Glauben indoktriniert wurde. Ich behaupte lediglich, dass diese Indoktrination einen signifikanten Anteil gewaltbereiter Vollidioten hervorbringt, die dazu instrumentalisiert werden, uns alle mittels Totalüberwachung in die Sklaverei zu führen.

Der für uns alle fatale »Nebeneffekt«, nämlich die durch religiös motivierten Terror begründete Totalüberwachung, tritt so oder so durch eine »Religionsfreiheit« ein, die das totale Gegenteil von dem ist, was sie vorgibt zu sein: ein Ausdruck von Toleranz. Schon sind wir wieder beim baphomet'schen Prinzip.

Ich kenne kein Thema, bei dem so viel geistige Verwirrung herrscht wie dem der islamischen Einwanderung. Da referiert beispielsweise der als »konservativ« geltende SpiegelOnline-Kolumnist Jan Fleischhauer darüber, dass die Pegida-Demonstranten »gegen den [öffentlichen Rundfunk] so eifrig ihre Plakate schwenken, während sie sich ohnehin weder Tagesschau noch Tagesthemen anschauen, sondern stattdessen »Bücher [lesen], in denen steht, wie man den Euro-Crash überlebt oder sich für den Dschihad in deutschen Städten wappnet«[30].

Erstens spricht es für die geistige Verwirrung Fleischhauers, wenn er einen Widerspruch darin sieht, dass Leute sich die Nachrichten des öffentlich-rechtlichen Rundfunks einerseits nicht ansehen, weil sie diese Art der Berichterstattung für »Lügenmärchen« halten, und dann andererseits dagegen demonstrieren, dass sie mit staatlicher Gewalt gezwungen werden, dafür zu zahlen.

---

[30] http://www.spiegel.de/politik/deutschland/jan-fleischhauer-ueber-die-demonstrationskultur-von-pegida-a-1010093.html

Natürlich stimme ich den Demonstranten in Sachen »Lügenmärchen« zu. Doch das ist nebensächlich. Wesentlich ist jedoch: Wer diese Art der Berichterstattung ablehnt, sollte durchaus das Recht haben, diese Ablehnung zu artikulieren, und nicht gezwungen werden, für etwas zu bezahlen, dass er für falsch und gegen seine Interessen gerichtet erachtet. Anders gesagt, geht es nicht darum, ob die Demonstranten mit ihrer Einschätzung recht haben, sondern darum, dass andere ihnen nicht vorschreiben sollten, was ihre Interessen gefälligst zu sein haben und wofür sie dementsprechend zu zahlen hätten. Das ist nicht nur geistige Verwirrung, sondern ungeniert gezeigtes Sendungsbewusstsein eines Mainstream-Journalisten, dessen Meinung, also die der Mainstream-Medien, gefälligst von allen geteilt werden muss und deshalb gefälligst jeder für diesen Journalismus zu zahlen hat.

Zweitens beziehen sich die Bemerkungen Fleischhauers bezüglich der Bücher über den Euro-Crash und den Dschihad in deutschen Städten ganz offensichtlich auf den Kopp-Verlag, der sich abseits des Mainstreams positioniert hat.

Mit Menschen, die sich ihr Weltbild abseits des Mainstreams »zusammenklauben«, weil sie Letzterem nicht mehr vertrauen, kann man nach Ansicht Fleischhauers natürlich nicht mehr diskutieren – jedenfalls nicht nach der »habermas'schen Diskurstheorie«. Dem möchte ich entgegnen, dass es keiner Diskustheorie bedarf, um festzustellen, dass ein Diskurs unmöglich ist, wenn man die Gegenseite als unqualifiziert abkanzelt – also genau das, was Fleischhauer mit den Pegida-Demonstranten macht.

Aber wenn wir schon bei Diskurstheorien sind: An einer der renommiertesten Universitäten der Welt, Harvard, wurde von Roger Fisher eine Gruppe[31] gegründet, mit dem Ziel, die Grundlagen erfolgreichen Verhandelns zu ergründen[32]. Die Er-

---

[31] Das »Harvard Negotioation Project«

[32] Fisher (2013)

gebnisse dieser Gruppe werden unter dem Namen »Harvard-Konzept« zusammengefasst. Dieses Konzept wurde vielfach in der Praxis bestätigt und gilt weltweit als das erfolgreichste Modell zur Verhandlungsführung. Eine der vier grundlegenden Regeln dieses Modells lautet, die Sach- und Beziehungsebene nicht miteinander zu vermischen.

Seltsamerweise findet in den Mainstream-Medien, wie hier am Beispiel Fleischhauer verdeutlicht, überhaupt keine Diskussion zum Thema Migration auf Sachebene statt – und wenn doch, dann werden die Fakten bis zur Unkenntlichkeit verzerrt, wie beispielsweise durch die Machwerke der Bertelsmann-Stiftung zu diesem Thema. Stattdessen wird der Diskurs sofort auf die Beziehungsebene verlagert, indem Migrationskritiker als moralisch oder intellektuell minderwertig dargestellt werden.

Denken Sie in diesem Zusammenhang an den Versuch Thilo Sarrazins, eine Diskussion über Migration auf Sachebene zu führen[33]. Sofort hagelte es Rassismus-Vorwürfe von allen Seiten, darunter auch von jenen, die sein Buch überhaupt nicht gelesen hatten. Als prominentestes Beispiel sei hier die Reaktion der Kanzlerin genannt.

Doch zurück zu Fleischhauer. Der Konservative unter den Spiegel-Kolumnisten berichtet, dass es in Sachsen »kaum Flüchtlinge, geschweige denn Muslime« gäbe. Die Pegida-Organisatorin, Kathrin Oertel, antwortete vor diesem Hintergrund auf die Frage nach ihren Beweggründen:

»Die Statistiken sind doch alle, auf Deutsch gesagt, um die Ecke, da fehlen die ganz vielen, die illegal in diesem Land sind. Das können wir natürlich nur mutmaßen, ich will da auch keine Zahlen nennen. Es ist so, wir können das nicht belegen, und wir sagen einfach, dass es eine Dunkelziffer gibt, die erheblich ist.«

---

[33] Sarrazin (2010)

Diese Antwort war, vorsichtig ausgedrückt, unklug, denn Fleischhauer hat recht, wenn er sagt, dass auf Basis von nichtbelegbaren Dunkelziffern kein Diskurs möglich ist. Dabei sollte man allerdings bedenken, dass es sich bei Oertel nicht um einen Medienprofi oder eine erfahrene Politikerin handelt. Da sagt man auch schon mal etwas, was man besser hätte durchdenken sollen.

Dabei ist die Antwort auf die Frage ganz einfach, warum der Widerstand gegen das Migrationsdogma ausgerechnet im Osten zuerst auftrat: Die absolute Mehrheit der Ostdeutschen ist, wie ich, religionophob. Rund drei Viertel der Menschen in den neuen Bundesländern gehören keiner Konfession an.

Ich denke, dieser Zustand ist so ziemlich das einzig Vernünftige, was der Sozialismus, der natürlich keine Religion neben sich duldete, zuwege gebracht hat.

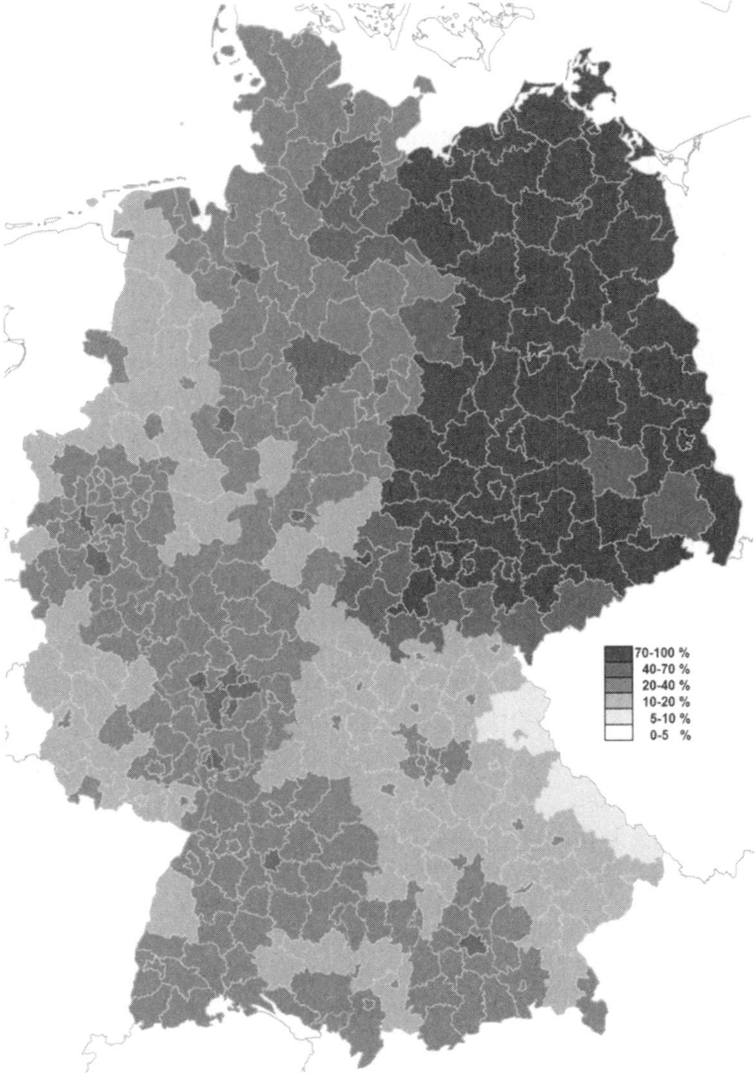

Abb. 1.6.1: Anteil der Konfessionslosen in Deutschland. Quelle: Wikipedia.

Dementsprechend sind die Menschen im Osten des Landes erheblich sensibler gegenüber einer Religion, die zunehmend Einfluss auf das tägliche Leben nimmt. Ob dies im Osten bereits in relevantem Ausmaß geschieht, kann man diskutieren. Es erst gar nicht so weit kommen zu lassen, ist jedoch ein vollkommen legitimes Anliegen.

Anders gesagt, sind die Menschen in den östlichen Bundesländern aufgeklärter als die im Westen – und das stelle ich als Wessi fest. Dementsprechend sehen sie (zu recht) eine große Gefahr durch den Zuzug von Menschen, die einer unaufgeklärten Religion anhängen.

Diese Gefahr, davon handelt dieses Buch, ist noch viel größer als die meisten ahnen. Sie besteht nicht darin, einem Terroranschlag zum Opfer zu fallen und sie besteht auch nicht darin, dass wir unsere Lebensweise an die religiösen Vorstellungen von Migranten anpassen müssen. Das ist zwar ärgerlich und kratzt an den Grundfesten der Gesellschaft, wird sie aber nicht zum Einsturz bringen.

Die echte Gefahr ergibt sich aus dem Verlust jeglicher Freiheit, die aus der Totalüberwachung resultiert, die wiederum mit der durch den Zuzug aus dem islamischen Kulturkreis erst entstandenen Terrorgefahr und dem entsprechenden Bedürfnis nach Sicherheit begründet wird.

Dabei sind wir auch schon bei der nächsten geistigen Verwirrung Fleischhauers, der exakt das schreibt, was die Totalüberwacher hören wollen. Er beklagt, dass unsere Behörden, »denkbar schlecht gerüstet sind«, der Terrorgefahr zu begegnen[34]. Soll heißen:

Wir sollten mehr Geld für die Überwachungsbehörden ausgeben. Aber uns über die Ursache, die Islamisierung, aufregen, nein, das dürfen wir nicht. Und selbstverständlich brauchen wir jetzt laut Fleischhauer eine Ausweitung der Telefonüberwa-

---

[34] http://www.spiegel.de/politik/ausland/jan-fleischhauer-ueber-den-dschihad-in-europa-a-1018853.html

chung[35]. Schließlich hat auch er nach den Anschlägen von Paris festgestellt: »Der Feind lebt in unserer Mitte«.

Interessanterweise haben die Franzosen längst die Vorratsdatenspeicherung. Sie hat sich also definitiv als wirkungslos erwiesen, Anschläge wie die in Paris zu verhindern. Trotzdem fordert Fleischhauer als Reaktion auf diese Anschläge, die Vorratsdatenspeicherung auch bei uns einzuführen. Er fordert also eine erwiesenermaßen wirkungslose zusätzliche Überwachung. Die müssen wir hinnehmen. Aber die Politik kritisieren, die uns das durch Förderung der Migration aus islamischen Ländern eingebrockt hat, nein, das dürfen wir nicht. Wer das tut, gehört zu jenen Spinnern, die sich ihre Informationen abseits der Mainstream-Medien besorgen. Warum wohl, Herr Fleischhauer?

Und wer auf die Idee kommt, da könnte der Zusammenhang bestehen, dass die Islamisierung genau der Aufhänger ist, die Totalüberwachung durchzusetzen, ist ein Verschwörungstheoretiker. Ach so, dann bleibt mir nur noch, ein letztes Mal Fleischhauer zu zitieren: »Schon in der ›Topik‹ des Aristoteles, dem ersten uns überlieferten Lehrbuch der diskursiven Argumentation, finden sich Beispiele für Behauptungen, die kein Gegenargument verdienen, sondern eine Zurechtweisung.« Wo er recht hat, hat er recht.

Verlassen wir nun zunächst das mediale Reich der geistigen Verwirrungen und wenden wir uns wieder der Vernunft zu: der Diskussion exponentiellen Wachstums. Das Verständnis dieses Zusammenhangs ist essenziell für die Beantwortung der Frage, ob Totalüberwachung im quasireligiösen Sinne überhaupt technisch realisierbar ist.

Damit ist gemeint, dass eine Autorität nicht nur in der Lage ist, alles zu wissen, was jeder Mensch sagt, denkt und tut, sondern darüber hinaus auch Belohnung und Bestrafung unmittel-

---

[35] http://www.spiegel.de/politik/deutschland/jan-fleischhauer-fordert-ausweitung-der-telefonueberwachung-a-1012717.html

bar folgen zu lassen. Das klingt nach Science Fiction, ist es aber nicht. Ich werde zeigen, dass diese totale Form der Überwachung in der Tat möglich ist, dass es sich dabei um einen Prozess handelt, der bereits in vollem Gange ist, und werde mich dabei auf nichts anderes berufen, als heute bereits existierende Technologien oder solche, die sich im Prototypenstadium befinden. Doch um diese gegenwärtigen Entwicklungen einigermaßen zutreffend in die Zukunft extrapolieren zu können, müssen wir eben etwas anders denken als wir es gewohnt sind: nicht linear, sondern exponentiell.

Es ist sehr wichtig, dass Sie, liebe Leser, ein Verständnis – sofern noch nicht vorhanden – für diese Denkweise entwickeln. Schließlich basiert der Großteil der *Illuminaten*strategien auf exponentiellem Wachstum, sei es das Zinseszinssystem, oder sei es der Fortschritt in den für die Totalüberwachung relevanten Technologien.

Die Folgen exponentiellen Wachstums werden uns auch in dem Folgeband begleiten, wenn es um die Lösungsstrategien der *Illuminaten* für das Problem der Überbevölkerung geht – und um die zu erwartenden Reaktionen der *Templer*.

1.7 Grundlagen des exponentiellen Wachstums

Der Zusammenhang zwischen zwei messbaren Größen, die für unser tägliches Leben von der Steinzeit bis vor wenigen Jahrhunderten wichtig waren, ist in den weitaus meisten Fällen linear. Aus diesem Grunde hat sich bei uns Menschen ein intuitives Verständnis für solche linearen Zusammenhänge entwickelt [36]. Darunter versteht man, dass die Änderung einer Größe zur Änderung einer anderen Größe im gleichen Verhältnis stattfindet. Geometrisch gesprochen: Der Zusammenhang zwischen zwei Größen ist linear, wenn die Wertepaare eine Gerade

[36] Siehe dazu auch meine Ausführungen über evolutionär entstandene Interpretationsmechanismen des Gehirns (von Salomon 2014b).

ergeben, oder in der Sprache der Analysis: wenn die erste Ableitung der Funktion eine Konstante ist.

Nehmen wir zum Beispiel die Frage, wie lange eine Familie mit zwei Sack Kartoffeln auskommt, wenn ein Sack für einen Monat reicht. Wie aus der Pistole geschossen werden die meisten Menschen korrekterweise antworten: zwei Monate! Wenn ein Auto mit konstanter Geschwindigkeit fährt und in einer Stunde hundert Kilometer zurücklegt, wie viele Kilometer hat es dann nach fünf Stunden zurückgelegt? Natürlich 500.

Das versteht jeder sofort, weil uns die Linearität sozusagen im Blut liegt. Der Grund dafür – ich möchte dies noch mal wiederholen – ist der, dass sich die meisten Größen unseres täglichen Lebens linear zueinander verhalten, weshalb sich unser Verständnis dafür im Laufe der Evolution intuitiv entwickelt hat.

In den letzten Jahrhunderten – einem evolutionär gesehen unbedeutend kleinen Zeitraum – hat jedoch ein anderer Zusammenhang zwischen Größen zunehmend an Bedeutung gewonnen. Da dieser »neue« Zusammenhang erst seit entwicklungsgeschichtlich kurzer Zeit für uns relevant geworden ist, fehlt uns dafür jedoch das intuitive Verständnis. Deshalb bleibt uns nichts anderes übrig, als den Sachverhalt rational zu durchdringen. Ich spreche von einem exponentiellen Zusammenhang, der in unserer steinzeitlichen bis mittelalterlichen Entwicklungsphase kaum eine Rolle spielte und erst durch die rasante Entwicklung von Kultur und Technologie Bedeutung erlangte.

Zunächst möchte ich das Prinzip anhand von zwei einfachen Beispielen erklären, um dann auf ganz konkrete Fälle exponentiellen Wachstums in unserem heutigen Alltagsleben einzugehen. Warum halte ich eine Beschäftigung mit diesem Thema für so wichtig? Wenn wir die Pläne der *Illuminaten* verstehen wollen, müssen wir zunächst begreifen, wie sich aktuelle Trends in der Zukunft fortsetzen. Und das tun sie eben nicht linear, sondern in den bedeutsamen, unser aller Zukunft bestimmenden Fällen exponentiell.

Die meisten Menschen sind ziemlich verblüfft, wenn man ihnen die Konsequenzen exponentiellen Wachstums erstmals vor Augen führt. Dazu zunächst eine Geschichte, die dem einen oder anderen Leser bereits bekannt sein mag:

Legenden zufolge war der irgendwann in den Jahren 300 bis 400 in Indien lebende Sissa ibn Dahir der Erfinder des Schachspiels. Das Spiel hinterließ auf den indischen Herrscher Shihram einen tiefen Eindruck, weil ihm klar wurde, dass der König zwar die wichtigste Figur im Spiel ist, ohne Bauern aber nichts ausrichten kann. Folglich gewährte er Sissa einen Wunsch. Letzterer bat einfach um ein Getreidekorn auf dem ersten Feld des Schachbretts, zwei auf dem zweiten, vier auf dem dritten, acht auf dem vierten, dann 16 und so weiter. Shihram war zunächst verwirrt durch die scheinbare Bescheidenheit Sissas. Erst als der Verwalter der Kornkammer dem Herrscher nach einigen Tagen mitteilte, dass es im ganzen Reich nicht so viele Getreidekörner gab, begann Shihram zu ahnen, dass der Wunsch Sissas wohl doch nicht so bescheiden gewesen war.

Überschlagen wir das kurz: Ein Schachbrett hat 64 Felder. Für das erste soll Sissa 1 Korn, für das zweite 2, dann 4, 8, 16, 32, usw. erhalten. Das sind 2^{n-1} Getreidekörner für das n-te Feld. Das bedeutet, alleine für das 64te Feld müsste Sissa 2^{63} Getreidekörner erhalten. 2^{10} sind ungefähr 1.000, also sind 2^{20} rund eine Million, 2^{30} eine Milliarde, 2^{40} eine Billion, 2^{50} eine Billiarde und 2^{60} eine Trillion, d. h. 2^{63} entspricht rund 8 Trillionen (8.000.000.000.000.000.000). Und das sind »nur« die Getreidekörner, die für das letzte Feld des Schachbrettes fällig werden. Wenn man die Getreidekörner für alle Felder aufsummiert, erhält man mehr als 18 Trillionen. Ein Getreidekorn wiegt ca. 50 Milligramm, d. h. der Wunsch Sissas beläuft sich auf knapp eine Billion Tonnen Getreide. Wenn man die gegenwärtige Getreideernte Deutschlands (50 Millionen Tonnen pro Jahr) zugrunde legt, entspricht der Wunsch Sissas der gesamten Getreideernte Deutschlands in den nächsten 20.000 Jahren.

Das zweite Beispiel, das ich hier anführen möchte, ist eine Variante des klassischen Schneeballsystems. Der Name kommt daher, dass der Schneeball, je größer er wird, beim Rollen immer mehr Schnee aufnehmen kann. Sein Wachstum ist also nicht konstant, sondern es hängt von seiner Größe ab. Das wiederum bedeutet exponentielles Wachstum.

Schneeballsysteme sind zunächst einmal eine feine Sache – wenn es dabei nicht einen kleinen Haken gäbe: Exponentielles Wachstum bei begrenzten Ressourcen (irgendwann befindet sich sämtlicher Schnee im Ball) funktioniert nur eine gewisse Zeitlang. Dies bedeutet für ein solches Spiel um endliche wirtschaftliche Ressourcen:

Wer am Ende dieses Wachstums, d. h. wenn alle Ressourcen aufgebraucht sind, seine Schäfchen nicht im Trockenen hat, bleibt auf der Strecke.

Diesen Sachverhalt kann man jedoch auch positiv formulieren: Wer das Schneeballsystem initiiert und kontrolliert, verdient sich dabei eine goldene Nase. Anders gesagt, führt ein solches System zu einem Transfer von Geld und Ressourcen von der breiten Masse am Ende der »Nahrungskette« hin zu den Initiatoren des Spiels, das folglich wie geschaffen ist für den kontinuierlichen Ausbau der Macht der *Illuminaten*. Besonders genial ist ein solches System dann, wenn die breite Masse, die auf diese Weise ausgeplündert werden soll, die wahre Natur des »Spiels« erst gar nicht erkennt. Wir werden sehen, dass (schwer zu durchschauende) Schneeballsysteme eine der Grundlagen des Erfolges der *Bruderschaft* sind, weshalb es sich lohnt, das »Spielprinzip« etwas näher zu beleuchten und sich den Unterschied zwischen linearem und exponentiellem Wachstum zu vergegenwärtigen.

Dazu ein einfaches (und leicht zu durchschauendes) Beispiel: Sie, liebe Leser, schlagen zwei Bekannten folgendes »Gewinnspiel« vor: Jeder der beiden gibt Ihnen 5.000 € und akquiriert dann jeweils zwei weitere Bekannte, die ihm jeweils 5.000 € geben, die dann wieder jeweils zwei Bekannte akquirieren und so weiter. Für Sie (Ebene 0) sieht dann die Bilanz so aus, dass Sie 10.000 € »gewonnen« haben. Jeder Ihrer Bekannten (Ebene 1) hat Ihnen 5.000 € gegeben und von jeweils zwei weiteren Bekannten (Ebene 2) 5.000 € bekommen, also in Summe 10.000 €. Abzüglich der 5.000 €, die er Ihnen gegeben hat, bleiben Ihren beiden Bekannten also jeweils 5.000 € »Gewinn«. Für die Ebene 2 und alle weiteren Ebenen sieht die Bilanz genauso aus wie für die Ebene 1.

Abb. 1.7.1 veranschaulicht diesen Zusammenhang.

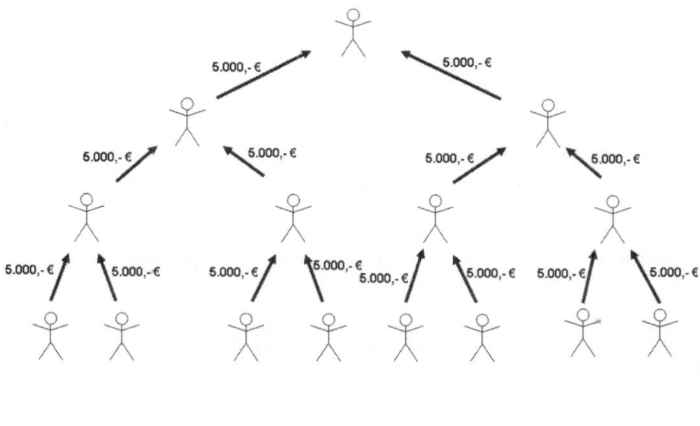

Abb. 1.7.1: Leicht zu durchschauendes Schneeballsystem

Das ist doch eine feine Sache. Am Ende hat jeder 5.000 € »gewonnen« (bis auf Sie, denn Sie als Initiator des Spiels haben 10.000 €), also ist auch jeder motiviert, mitzuspielen. Das Interessante dabei: Kein Mensch hat im Rahmen dieses Spiels irgendetwas produziert – trotzdem sind alle »reicher« geworden. Oder?

Der bereits erwähnte Haken ist das exponentielle Wachstum. Schauen wir uns an, wie viele »Mitglieder« jede »Ebene« hat. Ebene 0 besteht nur aus Ihnen, Ebene 1 aus Ihren zwei Bekannten, Ebene 2 aus den jeweils zwei Bekannten Ihrer zwei Bekannten (also vier »Mitglieder«), Ebene 3 aus acht und so weiter. Verallgemeinert können wir feststellen, dass die Ebene n aus 2^n »Mitgliedern« besteht. Was bedeutet dies konkret? Ebene 10 besteht aus $2^{10} \sim 1000$ »Gewinnspielteilnehmern« [37], Ebene 20 aus einer Million, Ebene 30 aus einer Milliarde, und Ebene 33 aus 8 Milliarden, also mehr als der gegenwärtigen Erdbevölkerung. Und dann? Aus wem soll dann die Ebene 34 (16 Milliarden Menschen) bestehen, die den Teilnehmern der Ebene 33 jeweils 2 X 5.000 € geben? Spätestens mit der Ebene 33 bricht das Schneeballsystem in sich zusammen, d. h. die »Mitglieder« dieser Ebene haben zwar jeweils 5.000 € in das System eingezahlt, bekommen aber nicht die versprochenen 10.000 €, weil die darüber liegende Ebene nicht existiert. Die Letzten beißen also die Hunde und genau deshalb sind solche Schneeballsystem-Spiele auch gesetzlich verboten.

Wirklich? Nein, denn wie wir gleich sehen werden, ist ein solches Schneeballsystem die Grundlage unseres Finanzsystems. Es ist nicht nur nicht verboten, sondern der Staat verpflichtet uns alle sogar per Gesetz, an diesem Betrug teilzunehmen, indem wir gezwungen werden, mit unseren Steuergeldern die Initiatoren des Spiels zu bezahlen.

---

[37] Genau genommen $2^{10} = 1024$

1.8 Das Finanzsystem

Unser Finanzsystem ist ein legales Schneeballsystem, an dessen Spitze unsere Freunde von der *Bruderschaft* am meisten profitieren. Die Ebenen darunter (Akkreditierte 1. bis 3. Ordnung) gehen ebenfalls noch mit Gewinn nach Hause, und die Ebene darunter (die produktiven Sklaven, also Sie, liebe Leser, und ich) muss die ganze Chose bezahlen, bis das System kollabiert.

Um zu verstehen, dass das auf Zins und Zinseszins basierende Finanzsystem nicht dauerhaft funktionieren kann, sondern kollabieren muss, möchte ich eine weitere, weithin bekannte Geschichte an dieser Stelle einfügen.

Es geht um den Josephs- oder Jesuspfennig. Wenn Joseph zur Zeit Christi Geburt einen Pfennig zu 5 % Zinsen angelegt hätte, wie viel würde das Vermögen dann heute betragen? Nach einem Jahr wären es 1,05 Pfennige, nach zwei Jahren $1{,}05 \cdot 1{,}05$ Pfennige, nach drei Jahren $1{,}05 \cdot 1{,}05 \cdot 1{,}05$ Pfennige, nach n Jahren wären es also $1{,}05^n$ Pfennige. Heute, rund 2.000 Jahre später ($n = 2.000$) beliefe sich das Vermögen also auf

$$1{,}05^{2000} \text{ Pfennige} = 2{,}4 \cdot 10^{42} \text{ Pfennige} = 2{,}4 \cdot 10^{40} \text{ DM}$$

10^{40} ist eine »1 mit 40 Nullen«. Das Vermögen von Bill Gates beträgt weniger als ein Milliardstel eines Milliardstel eines Milliardstel dessen. Der Erfinder des Josephspfennigs, der britische Moralphilosoph und Ökonom Richard Price (1723 – 1791), illustrierte sein Beispiel folgendermaßen:

Geld, das Zinseszinsen trägt, wächst anfangs langsam; da aber die Rate des Wachstums sich fortwährend beschleunigt, wird sie nach einiger Zeit so rasch, dass sie jeder Einbildung spottet. Ein Penny, ausgeliehen bei der Geburt unseres Erlö-

sers auf Zinseszinsen zu 5 %, würde schon jetzt zu einer größeren Summe herangewachsen sein, als enthalten wäre in 150 Millionen Erden, alle von gediegenem Gold.[38]

Wir können also festhalten, dass das Zinseszinssystem, die Grundlage unseres Finanzsystems, gigantische »Werte« schafft, ohne dass irgendjemand im Rahmen dieses Systems irgendetwas produziert hätte. Wer also nicht daran glaubt, dass uns der liebe Gott »150 Millionen Erden, alle von gediegenem Gold« schenkt, weil wir auf die »geniale« Idee gekommen sind, ein munteres Zinseszinssystem zu spielen, sollte demnach unser Finanzsystem mit ein klein wenig Skepsis betrachten.

Es handelt sich exakt um die gleiche Situation wie die des im vorherigen Abschnitt skizzierten Schneeballsystems mit zwingenderweise erfolgendem Zusammenbruch. Nach dem Kollaps, also nachdem die oberen Ebenen (hier: die Geldverleiher) hinreichend verdient haben, kann das Spiel von Neuem beginnen – vorausgesetzt die »Spieler« der unteren Ebene durchschauen das System nicht und lassen sich immer wieder aufs Neue über den Tisch ziehen.

Es existieren vier Methoden, wie man als Initiator eines Schneeballsystems sicherstellt, dass die breite Masse das Spiel nicht versteht.

Erstens, man verkompliziert die Regeln so weit, dass die Intelligenz der meisten Menschen nicht ausreicht, das Schneeballsystem als solches zu erkennen. Genau das ist bei unserem Finanzsystem der Fall. Selbst die meisten Banker durchschauen nicht mehr das Gespinst der angebotenen »Finanzprodukte«.

Zweitens, man sorgt für Ablenkung (Brot und Spiele, verblödendes Fernsehen), um die Menschen davon abzuhalten, über die Dinge nachzudenken. Oder man schüttet die Menschen mit mehr oder weniger sinnvoller Arbeit zu, damit sie

---

[38] Marx (1983), S. 408)

keine Zeit haben (und nach der Arbeit zu erschöpft sind), um über ihre Situation nachzudenken. Dazu ein Zitat vom deutschen Theologen, Philosophen und Arzt Dr. Albert Schweitzer:

Der moderne Mensch wird in einem Tätigkeitstaumel gehalten, damit er nicht zum Nachdenken über den Sinn des Lebens und der Welt kommt.

Drittens, man manipuliert das Bildungssystem hin zu niedriger Effizienz und nimmt den meisten Schülern jegliche Begeisterung für Bildung. Zusätzlich sorgt man für die Migration von ungebildeten Menschen in die aufgeklärten Kulturen, um das durchschnittliche Bildungsniveau und damit verbunden die durchschnittlichen analytischen Fähigkeiten der breiten Masse abzusenken.

Die damit verbundenen religiösen und sozialen Spannungen sorgen zusätzlich für die Ablenkung vom Wesentlichen. Schließlich fördert man durch eine absurde »Familienpolitik« die Vermehrung der Unfähigen, wodurch das Bildungsniveau und die analytischen Fähigkeiten ebenfalls gesenkt werden. Sollte es uns nicht stutzig machen, dass all diese »Phänomene« in unserer Gesellschaft zu beobachten sind? Alles Zufall? Oder doch vielleicht die Ergebnisse eines wohldurchdachten Plans?

Viertens, man stellt das System als alternativlos dar und begründet dies religiös und/oder ideologisch. Öffentliches Infragestellen des Systems wird als »Spinnerei« abgetan und Kritiker werden dementsprechend gesellschaftlich ausgegrenzt.

Wir werden sehen, dass sich diese vier Methoden wie ein roter Faden durch unser gegenwärtiges Gesellschaftssystem ziehen. Vor diesem Hintergrund wird offensichtlich, warum die westlichen Regierungen die Migration von Menschen aus Afrika und dem Nahen Osten in die westlichen Kulturen fördern[39], warum unsere Kinder in den Schulen immer schlechter ab-

[39] Das hat auch noch andere Gründe: Zinszahlungen durch Staatsverschuldung wegen Zuwanderung in die »Sozial«systeme, Begründung der Totalüberwachung wegen »Terrorgefahr«.

schneiden (mit den üblichen Schwankungen, aber tendenziell geht es klar bergab), warum die grünrotschwarze »Familienpolitik« unsere Familien zerstört, warum unser Finanzsystem so (ver)kompliziert ist, warum »Wachstum« als Allheilmittel für die Wirtschaft propagiert wird, warum es ein staatlich organisiertes Verblödungsfernsehen gibt, das auch noch absurderweise als »Grundversorgung« angepriesen wird, und warum alternative Finanz- und Wirtschaftssysteme in den angeblich unabhängigen Medien kaum bis überhaupt nicht diskutiert werden.

Die Bedeutung und die Grundlagen des Finanzsystems habe ich ausführlich in meinem Buch »Der geheime Weltkrieg der *Illuminaten*« erläutert. Deshalb möchte ich an dieser Stelle nur eine kurze Zusammenfassung anführen:

Die Banken schöpfen bei der Kreditvergabe Geld aus dem Nichts, das bei Tilgung des Kredits wieder »vernichtet« wird. Die dafür verlangten Zinsen sind jedoch im Geldumlauf überhaupt nicht vorhanden, weshalb sie wiederum als Kredite »geschöpft« werden müssen, wofür erneut Zinsen fällig werden, die als Kredite geschöpft werden.

Dieses Spiel setzt sich solange fort, bis die fälligen Zinsen schließlich den Gegenwert der volkswirtschaftlichen Produktion (Summe aller Waren und Dienstleistungen) übertreffen. Dies dauert in einer weder wachsenden noch schrumpfenden Volkswirtschaft nur wenige Jahrzehnte, weil das Zins- und Zinseszinssystem ein Schneeballsystem ist (siehe Josephspfennig).

Spätestens dann ist kein realer Gegenwert für die fälligen Zinsforderungen vorhanden, d. h. das System kollabiert notwendigerweise!

In der Realität brauchen die Zinsforderungen natürlich nicht die Höhe des Wertes der volkswirtschaftlichen Produktion zu erreichen. Wenn die Zinsforderungen die Höhe der über die reinen Lebenshaltungskosten hinausgehenden Produktion erreichen, ist die Volkswirtschaft zahlungsunfähig, es sei denn, sie entscheidet sich, zum Wohle der Banken zu verhungern und zu erfrieren[40]. Doch selbst diese doch eher unrealistische »Loyalität« der Schuldner würde den Kollaps des Systems nur für kurze Zeit hinauszögern. Man verzeihe mir diese ein wenig sarkastische Betrachtungsweise.

In Griechenland beispielsweise haben wir heute den Fall, dass die Zins- und Zinseszinsforderungen der Banken an den Staat die Größenordnung der Steuereinnahmen bereits erreicht haben. Da Griechenland nicht über eine eigene Währung verfügt und deshalb diese Forderungen nicht einfach durch Gelddrucken (= Inflation) begleichen kann, gibt es nur zwei Möglichkeiten:

Erstens, der Staat spart Kosten ein, wo immer möglich, d. h. die Bevölkerung beginnt zu hungern und zu frieren, um den Kollaps hinauszuzögern, indem die absurden Forderungen derjenigen[41] halbwegs befriedigt werden, die absolut nichts zur Produktivität beigetragen haben.

---

[40] Genau dies verlangt die EU gegenwärtig von Griechenland, wobei man der Fairness halber bedenken sollte, dass die griechische Staatsverschuldung durch eine ausgeuferte Korruption der »frei gewählten« Volksvertreter erheblich beschleunigt wurde. Wenn man Demokratie ernst nimmt, kann man also durchaus feststellen, dass die griechische Bevölkerung selbst schuld ist. Ich sehe den Fehler hingegen beim System »parlamentarische Demokratie«, das der Bevölkerung praktisch keine Einflussmöglichkeiten einräumt. Schließlich wählt man lediglich zwischen unterschiedlichen Besetzungen, die sich aus dem gleichen Establishment rekrutieren. Deshalb ändern Wahlen nicht den Korruptionsgrad der Regierung. Dies wird im Fall Griechenland dadurch deutlich, dass ein Minister der frisch gewählten linksradikalen Syriza-Partei, durch deren Regierungsantritt schließlich alles anders werden sollte, bereits unter Korruptionsverdacht steht. Siehe dazu: http://www.manager-magazin.de/politik/artikel/korruptionsskandal-erschuettert-griechenland-a-1024935.html

[41] Gemeint sind die Geld mit Geld verdienenden Banken und Superreichen.

Zweitens, andere Staaten, wie im Falle der Griechenlandkrise Deutschland, bürgen für die Kredite. Natürlich ist jedem halbwegs klar denkenden Menschen aufgrund des Schneeballeffekts (exponentielles Wachstum der Zinsforderungen) klar, dass die Kredite niemals zurückgezahlt werden können, weshalb die Bürgschaften durch Staaten wie Deutschland nur den einzigen Zweck haben, den Zusammenbruch hinauszuzögern. Dieses Hinauszögern ist für die Kreditgeber natürlich extrem lukrativ, weil sie bis zu einem Zusammenbruch der reichen Länder natürlich ein Vielfaches dessen verdienen, was sie bis zu dem Kollaps ärmerer Länder wie Griechenland verdient hätten. Damit haben wir den eigentlichen Zweck der europäischen Gemeinschaftswährung auf den Punkt gebracht.

Wichtig ist dabei für die Initiatoren des Schnellballsystems, also die Banken und damit die *Illuminaten*, dass das Geld *vor* dem Kollaps, also solange es noch etwas wert ist, in Sachwerten investiert wird. Genau das ist die Strategie der *Illuminaten*: Bis die Blase platzt, investieren sie ihr Geld, das sie, ohne dafür eine Gegenleistung zu erbringen, von uns allen erhalten, in Firmenbeteiligungen, Rohstoffe und Landbesitz. Letztere behalten ihren Wert auch nach dem Kollaps, und das Spiel beginnt mit einer neuen Währung von Neuem, allerdings mit einem erhöhten Anteil für die Geld mit Geld Verdienenden.

Das Prinzip lässt sich folgendermaßen zusammenfassen: Nach einem Kollaps (wovon wir bereits etliche in der Geschichte hatten), folgt eine Phase, in der der Anteil der Zinsempfänger am Produktionskuchen exponentiell wächst, ohne dass sie selbst etwas zur Produktion beitragen. Dieser Anteil wird dann in bleibenden Werten investiert, die das unvermeidliche Platzen der Blase überdauern. Dann beginnt eine neue Periode des exponentiellen Wachstums. Jeder Zyklus beginnt für die *Illuminaten* auf höherem Niveau, weil sie jedes Mal vor dem Platzen der Blase ihren Reichtum in Sicherheit (Sachwerte) gebracht haben. Da das Wachstum ihres Anteils am Produktionskuchen exponentiell verläuft, ist ihr »Gewinn« am Ende jedes Zyklus, also kurz vor dem Platzen der Blase, am größten. Folglich zögern sie mit allen Mitteln, wie beispielsweise die Einführung einer europäischen Gemeinschaftswährung, den Kollaps so lange wie möglich hinaus.

Ein anderes Mittel zur Verzögerung des Kollapses ist ein exponentielles Wachstum der Wirtschaft – denn dann entstünde ein realer Gegenwert zur exponentiell wachsenden Geldmenge. Wenn beispielsweise die Zinsforderungen um zwei Prozent pro Jahr steigen, die Wirtschaft jedoch um mehr als zwei Prozent wächst, so entsteht ein stabiles System in dem Sinne, dass die Zinsblase solange nicht platzt, wie das Wirtschaftswachstum anhält. Letzteres ist beispielsweise in den USA seit mehr als hundert Jahren der Fall. Anders gesagt, wird das eine Schneeballsystem (Zinssystem) durch ein anderes Schneeballsystem (Wirtschaftswachstum) aufrechterhalten.

Das funktioniert natürlich nur so lange, wie das exponentielle Wirtschaftswachstum anhält. Vor diesem Hintergrund wird klar, warum Wirtschaftswachstum als allein selig machend von unseren Regierungen und den Medien propagiert wird und warum die Finanzmärkte so nervös reagieren, wenn der eine oder andere Wirtschaftsindikator nicht ganz so positiv ausfällt. Schließlich dient Wirtschaftswachstum hauptsächlich dazu, das Zinssystem, d. h. den Transfer von Waren und Dienstleistungen von den Produzierenden zu den Kreditgebern, so lange wie möglich aufrechtzuerhalten.

Schauen wir uns nun an, was passiert, wenn die Finanzsystem-Blase platzt. Die Auswirkungen bedeuten für viele Menschen den Ruin, aber sie bedrohen nicht die Grundlagen unserer Existenz. Letzteres ist jedoch beim Platzen der Wirtschaftswachstums- und damit zusammenhängend der Bevölkerungs-Blase der Fall.

Aber dazu komme ich noch im nächsten Buch. Beim Geld handelt es sich lediglich um einen rein virtuellen Wert, der nur so lange existiert, wie die Menschen daran glauben, dass das Geld einen Wert hat.

Schauen wir uns das Platzen der Finanz-Blase genauer an: Durch besondere Ausgaben, z. B. einen verlorenen Krieg oder absurde »Sozial«ausgaben, kann das Wachstum der Zinszahlungen eines Staates das Wirtschaftswachstum dauerhaft übertreffen. Speziell die dumme Sache mit dem verlorenen Krieg hat Deutschland im vergangenen Jahrhundert bereits zweimal erlebt (die ebenso dumme Sache mit den absurden »Sozial«ausgaben kommt gerade auf uns zu). Die Folge ist eine Entwertung des Geldes (was für die Kreditgeber, also letztlich die *Illuminaten* keine Rolle spielt, weil sie ihre Schäfchen längst im Trockenen haben). Das bedeutet, dass diejenigen, die über Barvermögen verfügen, die Staatsschulden bezahlen. Anders gesagt, die Arbeitsleistung, die für dieses Barvermögen erbracht wurde, wird nicht mehr durch einen realen Gegenwert vergolten. Bei diesen Unglücklichen handelt es sich um die Spieler auf der letzten Ebene des Schneeballsystems. Das sind die Menschen, die einer ehrlichen Arbeit nachgehen, statt ihr Geld mit Geld zu verdienen.

Doch es gibt noch eine elegantere, für die Kreditgeber lukrativere Möglichkeit, die »Uhren wieder auf null« zu stellen und so den Zyklus der Abzocke erneut zu starten: Man lässt nicht nur die (dummen) Besitzer von Barvermögen die Zeche bezahlen, sondern man bittet zusätzlich auch die Besitzer von allen anderen Vermögensarten zur Kasse. Wie soll das gehen? Der Soziologe Alexander Dill und der Literaturprofessor Jochen Hörisch (Soziologie und Literaturwissenschaften sind natürlich prädestiniert, wirtschaftswissenschaftliche Fragen zu beantworten) haben dazu ein Konzept veröffentlicht, dass an Absurdität nicht zu übertreffen ist. Sie nannten es »Hurra, wir tilgen!«[42].

---

[42] http://www.spiegel.de/wirtschaft/soziales/staatsverschuldung-schaeubles-schlechtgemachte-antwort-auf-einen-gutgemeinten-plan-a-739469.html

Ich möchte den beiden Autoren nicht unterstellen, völlig verrückt zu sein; wer diese Idee jedoch mit »Hurra!« aufgreift und nicht *Illuminat* oder Akkreditierter 1. oder 2. Ordnung ist, muss schon mächtig einen an der Waffel haben. Wenn die Autoren also nicht verrückt sind, bleibt nur noch die Möglichkeit, dass es sich um einen ersten Vorstoß handelt, die Öffentlichkeit schon mal mit den zugrundeliegenden Gedanken vertraut zu machen.

Der Gedankengang von »Hurra, wir tilgen!« ist schnell erklärt. Deutschland hatte zur Zeit der Veröffentlichung dieser himmelschreienden Ungerechtigkeit Anfang 2011 rund 1,7 Billionen Euro Staatsschulden. Nach Dills Berechnungen betrug das Nettovermögen der Deutschen zu jener Zeit rund 8,2 Billionen Euro. Zu diesem Vermögen zählen neben dem Bargeld auch Aktiendepots, Lebensversicherungen und Immobilienbesitz. Würde nun eine Sondersteuer von 20 % auf dieses Nettovermögen erhoben, so wären die Staatsschulden auf einen Schlag getilgt (oder über 10 Jahre bei 2 % Sondersteuer pro Jahr), d. h. die Uhren wären wieder auf null gestellt.

Im Gegensatz zur Inflation (siehe Seite 63) würden demnach nicht nur die Besitzer von Bargeld, sondern zusätzlich auch die Aktien- und Immobilienbesitzer, sowie die Menschen, die eine Lebensversicherung zur Altersvorsorge abgeschlossen haben, für die Staatsschulden bluten. Diese Variante hätte den Vorteil, dass das Geld nicht entwertet würde und dementsprechend das Vertrauen darin nicht verloren ginge.

Schauen wir uns dies am Beispiel des durchschnittlichen Immobilienbesitzers an. Er hat sein Häuschen per Kredit finanziert und über einen Zeitraum von 20 oder 30 Jahren abbezahlt. In diesem Tilgungszeitraum hat er ein Mehrfaches des Kaufpreises des Häuschens zusätzlich an Zinsen bezahlt.

Nun soll er nach dem Vorschlag von Dill und Hörisch eine Sondersteuer in Höhe von 20 % auf dieses Häuschen bezahlen, für das er praktisch sein ganzes Berufsleben gearbeitet hat, weil ihm die Banken ein Mehrfaches der Kreditsumme abgepresst haben (wofür sie ihm als Gegenleistung die Kreditsumme, sagen wir 150.000 € bzw. 290.000 DM, auf seinem Konto gutgeschrieben, also eine Zahl in einen Computer getippt haben). Da der Staat aber nun einmal bei den gleichen Banken verschuldet ist, muss der Häuslebesitzer nun 20 %, in unserem Beispiel 30.000 €, Sondersteuer an genau die Leute bezahlen, an die er schon sein halbes Leben lang bezahlt hat. Dieses Geld hat er natürlich nicht irgendwo rumliegen, also muss er dafür einen Kredit aufnehmen.

Man muss sich das einmal auf der Zunge zergehen lassen: Der gute Mann oder die gute Frau hat in ihrem Arbeitsleben bereits den beträchtlichen Teil seines/ihres Einkommens an Geld mit Geld verdienende Leute abgegeben (Zinsen für den Häuslekredit).

Gleichzeitig hat er oder sie mehr als die Hälfte seines/ihres Einkommens Steuern und Abgaben bezahlt (Staatsquote 50 %, siehe von Salomon 2014b), wovon wiederum ein beträchtlicher Teil an jene Geld mit Geld verdienenden Leute ging (Zinszahlungen des Staates auf Staatsverschuldung).

Und, weil das diesen unersättlichen Parasiten immer noch nicht reicht, soll er oder sie sich erneut verschulden. Das verstehen Dill und Hörisch offensichtlich unter »soziale Gerechtigkeit«.

Diese beiden Autoren begründen ihr »Modell« damit, dass die »reichsten 10 % der Bevölkerung 60 % des Vermögens besitzen«, es also die Richtigen träfe. Da haben wir sie wieder, diese unsägliche christliche Denke vom Armen, der das Recht auf das Einkommen des Produktiven hat, wobei Letztere gnadenlos mit den wirklich Reichen, den Geld mit Geld Verdienenden, vermischt werden. Denn von diesen »reichen« 10 % haben mindestens 95 % ihren Wohlstand durch Fleiß, Kreativität und nicht zuletzt durch einen relativ bescheidenen, also sparsamen Lebensstil erwirtschaftet. Lediglich die verbliebenen 5 % (der reichen 10 %, also 0,5 % der Bevölkerung), d. h. die Superreichen, die – man kann nicht oft genug darauf hinweisen – ihr Geld mit Geld verdient haben, ohne mit Arbeits- oder Kreativitätsleistung zur Produktion von Waren und Dienstleistungen beigetragen zu haben, würden gerechtfertigterweise zur Kasse gebeten werden.

Tatsächlich werden jedoch stattdessen nach dem Modell von Dill und Hörisch genau diese Superreichen (die Zinsempfänger) zu den Empfängern des Geldes der Produktiven. Sie sollen also nach dem Willen der Autoren noch mehr bekommen als sie sich in der Wachstumsphase des Schneeballsystems ohnehin schon unter den Nagel gerissen haben.

Ich kann mir auch mit viel Phantasie kein ungerechteres Steuermodell vorstellen. SpiegelOnline befand dies natürlich als einen »gut gemeinten Plan«, wodurch unzweifelhaft klar wird, in wessen Ärsche bestimmte Journalisten kriechen.

Wie Sie in dem von mir zitierten Spiegel-Artikel nachlesen können, stellten Dill und Hörisch ihren Plan, der direkt aus der Feder der *Illuminaten* zu kommen scheint, dem Bundesfinanzminister Wolfgang Schäuble vor. Es scheint eine »Show« nach dem Motto zu sein:

»Idee schon mal kommunizieren, aber natürlich erst einmal offiziell ablehnen, um nicht mit der Tür ins Haus zu fallen«.

Diese Ablehnung des Dill-Modells wird vom Finanzminister damit begründet, dass eine »Belastung breiter Bevölkerungskreise unvermeidlich« sei. Was für ein Witz! Die »breiten Bevölkerungskreise« zahlen heute schon weit mehr als die Hälfte ihres Einkommens an den Staat, und da sollen wir glauben, das Finanzministerium hätte auch nur die geringsten Hemmungen, diese »breiten Bevölkerungskreise« noch weitgehender zu belasten?

Als ob das alles nicht schon absurd genug wäre, setzt der Verfasser des SPON-Artikels sogar noch einen drauf: Das Finanzministerium lehnt außerdem (zum Schein) den Dill-

Vorschlag mit der Begründung ab: »Das mögliche (Netto-) Aufkommen einer Vermögensabgabe bewegt sich insgesamt im spekulativen Bereich.« Dies zweifelt SPON an, »da es durchaus Zahlen über die Vermögen der Deutschen und ihre Verteilung gibt. Im Prinzip. Nur das Finanzministerium scheint diese nicht zu haben.«

Dieses Theater ist an Lächerlichkeit kaum zu überbieten. SPON versucht hier allen Ernstes zu suggerieren, das Finanzministerium würde uns alle (aus wahltaktischen Gründen) vor einer Vermögensabgabe schützen wollen, obwohl das ja eigentlich ein guter Vorschlag sei.

Ich verkneife mir an dieser Stelle, Spekulationen über die analytischen Fähigkeiten des Verfassers des Artikels anzustellen. Wahrscheinlich wäre eine Beleidigungsklage die Folge.

Wie dem auch sei, wir dürfen alle gespannt sein, wann das ach so bescheidene Finanzministerium seinen Widerstand gegen diese tolle Idee zähneknirschend aufgeben wird und sich quasi unter Schmerzen gezwungen sieht, die arbeitende, produktive Bevölkerung mit der Vermögensabgabe zu beglücken. Schließlich brauchen die armen Leute, die aus dem Nichts geschöpfte Billionen dem Staat geliehen haben, das Geld viel dringender als wir alle.

Es tut mir leid, liebe Leser, aber ohne Zynismus und Ironie bin ich nicht in der Lage, diese Dinge soweit zu ertragen, um darüber schreiben zu können.

Völlig verrückt ist außerdem die stillschweigende Unterstellung, wenn die Staatsschulden auf dem Rücken der Produktiven zugunsten der Geld mit Geld Verdienenden getilgt würden, der Staat nie wieder neue Schulden machen würde. Selbstverständlich würden die ausführlich von mir geschilderten Mechanismen (Sozialstaat und/oder Rüstung und/oder »Umweltschutz«)[43] die Staatsverschuldung erneut in die Höhe treiben,

---

[43] von Salomon (2014b)

erneut würden wir alle Zinsen auf aus dem Nichts geschöpftes Geld bezahlen, und in wenigen Jahrzehnten müssten wir alle, bzw. unsere Kinder, wieder eine Vermögensabgabe leisten, weil die Zinsen das Steueraufkommen fast vollständig auffressen. Im Prinzip kann man den »Vorschlag« von Dill und Hörisch mit folgendem Satz zusammenfassen: **Es geht um die beschleunigte Enteignung der Produktiven zugunsten der unproduktiven, Geld mit Geld verdienenden Superreichen**.

Spaß macht in diesem Zusammenhang jedoch offenzulegen, auf wessen Seite die regimetreuen Medien, wie SPON, stehen. Auf Ihrer, liebe Leser, und meiner ganz bestimmt nicht. Dementsprechend können Sie fast blind davon ausgehen, dass wertende Urteile dieser Leute zu irgendwelchen Themen[44] gegen die Interessen der Bevölkerung gerichtet sind. Beispiele finde ich dort jeden Tag. Und dann reagieren diese Leute auch noch empört, wenn sie völlig zu recht als »Lügenpresse« beschimpft werden. Vielleicht sollte ich dazu einmal einen Blog betreiben.

Dabei wäre die Alternative zum Vorschlag von Dill und Hörisch denkbar einfach: Geldschöpfung in privater Hand ist noch viel gefährlicher als eine privatisierte Polizei oder privatisiertes Militär. Was hindert den Staat daran, die Staatsschulden selbst zu »schöpfen« und damit seine Schulden bei den Privatbanken zu bezahlen?

Der Effekt wäre, dass die Geldmenge in Höhe der Staatsverschuldung immer noch im Umlauf wäre (so wie jetzt auch), dass aber keinerlei Schuldzinsen für dieses geschöpfte Geld anfallen würden. Unter diesen Umständen gäbe es keine Veranlassung, diese Verschuldung überhaupt zu tilgen, es sei denn,

---

[44] An dieser Stelle möchte ich mir nicht verkneifen, auf die aktuellen Berichterstattungen der Regimemedien zu den Pegida-Demonstrationen hinzuweisen. Diese geifernde Ereiferung der Wut- und Angstjournalisten zu analysieren und ad absurdum zu führen, reizt mich natürlich, passt aber leider nicht in den Themenbogen dieses Buches.

man wollte aus irgendwelchen Gründen die Geldmenge reduzieren.

Und noch eine Bemerkung zu Dill und Hörisch aus anderer Perspektive: Wenn man schon Vermögen zur Tilgung der Staatsschulden besteuern will, warum nimmt man dazu nicht die Vermögen derjenigen, die so viel Geld haben, dass sie es selbst nicht brauchen und es so dem Staat leihen könnten? Warum belegt man diese »Vermögen« nicht mit einem Steuersatz von 100 %, schließlich wären die Staatsschulden dann ebenfalls komplett getilgt? Die Antwort, liebe Leser, können Sie sich zunächst einmal selbst geben und danach in der Fußnote nachlesen[45].

Doch kommen wir zurück zu den Zukunftsstrategien der *Illuminaten*. Wie sieht es also aus? Wird die Vermögensabgabe kommen, so dass wir alle unsere ganz oder teilweise abbezahlten Häuschen erneut verschulden müssen?

Wie ich in meinen vorherigen Büchern erwähnte, gehört es zur Vorgehensweise der *Bruderschaft*, immer einen Plan B (oder sogar zusätzlich C und D) in der Tasche zu haben. Deshalb ist es unmöglich, die Entwicklung mit 100%iger Sicherheit vorherzusagen. Ob und wann die Vermögensabgabe tatsächlich kommt, hängt von etlichen Randbedingungen ab, die selbst von den *Illuminaten* nicht im Detail vorausgeplant werden können. Außerdem ist nicht sicher, ob wir alle uns dies gefallen lassen oder ob es (wider Erwarten) zu einem ernsthaften Widerstand käme. Schließlich verlieren immer mehr Menschen das Vertrauen in unser Finanz- und Steuersystem (wozu ich einen Beitrag leisten möchte). Es ist jedoch sicher, dass die Vermögensabgabe der bevorzugte Plan der *Bruderschaft* für die nahe Zukunft ist, und zwar aus folgendem Grund:

Da in den USA die Rüstungsausgaben und in Europa die durch den Euro verallgemeinerten Sozialkosten in Verbindung

[45] Weil diese Vermögen überhaupt nicht existieren und es sich um von den Banken aus dem Nichts »geschöpftes« Geld handelt.

mit unqualifizierter Zuwanderung die Zinsen auf Staatsverschuldung schneller wachsen lassen als die Wirtschaft, ist der Kollaps des Schneeballsystems 1. Ordnung unvermeidlich. In der Vergangenheit war das Mittel, die Uhren wieder auf null zu stellen, eine neue Währung.

Das bedeutet, unsere Freunde von der *Bruderschaft* verdienen an dem Schneeballsystem bis zum Kollaps, aber sie verdienen nicht am Kollaps selbst. Schließlich werden die Staatsschulden einfach in der entwerteten Währung beglichen. Es fallen dann keine Schuldzinsen mehr an, bis sich der Staat in der neuen Währung verschuldet hat. Wenn die Staatsschulden jedoch durch eine Vermögensabgabe getilgt werden, so wird der Großteil der Bürger diese Steuern nicht bar bezahlen können, weshalb sie ihr »Vermögen«, z. B. ihr Häuschen, bei einer Bank beleihen müssen, wofür wiederum Schuldzinsen fällig werden. Und siehe da – es fließen weiterhin Schuldzinsen an die Banken, und bis die Bürger diese Kredite wieder getilgt haben, hat der Staat sich erneut soweit verschuldet, dass die nächste Vermögensabgabe fällig wird.

Durch diesen »Trick« wird das »Einnahmeloch« gestopft, das bei der Einführung einer neuen Währung entstehen würde, weil der Staat in der Anfangszeit des neuen Zyklus nicht bzw. nur in geringem Maße verschuldet wäre (um ein paar Billionen Schulden anzuhäufen, braucht's ein paar Jahre).

Ich gebe zu, dass diese Dinge nicht ganz einfach zu verstehen sind, und mir wird sicherlich sogar der eine oder andere vorwerfen, unzulässig vereinfacht zu haben. Doch genau das ist eine der Grundlagen des ganzen Systems: Es funktioniert nur, wenn es kompliziert genug ist, so dass die meisten Menschen sich nicht damit beschäftigen wollen. Die Klügeren werden in einem Tätigkeitstaumel (siehe Zitat Albert Schweitzer) gehalten und sind folglich nicht in der Lage nachzuvollziehen, dass sie immer wieder aufs Neue das letzte Glied in der Kette eines Schneeballsystems sind. Wenn die Mehrheit das Spiel der

Banken und damit der *Illuminaten* durchschauen würde, wäre das Ende ihrer Herrschaft besiegelt.

1.9 Das Wirtschaftssystem

Unser Finanz-Schneeballsystem basiert auf dem exponentiellen Wachstum einer virtuellen Ressource (Geld). Letztere hat nur in den Köpfen der Menschen einen Wert, oder, anders gesagt: Geld hat nur solange einen Wert, wie die Menschen daran glauben. Deshalb ist es relativ einfach, eine virtuelle Blase platzen zu lassen. Durch die Einführung einer neuen Währung oder durch die Umschuldung der Staatsschulden auf die Bürger existiert prinzipiell kein Kilogramm Butter, kein Fass Öl und keine Tonne Stahl weniger als zuvor.

Ganz anders liegen die Verhältnisse bei unserem Wirtschafts-Schneeballsystem. Damit verbunden ist das exponentielle Wachstum des Bedarfs an lebenswichtigen Ressourcen. Doch dieses Schneeballsystem ist essenziell, um das Finanz-Schneeballsystem möglichst lange aufrecht zu erhalten (siehe Abschnitt 1.7).

Da die Ressourcen (Rohstoffe) unseres Planeten aber nun mal endlich sind, wirkt sich das Platzen der Wirtschaftsblase katastrophal, ja geradezu apokalyptisch aus. Doch bevor es soweit ist, hat das Wirtschaftswachstum auf die »Teilnehmer« am Schneeballsystem eher positive Auswirkungen. Der Lebensstandard steigt (und damit auch die Menge der verbrauchten Rohstoffe pro Kopf). So ist die Lebensqualität einer durchschnittlichen Familie in Deutschland trotz der gigantischen Steuer- und Abgabenlast heute höher als die eines Königs im Mittelalter. Letzterer besaß mehr Wohnfläche und mehr Edelmetalle, dafür besitzt die Durchschnittsfamilie vielfältigere Nahrungsmittel, sie hat eine bessere Gesundheitsversorgung und sie ist in der Lage, mehr und weiter zu reisen, um nur einige Beispiele zu nennen.

Doch diese nun über Jahrhunderte andauernde Steigerung des Lebensstandards aufgrund technologischen Fortschritts hat für die *Illuminaten* neben dem positiven Effekt, ihr Finanz-Schneeballsystem (Zinseszinssystem) lange aufrechterhalten zu können, auch eine Schattenseite: Die Bevölkerungszahl steigt als Folge des Wohlstandes zunächst an, weshalb nicht nur der Pro-Kopf-Verbrauch exponentiell steigt, sondern auch die Anzahl der Verbraucher.

Dieses in doppelter Hinsicht exponentielle Wachstum würde sich natürlich katastrophal auf die Rohstoffreserven auswirken. Zum Glück für uns alle (einer der wenigen Fälle, bei dem die Interessen der *Illuminaten* mit dem der Bevölkerung deckungsgleich sind) bringt der steigende Wohlstand mehrere Effekte mit sich, die das anfängliche Bevölkerungswachstum schließlich überkompensieren. Durch technologischen Fortschritt (speziell die Erfindung der Anti-Baby-Pille) einerseits und andererseits durch die Produktivitätssteigerung, die es ermöglicht, dass weniger Kinder ihre alternden Eltern mitversorgen können, kam es in den Industrienationen schließlich zu einem segensreichen Rückgang des Bevölkerungswachstums.

Auf diese Weise entstanden zwei gegenläufige Trends: Durch den technologischen Fortschritt steigt die Wirtschaftskraft, durch das Schrumpfen der Bevölkerung sinkt sie. Um den Nettoeffekt positiv zu halten, d. h. das Zinseszinssystem länger aufrechterhalten zu können, werden in Deutschland jährlich 200 Milliarden Euro zur »Familienförderung« ausgegeben und Millionen Migranten ins Land geholt. Auch wenn der Einfluss dieser beiden Maßnahmen auf die Produktivität eher gering ist, so bleibt für die *Bruderschaft* immerhin der positive Effekt der daraus resultierenden Staatsverschuldung, das heißt Zinseinnahmen.

Das weltweite Bevölkerungswachstum verläuft jedoch hyperexponentiell, d. h. die Zeiträume, in denen sich die Bevölkerung verdoppelt, bleiben nicht konstant, sondern sie verkürzen sich sogar. Im Jahre 1 lebten rund 200 Mio. Menschen auf der Welt, im Jahre 1000 waren es 300 Millionen (Steigerung 50 % in 1.000 Jahren), um 1600 stieg die Zahl auf 500 Millionen (Steigerung 66 % in 600 Jahren). Um das Jahr 1800 wurde schließlich die Marke von 1 Mrd. Menschen geknackt (100 % Steigerung in 200 Jahren). Die nächste Verdopplung auf 2 Mrd. Menschen (1927) ließ nur 127 Jahre auf sich warten. Weniger als 50 Jahre später (1974) stand die nächste Verdopplung an. Heute, weitere 40 Jahre später, leben 7,2 Mrd. Menschen auf der Erde[46]. Wenn man für die Zukunft eine Verdoppelung alle 50 Jahre fortschreibt, so würden im Jahre 2024 8 Mrd., 2074 16 Mrd. und im Jahre 2100 23 Mrd. Menschen auf der Welt leben.

Die Prognosen der UNO fallen niedriger aus[47]. Man vermutet im Jahre 2100 eine Weltbevölkerung zwischen 10 und 16,6 Mrd. Menschen. Wie dem auch sei, sicher ist jedenfalls, dass dieses Bevölkerungswachstum ausschließlich in den »Entwicklungsländern« stattfinden wird. Ich habe den Begriff in Anführungszeichen gesetzt, weil in den vergangenen Jahrzehnten, seit der Unabhängigkeit dieser Länder, außer der Bevölkerungszahl praktisch keine »Entwicklung« stattgefunden hat. Es haben sich weder stabile Staaten noch Bildungs- oder »Sozial«systeme oder sonst etwas, das man als Fortschritt bezeichnen könnte, »entwickelt«.

Vor diesem Hintergrund geht auch die *Bruderschaft* (da sind wir mal einer Meinung) nicht davon aus, dass in den Entwicklungsländern ein Wohlstand entstehen wird, der, wie in den Industrienationen, zu einem Rückgang des Bevölkerungszuwachses führen wird. Dies bedeutet, dass die zwangsläufig erfolgende Schrumpfung der Weltbevölkerung, d. h. das Plat-

---

[46] http://de.wikipedia.org/wiki/Weltbevölkerung

[47] http://www.weltbevoelkerung.de/publikationen-downloads/infografiken/slide/bevoelkerungsprojektionen-bis-2100.html

zen der Wirtschaftsblase, seine Ursachen in der Erschöpfung der Ressourcen und der Zerstörung der Umwelt haben wird, statt auf freiwilliger Basis wie in den westlichen Industrienationen zu geschehen.

Letzteres ist natürlich auch nicht im Interesse der *Illuminaten*. Schließlich macht es wenig Sinn, über eine zerstörte, weitgehend unbewohnbare Welt zu herrschen. Doch ebenso, wie die *Bruderschaft* die bereits von mir skizzierten Maßnahmen beim Platzen der Finanzblase entwickelt hat, die relativ einfach zu verstehen und für die Menschheit als Ganzes nicht besonders dramatisch sind, so hält man mehrere *Alternativen* bereit, wie mit dem unvermeidlichen Platzen der Bevölkerungsblase umzugehen ist. Wichtig ist dabei aus Sicht der *Bruderschaft*, wie auch beim Platzen des Zinssystems, dass sie zu jedem Zeitpunkt die Kontrolle behalten, d. h. dass keine irreversiblen Schäden entstehen.

Auf die Bevölkerungsblase bezogen bedeutet dies, dass deren Platzen kontrolliert vollzogen werden muss. Das heißt, dass die Dezimierung der Menschheit aus Sicht der *Illuminaten* gezielt herbeigeführt werden muss, und zwar noch bevor Umweltzerstörung und Ressourcenerschöpfung wirklich katastrophale Ausmaße annehmen.

Die verschiedenen *Alternativen* unserer *illuminierten* Freunde zur Bevölkerungsdezimierung liegen mir vor und ich werde sie detailliert im Folgeband vorstellen. Doch bevor wir diese *Alternativen* diskutieren, müssen wir die Ziele verstehen, d. h., wie die Welt nach dem Willen der *Bruderschaft* kurz vor und nach dem »großen Sterben« aussehen soll. Die Ziele, die man erreichen kann, hängen jedoch von den Mitteln ab, die jemandem – in diesem Falle der *Bruderschaft* – zur Verfügung stehen. Damit ist nicht ihr Reichtum gemeint, der praktisch unbegrenzt vorhanden ist, sondern die Technologien, die heute und in naher Zukunft verfügbar sein werden, um ihre totale Herrschaft zu zementieren.

Wie wir sehen werden, hängt nicht nur die Frage, *wie* diese Menschheitsdezimierung durchgeführt wird, sondern auch *wen* es treffen wird, von diesen Technologien ab. Von diesen ist die Computertechnologie im weitesten Sinne die für unsere Zukunft wichtigste.

Ihre Entwicklung verläuft jedoch nicht linear, sondern exponentiell, womit wir nach dem Finanzsystem, dem Wirtschafts- und Bevölkerungswachstum, den nächsten wichtigen exponentiellen Zusammenhang für unser aller Zukunft diskutieren werden: die Entwicklung von Technologien zur Überwachung. Doch dazu möchte ich ein wenig ausholen, um die Dinge in den größeren Zusammenhang zu stellen.

1.10 Religion und Technologie

Mächtige Organisationen zeichnen sich meist durch Traditionen und Dogmen, d. h. als unumstößlich geltende »Wahrheiten« aus. Der Sinn dieser Traditionen und Dogmen besteht darin, der breiten Masse, auf die die jeweilige Organisation ihre Macht ausübt, das Denken abzunehmen. Wenn beispielsweise die katholische Kirche feststellt, dass jeder Mensch der Nachkomme von Adam und Eva und folglich mit der »Erbsünde befleckt« ist[48], so hat das jeder Katholik zu glauben. Das ist nicht verhandelbar – Ende der Diskussion. Einzige Ausnahme ist die Jungfrau Maria, die »unbefleckt empfangen« hat, d. h. frei von der Erbsünde ist, weil sie schließlich »Gottesgebärerin« ist[49].

An dieser Stelle geht es mir jedoch nicht um religiösen Irrsinn, sondern um das dogmatische Wesen von in der Öffentlichkeit stehenden Organisationen. Statt der katholischen Kirche hätte ich ebenso gut den Dogmatismus des Islam, des Kommunismus oder des Nationalsozialismus anführen können.

---

[48] Konzil von Trient (1545 – 1563)

[49] Konzil von Ephesus (431)

Neben dem Vorteil, durch »unumstößliche Wahrheiten« die Beherrschten von jeder Diskussion über Grundsatzfragen auszuschließen, ergibt sich aus einer solchen Vorgehensweise jedoch ein gravierender Nachteil: Wenn konkurrierende Organisationen die Dogmen als falsch entlarven, werden Menschen von ihrem »Glauben« abfallen, wodurch die alte Herrschaftselite zunehmend an Macht verliert. Um bei dem Beispiel der katholischen Kirche zu bleiben: Die durch die *Artur* initiierte Aufklärung führte zu einem erheblichen Machtverlust der Kirche – durch das Infragestellen ihrer Dogmen.

Daraus ergibt sich das folgende Dilemma aus Sicht der Herrschenden: Man braucht einerseits Dogmen, damit nicht jeder Trottel[50] über die Grundsätze des Glaubens[51] diskutiert. Das würde das blanke Chaos bedeuten. Andererseits wird die gesamte Herrschaftsstruktur durch diese unumstößlichen Grundsätze unflexibel und angreifbar.

Und schon sind wir wieder[52] beim Thema »Ausüben von absoluter Macht«. Wie ich gezeigt habe, ist das öffentliche Ausleben absoluter Macht eine Illusion. Ein König oder Diktator muss immer damit rechnen, dass die Neider seiner Macht jede noch so kleine Schwäche nutzen, um ihn zu stürzen. Ähnliches gilt für ganze Organisationen.

In der Öffentlichkeit stehende Organisationen benötigen Dogmen zur Ausübung ihrer Herrschaft. Genau deshalb laufen Sie jedoch ständig Gefahr, dass ihre absoluten Wahrheiten als falsch offengelegt werden und ihnen die Anhängerschaft wegläuft.

Die Lösung des Problems ist das Ausüben okkulter Macht. Eine Geheimorganisation braucht keine Dogmen. Das Problem mit dem Heer von Querulanten, die sich nach Meinung der

---

[50] Aus Sicht der Herrschenden

[51] Damit ist nicht nur religiöser, sondern auch ideologischer »Glaube« an absolute Wahrheiten gemeint.

[52] von Salomon (2014b), S. 21ff

Religions- und Ideologieführer in grenzenloser Selbstüberschätzung berufen fühlen, ihren Senf überall hinzuzugeben und deshalb mundtot gemacht werden müssen, existiert für einen elitären Geheimbund nicht. In diesem erlauchten Kreis wird nur derjenige Mitglied, der intellektuell in der Lage ist, die Gesamtsituation zu erfassen und daraus die gleichen Schlüsse zieht, wie die übrigen Mitglieder der Geheimgesellschaft.

Wenn sich dieser okkulte Bund nun die Kontrolle über die in der Öffentlichkeit stehenden Herrschaftsorganisationen sichert, so kann er tatsächlich absolute Macht ausüben. Wenn die Dogmen der alten Herrschaftsstruktur widerlegt sind, so ersetzt man sie eben durch eine entsprechend angepasste Religion oder Ideologie mit aktualisierten Dogmen.

Genau dies ist die Vorgehensweise der *Bruderschaft der Schlange*, die heute unter dem Namen »*Illuminaten*« bekannt ist. Sie schufen die drei Wüstenreligionen Judentum, Christentum und Islam. Die Zahl »3« ist deshalb optimal, weil so sichergestellt wird, dass keine der drei Fraktionen übermächtig wird. Auf diese Weise kann ein ewiger Krieg aufrechterhalten werden, der die Massen gegeneinander statt gegen die Obrigkeit aufhetzt.

Nachdem die Religion im Abendland durch die Aufklärung empfindlichen Schaden genommen hatte, passten die *Illuminaten* die nicht länger haltbaren Dogmen des Christentums durch die Ideologie des »Sozialstaats« an und würzten das Ganze mit dem auf der Illusion des Materialismus gegründeten Finanzsystem.

So starr und unflexibel die öffentlichen Herrschaftsstrukturen auch sind, so flexibel sind die *Illuminaten* darin, ihrer absoluten Herrschaft immer wieder ein neues Gesicht zu geben. Aus ihrer Sicht sind Dogmen nur etwas für das dumme Volk, das sie als eine Art Nutzvieh betrachten. Die *Bruderschaft* selbst strebt einfach nur danach, das Beste aus der jeweiligen Situation zu machen.

Als die Aufklärung die absolute Herrschaftsmethode »Religion« in Verbindung mit »Absolutismus« unumkehrbar ins Wanken gebracht hatte, trauerte man dieser Entwicklung keine Sekunde nach. Kein *Illuminat* verschwendete auch nur einen nostalgischen Gedanken daran, wie »schön« doch die Zeit war, als man Widerständler einfach als Ketzer auf dem Scheiterhaufen verbrennen oder ihnen in den Folterkammern des Adels »Respekt beibringen« konnte. Stattdessen wurden Pläne geschmiedet, wie man das angeschlagene System durch ein neues ersetzen könnte. Die Lösung war die parlamentarische Demokratie in Kombination mit dem Finanzsystem. Letzteres hatten unsere *Illuminaten*freunde schon lange Zeit zuvor etabliert, um den Adel in die Zinsknechtschaft der *Bruderschaft* zu treiben, und Ersteres war genau das Blendwerk, nach dem das Volk verlangte. Scheiterhaufen und Folterkammern waren nun zwar nicht mehr en vogue, doch es gibt schließlich subtilere Methoden, Abweichler »auf Kurs« zu bringen.

Dieser Systemwechsel brachte auch noch weitere bedeutsame Aspekte mit sich. Eine der Maßnahmen zur Aufrechterhaltung des Religionssystems war die Ver- oder zumindest Behinderung der Entwicklung von Technologie. Schließlich steht das Verständnis der Natur in krassem Widerspruch zu den religiösen Dogmen. Als aber nun die Technologieentwicklung durch die Aufklärung unumstößlich angestoßen worden war, versuchten die *Illuminaten* nicht etwa, diese Entwicklung doch noch irgendwie umzukehren. Stattdessen schmiedeten sie Pläne, wie sie diese Entwicklung für die Stabilisierung ihrer eigenen Macht nutzen konnten.

Speziell, nachdem der 2. Weltkrieg nicht das gewünschte Ergebnis gebracht hatte (in den Besitz der Technologie der *Vril-Gesellschaft* [53] zu kommen), gab die *Bruderschaft* ihre Zurückhaltung in Sachen technischem Fortschritt vollständig

---

[53] Der wissenschaftliche Arm der *Artur*

auf. Die Situation verlangte, Technologie zur Festigung der absoluten Macht einzusetzen und möglichst den Rückstand zur *Artur* zu verringern.

Führen wir uns nochmal vor Augen, auf welchen Prinzipien die Herrschaftsstrategien der *Bruderschaft* vor der Aufklärung beruhten: Es wurde ein Rachegott (JHWH) erfunden, der jede Tat und jeden Gedanken *überwacht* und jeden *bestraft*, der sich nicht an seine Regeln hält. Gleichzeitig wird jedem das Himmelreich versprochen, der nach JHWHs Pfeife tanzt (bzw. nach der Pfeife der Erfinder JHWHs).

Psychologisch gesehen diente dieses total überwachende und total, d. h. bis in alle Ewigkeit, bestrafende Ungeheuer dazu, das Hineinreden in die Privatsphäre (z. B. Du sollst keine anderen Götter verehren) durch Vermischung mit oberflächlich betrachtet sinnvollen Regeln (z. B. Du sollst nicht töten) zu legitimieren. Das Christentum, d. h. die von der *Bruderschaft* komplett verdrehte Lehre Jesu Christi, ist im Prinzip nichts weiter als eine noch absurdere Proles-Variante des Alten Testaments. Die Details dieser Argumentation finden Sie in meinem Buch »Der geheime Weltkrieg der *Illuminaten*«.

Mit der Aufklärung gerieten diese Konstrukte mächtig ins Wanken. An der Stelle archaischen Aberglaubens entwickelte sich das Verständnis der Natur und damit der Technologie. Der Mentalität der *Illuminaten* entsprechend, konzentrierten sie sich nicht primär darauf, das langsam untergehende Herrschaftskonstrukt zu retten, sondern sie stellten sich die Frage, wie sie die neuen Entwicklungen (d. h. Technologie) für ihre Zwecke nutzen könnten. Speziell drei Ereignisse um die Mitte des vergangenen Jahrhunderts beschleunigten diese Absicht: die Beherrschung der Vril-Technologie durch die *Artur* – ein Vorsprung des Gegners, den es möglichst schnell aufzuholen galt –, damit verbunden die endgültige Niederwerfung Deutschlands, wozu fortschrittliche Waffen vonnöten waren, und die Entwicklung der Computertechnologie, die, wie wir sehen werden, die religiöse Idee von der Totalüberwachung und allgegenwärtigen Bestrafung real werden lassen kann.

Anders gesagt, ist die *Bruderschaft* nun bestrebt, mithilfe von Technologie genau das zu erreichen, was sie Jahrtausende lang durch Aberglauben erreicht hat: die absolute Kontrolle durch totale Überwachung über jeden noch so privaten Bereich des Lebens ihrer Sklaven. Wichtiger noch als die tatsächliche Überwachung ist der Glaube der Menschen (damals wie heute) daran, dass es eine solche allwissende Macht gibt, die in der Lage ist, bei Fehlverhalten entsprechend zu bestrafen. Wie wir sehen werden, ist dieser Glaube an die technologische Machbarkeit heute durchaus angebracht.

Wir können festhalten, dass die eine Säule der Macht der *Bruderschaft* die Totalüberwachung ist, die ganz einfach zeitgemäß nun mit anderen Mitteln als in den Jahrhunderten zuvor realisiert wird. Doch im Gegensatz zum totalüberwachenden Rachegott JHWH ist die bereits stattfindende Totalüberwachung mittels Technologie real. Mit anderen Worten: Die *Bruderschaft* lässt zurzeit die furchterregenden Eigenschaften JHWHs – seine Allwissenheit und seine Gnadenlosigkeit bei Verfehlungen des »Sünders« – mithilfe von Technologie Wirklichkeit werden.

Übertreibe ich da nicht ein wenig? Nein, das tue ich nicht! Ich werde zeigen, dass die Totalüberwachung im wirklichen Sinne von »total« in Verbindung mit der Macht, jeden Menschen sofort bei Fehlverhalten zu bestrafen, keine »Science Fiction« ist. Ich werde zeigen, dass die den allwissenden Rachegott Wirklichkeit werden lassenden Technologien entweder bereits existieren oder sich in der Realisierungsphase befinden – und dass wir uns bereits mitten *in einem Prozess zur Realisierung* dieses Ziels befinden.

Doch bevor wir uns dieser Beweisführung zuwenden, möchte ich mit einer weit verbreiteten Mentalität der Technologiefeindlichkeit aufräumen. Selbstverständlich nutzt die *Bruder-*

schaft Technologie zu ihrem Vorteil und unserem Nachteil. Außerdem ist Umweltverschmutzung und -zerstörung eine Folge von Technologie. Massenvernichtungswaffen gäbe es ebenfalls nicht ohne Technologie. Daraus mag der geistig minderbemittelte, jedoch überall mitreden wollende, rotgrün versiffte[54] Möchtegernintellektuelle schließen, Technologie sei etwas »Schlechtes« – und jetzt kommt auch noch der technologische Schrecken der Total-Überwachung und -Bestrafung hinzu.

Wie fast alles, was jene Sorte der von der *Bruderschaft* Hirngewaschenen absondert, logisch falsch ist, so liegt auch hier ein krasser Fehler vor. »Gut« und »schlecht« sind Begriffe der Ethik, einer philosophischen Disziplin, die sich mit dem rationalen Handeln beschäftigt. Deshalb ist die Fähigkeit, überhaupt rational handeln zu können, eine Voraussetzung dafür, »gut« oder »schlecht« zu sein. Auch wenn es keine allgemein anerkannte Definition des Begriffes »Technologie« gibt[55], so handelt es sich jedoch sicherlich nicht um ein selbständig rational handelndes Wesen, weshalb sie nicht »gut« oder »schlecht« sein kann. Die Menschen, die mithilfe von Technologie erzeugte Dinge einsetzen, können jedoch sehr wohl »gut« oder »schlecht« handeln, was wiederum von der Perspektive des Betrachters abhängt.

Die Verwendung von Technologie durch die *Illuminaten* ist aus deren Perspektive natürlich »gut« und aus unserer »schlecht«. Die gleiche Technologie könnte man selbstverständlich auch, statt den Rachegott JHWH wahr werden zu lassen, dazu verwenden, ein Paradies auf Erden zu schaffen. Welche von diesen beiden Alternativen realisiert wird, hängt einfach nur davon ab, ob wir die *Bruderschaft* an der Ausfüh-

---

[54] Eine Floskel Akif Pirinccis, die meiner Ansicht nach Eingang in den deutschen Sprachschatz finden sollte, wozu ich hiermit beitragen möchte.

[55] http://de.wikipedia.org/wiki/Technologie

rung ihrer Pläne hindern oder nicht. Die obigen Bezüge von Technologie zu religiösen Begriffen stelle ich übrigens nicht zufällig her.

Doch kommen wir nun zur konkreten technischen Realisierung JHWHs. Damit dies in absehbarer Zeit technisch möglich ist, muss der technologische Fortschritt erheblich schneller als linear ablaufen. Genau das tut er, wie wir gleich sehen werden.

1.11 Das Moore'sche Gesetz

Um zu verstehen, ob – und wenn ja, wie – sich der *Illuminaten*traum von der totalen Überwachung technisch realisieren lässt, müssen wir zunächst eine andere Frage beantworten: Was genau bedeutet »totale Überwachung« eigentlich?

Dabei sollten wir das Adjektiv »total« durchaus ernst nehmen. Schließlich ist das Ziel, die besonders bedeutsame der »göttlichen« Eigenschaften, nämlich die »Allwissenheit« von JHWH, tatsächlich technisch zu reproduzieren. Gemeint ist sein Wissen um jedes unserer Worte, unserer Taten und unserer Gedanken, sowie seine Macht, jeden Menschen entsprechend seiner »Verfehlungen« zu bestrafen. Dies muss aus *Illuminaten*sicht das Ziel sein, denn daraus resultiert gottähnliche Macht.

Versetzen wir uns also in die Lage der *Illuminaten* und überlegen uns, was wir brauchen, um diesen Traum wahr werden zu lassen. Zunächst einmal sind »Information« und »Daten« Synonyme für »Wissen«. Wir brauchen also erstens die technische Möglichkeit, große Mengen an Informationen zu speichern und zu verarbeiten. Zweitens benötigen wir Verfahren, um in den Besitz alle Lebensbereiche sämtlicher Menschen betreffende Informationen zu kommen. Der für uns (aus Sicht der *Illuminaten*) positive Nebeneffekt ist der, dass die Menschen uns alles über unsere Mitmenschen glauben werden, wenn sie wissen, dass wir über derartige Systeme verfügen.

Wir wissen dann also nicht nur alles, sondern wir können jeden jederzeit absolut glaubwürdig verleumden.

Schauen wir uns nun den technischen Fortschritt an, der für die Realisierung der Total-Überwachung notwendig ist und wenden uns dann im nächsten Abschnitt (1.11) den Konsequenzen zu:

Wir müssen an dieser Stelle abschätzen, ob es möglich ist, die alle Lebensbereiche sämtlicher auf der Erde lebenden Menschen betreffenden Informationen zu erhalten, technisch zu speichern und zu verarbeiten, um beispielsweise Profile daraus zu erstellen. Mit »Profilen« ist gemeint, aus der Datenflut die politische Einstellung, sexuelle Orientierung, Bewegungsprofile, finanzielle Situation, Kaufverhalten, Intelligenz, Bildung, religiöse Orientierung, den Gesundheitszustand, das zukünftig zu erwartende Verhalten, das soziale Umfeld und nicht zuletzt die Loyalität zum Regime abzuleiten.

Die Frage, die sich uns nun stellt, lautet: Ist es technisch möglich, derartig gigantische Datenmengen überhaupt zu bekommen, zu speichern und zu verarbeiten? Um diese Frage zu beantworten, müssen wir uns den Fortschritt in der Computertechnologie im Verlauf der vergangenen Jahrzehnte anschauen und diesen Fortschritt in die Zukunft extrapolieren. Dabei müssen wir uns natürlich fragen, ob dieses Fortschreiben des Fortschritts in die Zukunft realistisch ist, oder ob gewichtige Gründe dagegen sprechen.

Was den Fortschritt der hier für uns relevanten Computertechnologie anbelangt, stellte der Mitbegründer der Firma Intel, Gordon Moore, im Jahre 1965, kurz nach der Entwicklung der ersten integrierten Schaltkreise, das nach ihm benannte Moore'sche Gesetz auf[56]. Es besagt in seiner ursprünglichen Form, dass sich die Anzahl der Komponenten auf einem integrierten Schaltkreis jedes Jahr verdoppelt. Zehn Jahre später, also 1975,

---

[56] Moore (1965), S. 114-117

korrigierte Moore sein Gesetz, indem er eine Verdopplung alle zwei Jahre prognostizierte. Heute geht die Halbleiterindustrie nach den Erfahrungen der vergangenen Jahrzehnte von einer Verdopplungsrate alle 18 Monate aus.

Sie werden es bereits erkannt haben: Dies ist der von mir am Ende von Abschnitt 1.10 angekündigte, schneller als linear verlaufende und sogar exponentielle Zusammenhang für die Entwicklung von Überwachungstechnologien[57]. Wohlgemerkt: Diese Entwicklung könnte dazu genutzt werden, für die gesamte Menschheit ein Paradies auf Erden zu errichten, doch in den Händen der *Illuminaten* – wenn wir sie lassen – wird sie die totale Versklavung der Menschheit bedeuten.

Das Moore'sche Gesetz ist für unsere Betrachtungen zur technischen Machbarkeit der Totalüberwachung von grundlegender Bedeutung, weshalb es sich lohnt, etwas genauer hinzuschauen. Zunächst einmal fällt auf, dass die Zahl der Bauelemente auf einem integrierten Schaltkreis zu einem bestimmten Zeitpunkt keine feste Größe ist. Selbstverständlich kann man sehr wenige Bauelemente darauf packen oder eben, im Rahmen der technischen Möglichkeiten zum entsprechenden Zeitpunkt, mithilfe von großem Aufwand sehr viele. Welche Anzahl sollen wir also nehmen, um das Moore'sche Gesetz zu überprüfen? Die Antwort lieferte Moore selbst. Es existiert ein Minimum für die Kosten pro Bauelement in Abhängigkeit von der Anzahl der Elemente auf einem Schaltkreis. Verbaut man weniger Elemente, so verschwendet man Material, weshalb die Kosten pro Bauelement steigen, bei höherer Zahl wird der Aufwand für die Miniaturisierung unverhältnismäßig groß, weshalb die Kosten je Bauelement ebenfalls steigen.

---

[57] Sie erkennen nun, warum ich in der Einleitung so ausführlich auf exponentielle Zusammenhänge eingegangen bin. Exponentielle Zusammenhänge unterscheiden sich gravierend von unserem angeborenen linearen Denken, sind aber für das Verständnis unserer Gegenwart und erst recht unserer Zukunft von größter Bedeutung.

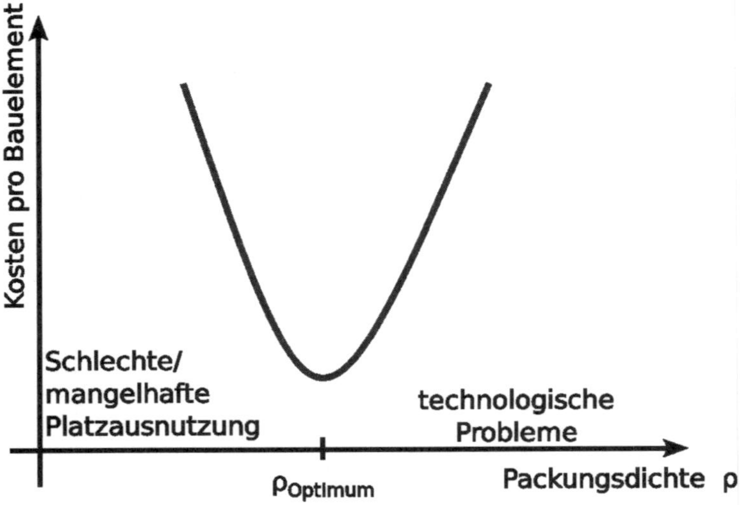

Abb. 1.11.1: Kosten pro Bauelement eines integrierten Schaltkreises als Funktion der Anzahl der Bauelemente pro Flächeneinheit (Packungsdichte)
Quelle: Wikipedia.

Das Optimum der Produktionskosten je Bauelement, entsprechend der technischen Möglichkeiten zum jeweiligen Zeitpunkt, definiert die Anzahl der Bauelemente je integriertem Schaltkreis, die für das Moore'sche Gesetz herangezogen werden. Mit anderen Worten: Das Moore'sche Gesetz bezieht sich auf integrierte Schaltkreise für den Massenmarkt.

Natürlich müssen wir uns nun fragen, ob wir dieses Gesetz einfach so in die Zukunft fortschreiben können. In der Vergangenheit ist bereits mehrfach das Ende des Moore'schen Gesetzes aufgrund angeblich unüberwindbarer technischer Hürden prophezeit worden. Doch jedes Mal konnten diese »unüberwindlichen Hürden« überwunden werden, weshalb das Gesetz bis heute seine Gültigkeit nicht verloren hat. Die gegenwärtigen Entwicklungspläne der Halbleiterindustrie reichen bis ins

Jahr 2020 und bewegen sich im Rahmen von Moores Voraussagen. Doch was kommt danach?

Zunächst einmal ist klar, dass das Moore'sche Gesetz in seiner ursprünglich formulierten Form (Verdopplung der Anzahl Bauelemente je Schaltkreis alle 12 bis 24 Monate) *unmöglich* bis in alle Ewigkeit aufrecht erhalten werden kann. Die Ursache für diese Grenze sind die Naturgesetze selbst, was Gordon Moore höchstpersönlich veranlasste, auf Intels Entwicklerforum im Herbst 2007 das Ende seines eigenen Gesetzes zu verkünden. Lassen Sie mich diesen Punkt kurz erklären:

Die Größe eines Transistors auf einem integrierten Schaltkreis beträgt heute rund 20 Nanometer[58] (nm). Der Durchmesser eines Atoms liegt in der Größenordnung von 0,1 nm (das ist 1 Ångström). Die Packungsdichte der Bauelemente wird demnach in ein paar Jahren den Durchmesser von einigen wenigen Atomen erreichen. Für derart kleine Strukturen gelten jedoch die (unanschaulichen) Gesetze der Quantenmechanik. Nach diesen Gesetzen besteht eine Wahrscheinlichkeit (die umso größer wird, je kleiner die Strukturen werden) dafür, dass ein Elektron eine elektrische Barriere überwindet, obwohl es laut klassischer Physik »eigentlich« nicht genug Energie dafür hätte. Dies ist der ausführlich in meinem Buch »Als Agent der Dritten Macht« in anderem Zusammenhang diskutierte Tunneleffekt[59]. Letzterer bewirkt, dass sich bei entsprechend kleinen Strukturen Elektronen mit hinreichend hoher Wahrscheinlichkeit überall innerhalb der Struktur befinden können, d. h. dass ein elektrischer Strom fließt, wo »eigentlich« keiner fließen dürfte. Dieser Tunnelstrom führt dazu, dass die entsprechend miniaturisierten Bauelemente kurzgeschlossen werden – sie funktionieren also nicht mehr.

---

[58] 1 Nanometer (nm) = 10^{-9} Meter (m)

[59] Eine ausführliche qualitative und quantitative Beschreibung des Tunneleffekts findet man in praktisch jedem Lehrbuch zur Quantenmechanik. Ich empfehle dazu das Werk Feynman (1988).

Mithilfe der Quantenmechanik können wir ausrechnen, ab welcher Strukturgröße der Bauelemente die Tunnelströme ein korrektes Funktionieren der Schaltungen verhindern. Jetzt brauchen wir nur noch aus dem Moore'schen Gesetz abzulesen, wann die Packungsdichte eine entsprechende Strukturgröße verlangen wird und schon haben wir das Jahr, in dem das Moore'sche Gesetz endet (irgendwann in der zweiten Hälfte der 20er Jahre dieses Jahrhunderts).

Doch Vorsicht: Die Annahme, die wir für diese Prophezeiung des Endes des Fortschritts der Computertechnologie gemacht haben, ist die, dass die Rechner der Zukunft auf den prinzipiell gleichen integrierten Schaltkreisen basieren wie heute. Doch es existiert kein Naturgesetz, nach dem man Computer ausschließlich auf Basis jener integrierten Schaltkreise bauen könnte.

Tatsächlich wurden Rechner in der Vergangenheit mithilfe völlig andersartiger Technologien hergestellt. Warum sollten wir also in Zukunft auf die zufällig heute verwendeten Verfahren beschränkt sein?

Diesen Gedanken verfolgte der KI[60]-Forscher Raymond Kurzweil weiter und suchte nach einer alternativen Größe statt der Anzahl Bauelemente auf einem integrierten Schaltkreis, mit der man den Fortschritt der Computertechnologie besser, universeller beschreiben kann. Er schlug die Anzahl der Berechnungen pro Sekunde vor, die ein Rechner im Wert von $ 1.000 im jeweiligen Jahr anstellen konnte[61]. Diese Größe nenne ich im Folgenden »Rechenleistung«.

Mir scheint, dies ist eine westlich allgemeinere Größe als die Anzahl von Bauelementen und vor allem: Sie konzentriert sich auf das technologische Ergebnis (der Sinn von Computern ist es, Berechnungen anzustellen) und löst sich von der zur Durchführung der Berechnungen verwendeten Technologie.

---

[60] KI bedeutet Künstliche Intelligenz.

[61] http://www.kurzweilai.net/ask-ray-the-future-of-moores-law

Diesem Grundgedanken folgend, trug Kurzweil die Rechenleistung (calculations per second per $ 1.000) als Funktion der entsprechenden Jahre auf. Das Optimum aus Moores Kosten-per-Bauelement-Kurve (siehe Abb. 1.11.1) ist durch den Bezug auf $1.000 in Kurzweils Überlegungen implizit enthalten. Er erhielt den folgenden Zusammenhang:

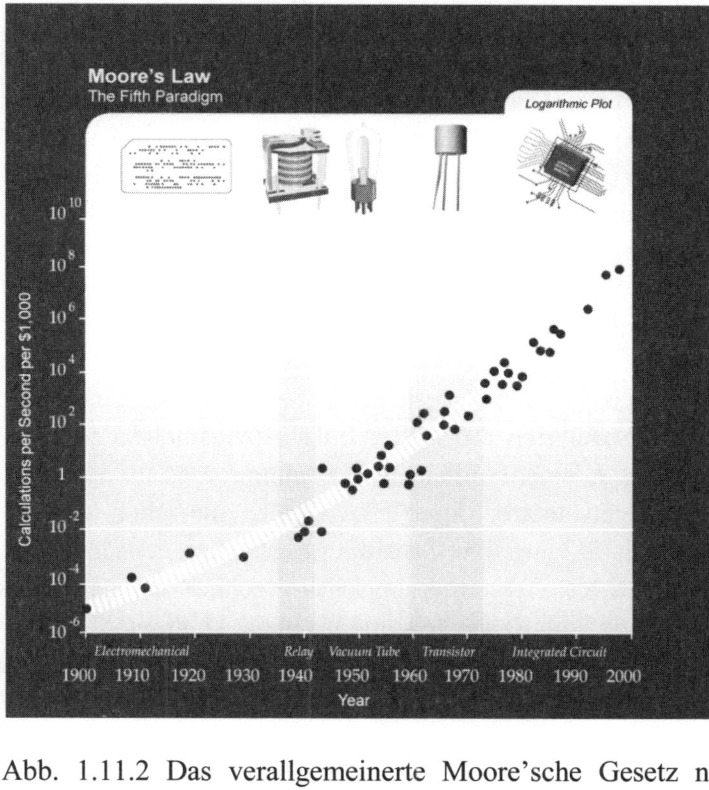

Abb. 1.11.2 Das verallgemeinerte Moore'sche Gesetz nach Raymond Kurzweil. Quelle: Wikipedia.

Damit es nicht zur Verwirrung bei Lesern kommt, die sich bislang noch keine Gedanken über lineare und exponentielle Zusammenhänge gemacht haben, möchte ich einige Erläuterungen hinzufügen:

Wie ich in Abschnitt 1.7 feststellte, wird ein linearer Zusammenhang geometrisch durch eine Gerade dargestellt. Aber liegen die von Kurzweil in Abb. 1.11.2 eingetragenen Werte nicht auf einer Geraden? Nein, hier ist ein kleiner Trick durchgeführt worden, und zwar wurde die Y-Achse (vertikale Achse) logarithmisch skaliert. Das bedeutet, der Abstand zwischen zwei Y-Werten ist nicht konstant, sondern der Abstand zwischen 1 und 10 ist genauso groß wie zwischen 10 und 100, der wiederum genauso groß ist wie der zwischen 100 und 1.000 und so weiter. Durch diesen Trick wird die immer steiler ansteigende Exponentialfunktion zu einer Geraden »zusammengestaucht«. Deshalb kann man in dieser halblogarithmischen (»halb« deshalb, weil nur die Y-Achse, nicht jedoch die X-Achse logarithmisch »gestaucht« wurde) Darstellung sehen, dass ein exponentieller Zusammenhang vorliegt, wenn die Punkte auf einer Geraden liegen.

Indem Kurzweil das Maß für Fortschritt in der Computertechnologie von der Anzahl der Bauelemente auf einem integrierten Schaltkreis durch die Größe »Rechenleistung« ersetzte, kam er zu einer völlig neuen Erkenntnis: Das auf diese Weise verallgemeinerte Moore'sche Gesetz gilt schon sehr viel länger, als es integrierte Schaltkreise gibt. Seit dem Jahr 1900, als die ersten elektromechanischen Rechner auf den Markt kamen, stieg die Rechenleistung bis heute kontinuierlich exponentiell an – und zwar über 14 Größenordnungen. Das bedeutet, dass heutige Rechner zehntausendmilliardenmal schneller sind als jene um 1900.

Doch eine weitere Erkenntnis ist für uns noch viel bedeutsamer: Es gab in dem betrachteten Zeitraum mehrere Paradigmenwechsel, von elektromechanischen Rechnern zu Relais basierenden, zu Vakuumröhren, zu Transistoren und schließlich zu integrierten Schaltkreisen. Trotz dieser Paradigmenwechsel setzte sich das exponentielle Wachstum der Rechenleistung unbeirrt fort, ohne Verschnaufpausen oder gar Einbrüche. Anders gesagt, wurde bisher eine Technologie, die an ihre Grenzen gestoßen war, durch eine neue sang- und klanglos ersetzt, ohne dem exponentiellen Wachstum der Rechenleistung auch nur den geringsten Abbruch zu tun.

Da nun unzweifelhaft feststeht, dass das technologische Paradigma »Integrierter Schaltkreis« in rund einem Jahrzehnt an seine Grenzen stoßen wird, müssen wir uns fragen, ob bereits neue Paradigmen bereitstehen, das alte zu ersetzen. Dies ist in der Tat der Fall.

Auf die Einzelheiten möchte ich hier nicht näher eingehen, sondern nur die Technologien kurz benennen:

a) dreidimensionale integrierte Schaltkreise (die heutigen werden nur auf der Oberfläche des Halbleitersubstrats aufgebracht, sind also zweidimensional), b) Spintronik (ein Bereich der Nanoelektronik), c) Kohlenstoff-Nanoröhren, d) optische Computer, und nicht zuletzt e) Quantencomputer (die ich bereits im »Agent der Dritten Macht« diskutierte).

Vor diesem Hintergrund bestätigte der Pressesprecher von Intel Deutschland in einem Interview, dass der Chiphersteller das Moore'sche Gesetz »noch eine ganze Weile erfüllen [wird]. Generell ist es aber hier wie auf einer nebligen Straße. Man sieht in etwa 50 bis 100 Meter nach vorne. Das heißt aber nicht, dass danach die Straße aufhört.«[62]

Fazit: Es gibt keinen zwingenden Grund, anzunehmen, dass das mehr als 100 Jahre gültige, verallgemeinerte Moore'sche Gesetz nach Kurzweil in naher Zukunft enden wird. Selbstverständlich steht uns ein Paradigmenwechsel von zweidimensionalen integrierten Schaltkreisen zu etwas Neuem bevor, doch wir können nicht davon ausgehen, dass dieser Wechsel das Wachstum der Rechenleistung bremsen wird. Ich möchte hier noch einmal verdeutlichen, was dies bedeutet: Wenn sich die

---

[62] http://www.macgadget.de/News/2009/10/19/Wir-sind-zuversichtlich-das-Mooresche-Gesetz-noch-eine-ganze-Weile-erfüllen-zu-können

Rechenleistung alle 18 Monate verdoppelt, so haben wir nach 10 Verdopplungsperioden, was 15 Jahren entspricht, eine Vertausendfachung der Rechenleistung ($2^{10} = 1024 \sim 1000$). Das bedeutet, in dreißig Jahren werden die Rechner tausend mal tausend gleich eine Million mal so schnell sein wie heute. Dies sollte man bei unserer nun folgenden Diskussion der Auswirkungen auf unser tägliches Leben, speziell der Totalüberwachung, im Hinterkopf behalten.

1.12 Der Regelkreis der Totalüberwachung

Im zweiten und dritten Teil dieses Buches wird es darum gehen aufzuzeigen, dass es das Ziel der *Bruderschaft* ist, mittels Totalüberwachung absolute, gottgleiche Macht zu erlangen und wie der Prozess auf dem Weg zu diesem Ziel aussieht.

Die Voraussetzung dafür ist zunächst einmal die gesellschaftliche Akzeptanz von Bevormundung, damit sich die Bevölkerung die Migration aus religiös unaufgeklärten Regionen der Welt überhaupt gefallen lässt und darüber hinaus auch noch hinnimmt, dafür zu bezahlen. Auf diese Weise wird eine mehr oder weniger diffuse »Terrorgefahr« erzeugt, die wiederum als Begründung für die Totalüberwachung dient.

Diese »Kette« von Ursache und Wirkung ist jedoch eine zu oberflächliche Betrachtungsweise. Tatsächlich handelt es sich um einen in sich konsistenten Regelkreis, bestehend aus vier Komponenten, den ich im Folgenden näher erläutern möchte (siehe Abb. 1.12.1).

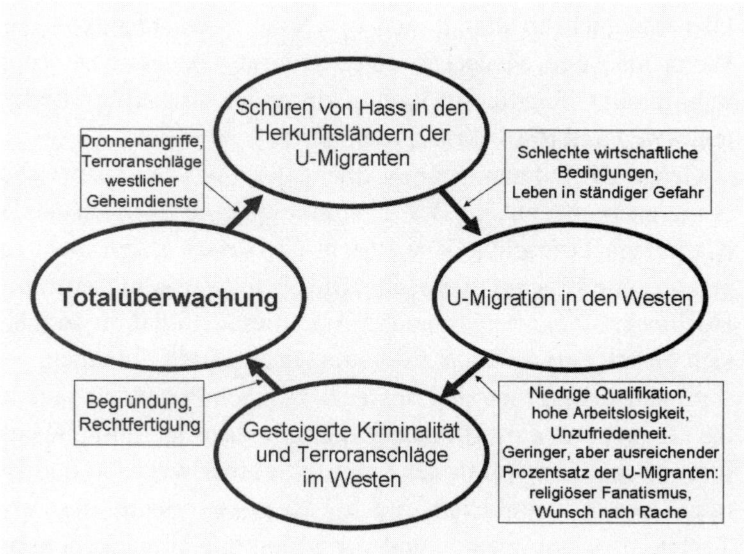

Abb. 1.12.1: Der Regelkreis der Totalüberwachung

Da jeweils eine Komponente die Ursache der anderen ist, können wir an einer beliebigen Stelle in diesen Kreislauf einsteigen. Beginnen wir mit dem Schüren von Hass in den Herkunftsländern der U-Migranten.

Mit »U-Migranten« ist gemeint, dass sie einer unaufgeklärten Religion angehören, was die Sache aus Sicht der *Bruderschaft* ungemein erleichtert. Wie bereits ausführlich erläutert, tun sich Religionen nicht unbedingt durch Toleranz gegenüber Anders- oder Ungläubigen hervor.

Versetzen wir uns also wieder einmal in die Lage der *Illuminaten* und überlegen uns, wie man am ehesten Hass in einer bestimmten Region der Erde schürt. Zunächst einmal sollte diese Region von Menschen mit einer Religion bewohnt werden, die noch nicht durch die Aufklärung »gezähmt« wurde.

Dementsprechend drängt sich der Nahe Osten regelrecht auf. Wenn man nun Menschen eines anderen Glaubens in großer Zahl in ein Gebiet dieser Region entsendet, so sind Streitigkeiten, Krieg und Hass vorprogrammiert.

Genau das hat man getan. Dabei sollten wir den historischen Hintergrund bedenken: Der 2. Weltkrieg hatte trotz der totalen Niederlage Deutschlands aus Sicht der *Bruderschaft* nicht das gewünschte Ergebnis gebracht. Die *Artur* waren mitsamt ihrer Hochtechnologie entkommen. Aus dieser Situation ergaben sich für die *Bruderschaft* zwei strategische Stoßrichtungen:

Erstens, die Eroberung des antarktischen Hauptstützpunktes der *Templer* – ein Vorhaben, das mit der Operation »Highjump« scheiterte und in der Folgezeit immer weiter in den Bereich des Unmöglichen rückte, weil die *Artur* die Vril-Technologie stabilisieren und zur Serienreife entwickeln konnten.

Zweitens gab man die letzten Überreste der Strategie auf, die technologische Entwicklung der Menschheit zu behindern. Erklärtes Ziel wurde nun, den Rückstand auf die *Templer* möglichst schnell aufzuholen. Aufgrund des zu erwartenden exponentiellen Fortschritts bei der Miniaturisierung von Bauelementen, waren die schnellsten Erfolge im Bereich der Computertechnologie zu erwarten.

Schließlich wusste die *Bruderschaft* mit dem Wissen der Dragonen, dass sich diese technische Entwicklung exponentiell vollziehen würde und dass es möglich war, mithilfe der Computertechnologie den alten religiösen Traum von der Totalüberwachung Realität werden zu lassen. Folglich entwickelte man den in Abb. 1.12.1 dargestellten Regelkreis.

Die *Bruderschaft* musste also für die Masseneinwanderung von Menschen nicht-muslimischen Glaubens in den Nahen Osten sorgen. Dazu konnte man sich eine Entwicklung zu Nutze machen, die bereits im Gange war. Seit dem Ende des 19. Jahrhunderts waren in mehreren Wellen (Alija) einige hunderttausend Juden, hauptsächlich aus Osteuropa nach Israel eingewandert. Die letzte große Alija fand in den dreißiger Jahren statt, ausgelöst durch die Verfolgung durch die Nationalsozialisten.

Die Not und das Elend der Juden während des zweiten Weltkrieges waren der perfekte Katalysator, ab 1945 eine Masseneinwanderung nach Israel auszulösen. Die *Bruderschaft* verstärkte den Wunsch dieser Menschen massiv, in einem eigenen Staat frei von Verfolgung leben zu können.

Speziell als die erste strategische Alternative der *Bruderschaft* mit dem Scheitern der Operation Highjump 1946/47 in unerreichbare Ferne rückte, konzentrierte man alle Mittel auf die zweite Alternative, die Schaffung eines dauerhaften Unruheherdes im Nahen Osten, um den Regelkreis der Totalüberwachung anzuwerfen. Bereits ein Jahr nach Highjump kam es 1948 zur Gründung des Staates Israel, auf die prompt der erste arabisch-israelische Krieg folgte (Mai 1948 bis Januar 1949). Die Saat des Hasses begann aufzugehen.

Das Ereignis der Staatsgründung hatte für beide Seiten einen hohen symbolischen Charakter. Für die Juden, die von den wahren Hintergründen nichts wussten, war Israel das gelobte Land, der Ursprung ihres Volkes. Für die *Bruderschaft* war Israel das Land, in dem drei Jahrtausende zuvor mit der Erfindung des Rachegottes JHWH der ehemalige Feind, die Vorfahren der heutigen Juden, »befriedet« und geistig versklavt wurden. Und nun schickte man sich an, mit der Gründung des Staates Israel den Regelkreis der Totalüberwachung in Gang zu setzen, durch den der alte Rachegott beziehungsweise dessen wesentliche Eigenschaften Realität werden sollten.

Mit der Gründung Israels wanderten Millionen Menschen jüdischen Glaubens nach Palästina ein, wobei die dort lebenden Muslime größtenteils vertrieben wurden. Auf diese Weise wurde sogar neben der Religion ein weiteres Konfliktpotenzial erzeugt: Die dort lebenden Palästinenser waren nicht unbedingt erfreut, von Fremden aus ihrem Land vertrieben zu werden – noch dazu von Ungläubigen. Alles lief wie geplant. Die aufgegangene Saat des Hasses begann nun in einer ganzen Region zu blühen.

Vielleicht wird an dieser Stelle deutlich, dass die Juden ebenfalls nichts weiter als Opfer im Spiel der *Bruderschaft* sind. Nachdem sie zusammen mit *Artur* aus anderen Völkern zwei Jahrtausende gegen die *Bruderschaft* gekämpft hatten, erfolgte die erste Versklavung ihres Volkes gegen Ende des zweiten Jahrtausends vor unserer Zeitrechnung durch die von der *Bruderschaft* massiv geförderte Verbreitung des biblischen Glaubens. Es folgten drei Jahrtausende der Verfolgung, Besatzung durch Eroberer, danach Vertreibung und schließlich erneute Verfolgung in den Ländern, in die sie ausgewandert waren – immer wieder geschürt durch die *Bruderschaft*, die, was ihre Gegner anbelangt, ziemlich nachtragend ist.

Was nun in der Mitte des 20. Jahrhunderts erfolgte, war weniger eine Versklavung, als eine Instrumentalisierung eines ganzen Volkes. Die Juden wurden und werden immer noch dazu benutzt, den Hass der Muslime zu schüren, und sie sind dazu verdammt, in ihrem »gelobten« Land in der ständigen Angst vor Terror und Krieg leben zu müssen.

Nachdem das Feuer in Nahen Osten gelegt war, gaben die *Illuminaten* über ihre Akkreditierten 1. Ordnung den westlichen Regierungen den Befehl, Israel bedingungslos zu unterstützen. Auf diese Weise wurde sichergestellt, dass der Hass der Muslime sich nicht nur auf Israel beschränkte, sondern auf den gesamten Westen ausgeweitet wurde.

Heute, fast 70 Jahre später, ist immer noch kein Frieden in der Region in Sicht. Die immer wieder stattfindenden »Friedensgespräche« zwischen Israelis und Palästinensern kann mittlerweile kein Mensch klaren Verstandes noch ernst nehmen – sie scheitern immer wieder, weil ein Frieden nicht im Interesse der *Bruderschaft* ist.

Damit sind wir bei einem weiteren klaren Beweis für die Tatsache, dass die »frei gewählten« Regierungen des Westens massiv gegen die Interessen der eigenen Bevölkerung handeln. Schließlich gibt es in diesem unendlichen Nahostkonflikt keine »Guten« und »Bösen«. Trotzdem wird Israel von unseren Regierungen bedingungslos unterstützt – mit fatalen Konsequenzen für die eigene Bevölkerung. Weil es den in Israel lebenden sechs Millionen Juden nicht gelingt, endlich nach nun mehr als 70 Jahren Frieden mit den Arabern zu schließen, müssen 600 Millionen Amerikaner und Europäer sich beim Einsteigen in ein Flugzeug wie potenzielle Terroristen durchsuchen lassen, in der ständigen Gefahr von Terroranschlägen leben, eine massive Einschränkung der Bürgerrechte hinnehmen (die zur totalen Versklavung führen wird, wofür ich die Beweisführung nicht schuldig bleiben werde) und, speziell was die Amerikaner angeht, immense Rüstungsausgaben für den »Kampf gegen den Terror« aufwenden. Keine Regierung, die auch nur halbwegs die Interessen der eigenen Bevölkerung im Sinn hat, würde so etwas tun.

Im Interesse der jüdischen Bevölkerung Israels ist das Verhalten der westlichen Regierungen ebenfalls nicht. Verdeutlichen wir uns dies anhand der Rüstungsausgaben der USA, die heute höher sind als zur Zeit des Kalten Krieges. Sie betrugen in den letzten Jahren mehr als $ 600 Milliarden pro Jahr. Da es keine weiteren Konfliktherde gibt[63], muss diese jährliche Summe in Gänze dem »Kampf gegen den Terror« zugerechnet werden.

Betrachten wir die Sachlage rational: Die USA geben diese gigantische Summe jedes Jahr aus, um den »Kampf gegen den Terror« führen zu können, wobei der »Terror« eine direkte Konsequenz ihrer Unterstützung Israels ist. Diese gewaltigen

---

63 Die Unstimmigkeiten mit Russland im Ukraine-Konflikt sind erst ein Jahr alt und würden keinesfalls derartige Rüstungsanstrengungen rechtfertigen.

Rüstungsanstrengungen führen nicht etwa dazu, dass die Menschen in Israel ein ruhiges, friedliches Leben in Sicherheit führen können, sondern dass sie, im Gegenteil, ständig mit Terroranschlägen oder dem Ausbruch eines neuen Krieges rechnen müssen. Hinzu kommen die bereits erwähnten Nachteile für die Bevölkerungen Europas und Amerikas.

Stellen wir uns folgende Alternativlösung vor, die verdeutlichen soll, dass es keinesfalls um die Unterstützung der Menschen in Israel geht, sondern um die Aufrechterhaltung des Konfliktes, der wiederum den Terror verursacht, womit die Totalüberwachung gerechtfertigt wird:

Diese Alternativlösung sieht folgendermaßen aus: Die USA verzichten auf die Hälfte ihrer Rüstung und geben das Geld stattdessen den in Israel lebenden Juden, geknüpft an die Bedingung, das Land zu verlassen. Alle westlichen Staaten, in die diese Juden einwandern, würden sich verpflichten, dieses »Einkommen« nicht zu besteuern. Schauen wir uns an, was das bedeuten würde:

$ 300 Milliarden jährlich verteilt auf sechs Millionen in Israel lebende Juden wären $ 50.000 pro Kopf und Jahr. Eine Familie mit zwei Kindern würde somit $ 200.000 pro Jahr erhalten. Steuerfrei! Mit diesem Geld könnte jeder jüdische Israeli ein sorgenfreies Leben an den schönsten Orten dieser Welt verbringen. Bis auf ein paar unverbesserliche jüdische Fundamentalisten würden praktisch alle Juden aus Israel ausreisen und sich irgendwo ein nettes Plätzchen suchen, wo sie in Saus und Braus leben könnten. Das Schicksal der zurückbleibenden jüdischen Fundamentalisten könnte uns herzlich egal sein. Wer bleiben will, um weiter im Konflikt mit den Arabern zu leben, soll seinen Konflikt haben – aber ohne unsere Unterstützung.

Die vertriebenen Palästinenser könnten in ihr Land zurückkehren, es gäbe kein Konfliktpotenzial mehr, und die Muslime hätten keinen Grund mehr, irgendwen im Westen in die Luft zu sprengen.

Doch die Realität sieht nun mal anders aus. Stattdessen gibt man das Geld aus, um Waffen zu produzieren, um damit islamische Länder unter fadenscheinigen Vorwänden zu besetzen, die Bevölkerung dort zu misshandeln und auf Terrorverdacht ohne Gerichtsverfahren hinzurichten[64].

Versetzen Sie sich einmal in die Lage der religiösen Menschen: Wie würden Sie es finden, wenn fremde Truppen in unser Land einmarschieren, dadurch unsere religiösen Stätten entweihen, sich aufführen würden wie die Vandalen und Freunde und Bekannte einfach so umbringen, weil irgendwer ihnen ein terroristisches Profil erstellt hat (gedulden Sie sich bis zum 2. Teil, dann werden Sie verstehen, was es mit derartigen Profilen auf sich hat). Wären Sie, liebe Leser, dann nicht auch ein klein wenig von dem Gedanken nach Rache beseelt?

Wenn man nun davon ausgeht, dass die westlichen Regierungen nicht vollkommen ihren Verstand verloren haben, bleibt keine andere Möglichkeit, als anzunehmen, dass die gegenwärtige Entwicklung genau so, wie sie ist, *gewollt* ist. Warum sie gewollt ist und welcher Plan dahintersteckt, ist Thema dieses Buches.

Und dass ein Plan dahintersteckt, wird noch deutlicher, wenn wir einen Schritt auf dem Regelkreis der Totalüberwachung weiter gehen. Nicht nur, dass irrsinnig viel Geld für das Töten (Rüstung) ausgegeben wird, für einen Krieg gegen den Terror, der niemals »gewonnen« werden kann und niemals enden wird, nicht nur, dass mit diesem Geld der Hass in der islamischen Welt auf den Westen geschürt wird, nein, es wird auch noch die Migration aus diesen gebeutelten und vom Westen destabilisierten Ländern massiv gefördert.

Speziell die Destabilisierung der ganzen Region führt zu einem erheblichen Emigrationsdruck. Diesen Menschen wird dann von unseren Regierungen, die die ganze Misere bewusst

---

[64] Das glauben Sie nicht? Dann warten sie den 2. Teil dieses Buches ab.

herbeigeführt haben, ein Leben *ohne* Arbeit versprochen, bei einem Lebensstandard, den sie sich in ihrer Heimat nicht einmal *mit* Arbeit leisten könnten. Ist es nicht verständlich, dass diese Menschen das Angebot annehmen und zu uns kommen?

Fremdenfeindlichkeit ist in diesem Fall wirklich fehl am Platze. Man kann diesen U-Migranten noch nicht einmal Schmarotzertum vorwerfen, schließlich machen sie zu recht »uns« für die Situation in ihren Heimatländern verantwortlich. »Uns« ist natürlich eine unzulässige Verallgemeinerung. Verantwortlich ist nicht die Bevölkerung der westlichen Staaten, sondern sind die Regierungen, die manipulierenden Medien und eben diejenigen, die hinter dem ganzen Theater stecken, also unsere Freunde von der *Bruderschaft*.

Aber wenn noch nicht einmal der weitaus überwiegende Teil der Deutschen, die immerhin eine passable Schulbildung genossen haben, diese Zusammenhänge versteht, können wir dann erwarten, dass ein Araber mit keiner oder wenig Schulbildung die Hintergründe durchblickt?

Deshalb brauchen wir uns auch nicht zu wundern, dass der gewaltbereite Teil dieser U-Migranten die Terroranschläge gegen die einheimische Bevölkerung durchführt, statt die wirklich Verantwortlichen zur Rechenschaft zu ziehen, wobei wir bei der dritten Komponente des Regelkreises sind.

Die Ursachen des Terrors habe ich nun hinlänglich erläutert. Hinzu kommt jedoch noch ein weiterer Effekt: Auch wenn der auf Sozialhilfe basierende Lebensstandard für einen Asylanten in Deutschland in der überwiegenden Zahl der Fälle höher ist als das Einkommen in der Heimat, so werden diese Menschen tagtäglich mit dem weitaus höheren Standard der autochthonen Bevölkerung konfrontiert – also jenen Menschen, die sie für die furchtbaren Zustände in ihren Herkunftsländern verantwortlich machen. Dies führt natürlich zu Neid und dazu, dass einige U-Migranten aus dieser Situation ein Recht ableiten, mindestens den gleichen Lebensstandard zu haben. Da ihnen meist die

Qualifikation fehlt, ein entsprechendes Einkommen durch ehrliche Arbeit zu erwirtschaften, lösen sie das Problem eben durch illegale Aktivitäten. Zu jener Denkweise, dass die Verantwortlichen für die Zustände in der Heimat ihnen etwas schuldig sind, kommen natürlich noch religiöse Begründungen hinzu.

Einige Stellen im Koran stellen unzweifelhaft klar, dass Ungläubige Menschen zweiter Klasse sind. Warum sollten diese »Zweitklassigen« also reicher sein als der Gläubige?

Aus den soeben genannten Gründen resultiert eine, verglichen mit der einheimischen Bevölkerung, im Durchschnitt hohe Kriminalitätsrate der U-Migranten, die natürlich zusätzlich zur Terrorgefahr als Vorwand für die Totalüberwachung herangezogen werden kann.

Damit sind wir beim vierten Baustein des Regelkreises. Die Totalüberwachung ist das eigentliche Ziel des ganzen Konstruktes, weil sie letztlich zu absoluter Macht führt. Zusätzlich leistet sie einen Beitrag, den Regelkreis, aus dem sie entsteht, zusätzlich zu verstärken.

Im 2. Teil dieses Buches werde ich darlegen, dass die Datensammlung, basierend auf dem heutigen Stand der Überwachung, dazu genutzt wird, Profile aller Menschen zu erstellen. Diese Profile dienen dazu, abzuschätzen, mit welcher Wahrscheinlichkeit jemand »Terrorist« ist – und was ein solcher ist, definiert das Regime. Wenn der Schwellwert eine bestimmte Grenze übersteigt, wird die Zielperson, zumindest im Nahen Osten, ohne gerichtliches Verfahren durch den Einsatz von Drohnen ermordet – und die zusätzlich in seiner Nähe befindlichen Personen ebenfalls.

Durch diese Vorgehensweise sind selbst nach offiziellen Angaben bereits tausende Menschen (also sind es in Wirklichkeit wahrscheinlich zehntausende) im Nahen Osten hingerichtet worden. Die Einzelheiten und Quellenlage dazu finden Sie im 2. Teil. Die meisten der Ermordeten dürften »Kollateralschäden« sein, d. h. Unbeteiligte oder fälschlicherweise als »Terroristen« Identifizierte.

Wie würden Sie sich fühlen, wenn Sie beispielsweise in Pakistan, Afghanistan oder im Jemen leben würden und ständig befürchten müssten, aus heiterem Himmel von einer Drohne beschossen zu werden? Wie würden Sie reagieren, wenn ein solcher Angriff bereits einen Familienangehörigen, Freund oder Bekannten getötet hätte? Ich denke, dass man nicht erwarten kann, dass diese Menschen dieses Töten durch ungläubige Eindringlinge einfach so hinnehmen. Stattdessen kann man davon ausgehen, dass ein nahezu unstillbarer Hass auf die »Ungläubigen« die Folge ist.

Doch es sind nicht nur die Drohnenangriffe, die man nach objektiven Kriterien nur als »feige« bezeichnen kann, weil sie den Angreifer nicht dem geringsten Risiko für sein Leben aussetzen. Bitte beziehen Sie auch die Unterdrückung und Enteignung der »Glaubensbrüder« in den israelisch besetzten Palästinensergebieten in die Rechnung mit ein. Oder die vom Westen geführten Angriffskriege gegen islamische Länder, die nachweislich mit Lügen über Massenvernichtungswaffen etc. begründet wurden.

Alleine bei den Kriegen gegen den Irak kamen Hunderttausende ums Leben. Auch diese Kriege sind ein schönes Beispiel für den Freibrief zur Verleumdung, der Totalüberwachern ausgestellt wird:

Wenn der britische und amerikanische Geheimdienst unisono behaupten, der Irak verfüge über Massenvernichtungswaffen, so ist eine solche Aussage zunächst einmal glaubwürdig, weil wir alle wissen, dass diese Geheimdienste über entsprechende Überwachungssysteme und Spionagenetze verfügen. Dieses Beispiel zeigt eindeutig, dass diese Organisationen nicht den geringsten Skrupel haben, das in sie gesetzte Vertrauen der Menschen für die Ziele ihrer Herren zu missbrauchen. Wir können zusammenfassen, dass die Totalüberwachung und der

Glaube der Menschen an die Fähigkeit zur Totalüberwachung gezielt missbraucht werden, um den Hass in den Herkunftsländern genau jener Menschen zu schüren, die dann aus humanitären Gründen »politisches Asyl« bei uns erhalten, wodurch ihnen Gelegenheit gegeben wird, ihren berechtigten Zorn auf den Westen zu entladen, was wiederum das Hauptargument für die Weiterentwicklung der Totalüberwachung ist, die zusammen mit dem Glauben daran zum Schüren von Hass …

Alles klar? Oder passt dies alles nur rein zufällig so schön zusammen, und die Konstruktion dieses Regelkreises aus perfekt aufeinander abgestimmten Komponenten ist ohne jede Planung sozusagen aus dem Nichts entstanden?

Ich denke, dass man nach objektiver Analyse des Sachverhaltes nur zu dem Schluss kommen kann, dass letztere Frage eindeutig mit »nein« zu beantworten ist. Wenn es aber einen Plan gibt, was ziemlich eindeutig ist, muss es auch Planer geben. Die »demokratisch gewählten« Regierungen des Westens kommen dafür eher nicht infrage. Schließlich werden ihre Repräsentanten immer nur für einen begrenzten Zeitraum gewählt. Welches Interesse sollte also ein Barack Obama oder James Cameron daran haben, eine Spirale aus Gewalt, Leid und Tod ins Leben zu rufen, nur um die Totalüberwachung der Bevölkerung durchzusetzen? Schließlich erhalten sie selbst keine absolute Macht bei diesem Spiel. Folglich müssen die Planer andere sein und zwar solche, die den Regierungen sagen, was sie tun sollen, und die im Gegensatz zu diesen Politkern die tatsächlichen Empfänger der aus der Totalüberwachung resultierenden absoluten Macht sind. Ihre Macht muss so groß sein, dass sich kein frei gewählter Politiker ihren Anordnungen widersetzen kann, ohne damit die eigene Karriere im günstigsten Fall, oder sein Leben im weniger günstigen Fall zu beenden. Wie sonst, außer durch eine solche Macht, wären Menschen, zu denen ich selbst Politiker zählen möchte, dazu zu bringen, ein System zu etablieren, dass hunderttausendfachen Tod, Angst und Schrecken erzeugt und die eigene Bevölkerung in die Sklaverei treibt? Geben wir dieser Macht einen Namen: *Illuminaten*.

1.13 Terroranschläge

Schauen wir uns nun an, ob es weitere Indizien und Beweise dafür gibt, dass islamischer Terror ein erwünschtes Phänomen ist, um die Totalüberwachung rechtfertigen zu können. Anders gefragt: Gibt es bestimmte Muster an denen wir erkennen können, dass westliche Geheimdienste hinter den Terroranschlägen gegen die eigene Bevölkerung stecken?

Spielen wir wieder das Spiel, uns in die *Illuminaten* hineinzuversetzen. Wie würden Sie, liebe Leser, einen Terroranschlag durchführen lassen?

Zunächst einmal ist klar, dass es keinen Zweifel daran geben darf, dass der Anschlag von islamischen Fundamentalisten durchgeführt wurde. Wenn jemand beweisen könnte, dass stattdessen der Geheimdienst dahintersteckt, könnte eine Kettenreaktion die Folge sein, die zunächst die verantwortliche Regierung stürzt, vielleicht das gesamte parlamentarische System in seiner jetzigen, für die *Illuminaten* so vorteilhaften Form ins Wanken bringt und somit sogar letztlich die *Illuminaten* selbst gefährden könnte.

Wie aber vermeidet man jeden Zweifel daran, dass ein Terroranschlag von islamischen Fundamentalisten durchgeführt wurde? Ganz einfach: Man lässt den Anschlag durch islamische Fundamentalisten durchführen.

Anschließend sorgt man dafür, dass die Kette von den Fundamentalisten bis zum die ganze Sache planenden Geheimdienst nicht nachvollzogen werden kann. Dies erreicht man am besten wie?

Indem man sicherstellt, dass kein Fundamentalist den Anschlag überlebt. Dann kann er nicht nach seinen Hintermännern befragt werden, die dann nicht nach ihren Unterstützern befragt werden können und so weiter.

Eine Variante besteht darin, aus dem Umfeld der tatsächlichen Terroristen ein paar Leute vor Gericht zu stellen und für die Tat ihrer Glaubensgenossen zu verurteilen. Auf diese Weise gibt man der nach Rache durstenden Bevölkerung ein Fresschen und verdeckt die obige Strategie, dass die tatsächlich am Anschlag Beteiligten diesen oder die darauf folgenden Ermittlungen überleben.

Wie also würde das Schema für die Durchführung eines Terroranschlages aussehen, wenn ein westlicher Geheimdienst im Auftrag der *Illuminaten* dahintersteckt?

1. Man schleust V-Leute in die Terroristenszene ein oder man »überzeugt« führende Mitglieder von Terrororganisationen mit Geld und/oder Drohungen gegen deren Familien, die Seiten zu wechseln. Der gängige Fall ist jedoch das Einschleusen.

2. Die V-Leute, die sich als fundamentalistische Gläubige präsentieren, legen ihren »Glaubensbrüdern« zum passenden Zeitpunkt den vom Geheimdienst ausgeheckten Anschlagsplan vor. Gleichzeitig behaupten sie, Kontakte zu anderen Glaubensbrüdern zu haben, über die sie Waffen, Munition und Sprengstoff besorgen können. Bitte bedenken Sie, liebe Leser, dass die echten Islamisten, bei denen unser V-Mann seine Pläne präsentiert, nicht unbedingt mit Intelligenz gesegnet sind. Deshalb werden sie Pläne, die zur »gerechten Bestrafung« der Ungläubigen führen, begeistert aufnehmen und kaum bis überhaupt nicht hinterfragen.

3. Das nötige Material zur Durchführung des Anschlages wird vom V-Mann an die »Terrorzelle« geliefert, die den Anschlag tatsächlich ausführen soll. Zusätzlich unterstützt er die Terroristen in technischen Fragen, in denen Letztere meistens nicht sonderlich bewandert sind.

4. Die Terrorzelle führt den Anschlag durch.

5. Drei Varianten: Erstens, es handelt sich um einen Selbstmordanschlag und folglich kommen alle daran beteiligten Terroristen ums Leben. Zweitens, die Terroristen werden kurz nach dem Anschlag von der Polizei gestellt und getötet, wofür durch entsprechende Befehle an die Beamten gesorgt wird. Drittens, die Terroristen können entkommen, der Geheimdienst deponiert Sprengstoff in ihrem Versteck, lässt der Polizei einen Hinweis zukommen, wo sie sich versteckt halten und sprengt die Terroristen beim Zugriff durch die Polizei in die Luft, so dass das Ganze nach einem Selbstmord aussieht.

6. Optional: Der V-Mann lässt der Polizei Informationen über das Netzwerk der Terrorzelle zukommen. Leute aus diesem Netzwerk werden gefasst und vor Gericht gestellt, obwohl sie an dem eigentlichen Anschlag nicht beteiligt waren. Auf diese Weise versteckt man das Muster, dass die tatsächlich an terroristischen Anschlägen Beteiligten (fast) immer ums Leben kommen, beruhigt die Bevölkerung, dass die bösen Islamisten gefasst wurden, und falls der V-Mann irgendwann auffliegt, kommt kein öffentlicher Verdacht auf, er sei selbst in die Anschläge verwickelt. Man behauptet, er sei in die Terrorszene eingeschleust worden, um die Mordgesellen zu fassen; eine Behauptung, die glaubwürdig ist, weil er schließlich einige aus deren Umfeld ans Messer geliefert hat.

Schauen wir nun, ob wir genau dieses Muster bei den größeren Terroranschlägen identifizieren können, was natürlich ein starker Hinweis auf entsprechende Planungen westlicher Geheimdienste wäre. Ich beschränke mich hier auf Kurzfassungen zu den wesentlichen Fakten der jeweiligen Anschläge.

Beginnen wir mit den Zuganschlägen von Madrid. Sie fanden am 11. März 2004 statt. Per Mobiltelefon wurden Sprengsätze in Vorortzügen der Cercanias Madrid gezündet. 191 Menschen wurden dabei getötet, mehr als 2.000 verletzt. Nachdem zunächst die baskische Untergrundorganisation ETA für die Anschläge verantwortlich gemacht wurde, fand man am

14. März ein Bekennervideo der al-Qaida, dessen Echtheit bestätigt werden konnte. Bereits einen Tag zuvor waren drei Marokkaner und zwei Inder festgenommen worden, die allerdings später wieder freigelassen werden mussten.

Am 03. April stürmte die Polizei die Wohnung, in der sich die Attentäter aufhielten. Es existieren widersprüchliche Angaben darüber, woher die Behörden die Information über den Aufenthaltsort der Terroristen hatten (ich behaupte, vom V-Mann bzw. dem Geheimdienst, für den er arbeitete). Letztere sprengten sich während der Erstürmung in die Luft, wobei alle sieben Terroristen und ein Polizist ums Leben kamen (Ziel erreicht, keiner der Attentäter kann mehr befragt werden. Es ist davon auszugehen, dass die Terroristen mit den gleichen per Mobiltelefon ausgelösten Sprengsätzen, die auch bei den Attentaten verwendet wurden, vom V-Mann getötet wurden).

Die spanische Zeitung El Mundo veröffentlichte im August 2005 Informationen aus einem Polizeibericht, nach dem ein syrischer Polizist die Verkabelung der Mobiltelefone und der Sprengsätze durchgeführt habe, weil den Terroristen die technischen Kenntnisse fehlten (da haben wir ihn, unseren lieben V-Mann).

Für die Anschläge verantwortlich gemacht wurde die Islamische Kampfgruppe Marokkos (GICM) (das unwissende Bauernopfer, das vom V-Mann bzw. dem Geheimdienst ans Messer geliefert wird). Von 116 Verdächtigen wurden 30-40 laut aft-Meldung vom 11. März 2006 angeklagt. 28 von ihnen wurde ab dem 15. Februar 2007 der Prozess gemacht. Davon erhielten, am 31. Oktober 2007, 21 eine Haftstrafe, 7 einen Freispruch.

Es existieren mehrere »Verschwörungstheorien« um die Anschläge von Madrid. Die gängigste ist die, das »in Wirklichkeit« die ETA hinter den Anschlägen steckt, indem sie die Terroristen dazu brachte, diese durchzuführen oder – in einer anderen Variante – den Islamisten durch gefälschte Indizien das

Ganze in die Schuhe schob. Ursache für diese Theorien sind die zahlreichen Widersprüche, die bei den Ermittlungen der Polizei zutage traten. Speziell die Tatsache, dass der Sprengstoff, den man im Auto eines der Terroristen fand, nicht mit dem bei den Anschlägen verwendeten Material identisch war.

Interessant ist dabei Folgendes: Wieso würde die ETA von Anschlägen profitieren, zu denen sie sich nicht bekennt, sondern – im Gegenteil – jede Verstrickung darin abstreitet? Ist es nicht gerade der Sinn von Terroranschlägen, den »Gegner« wissen zu lassen, dass man Rache für irgendetwas genommen hat oder dass er weitere Gewalt fürchten muss, wenn er weiter gegen die Interessen der Terroristen handelt? Anders gesagt, hätte die ETA größten Wert darauf gelegt, die Verantwortung für die Anschläge zu übernehmen, wenn sie diese als vernünftigen Weg zum Erreichen ihrer Ziele eingeschätzt hätte. Worin sollte der Vorteil für die ETA bestehen, Anschläge insgeheim durchführen zu lassen? Also, so frage ich mich, warum die ganzen Ungereimtheiten und das offensichtliche Muster nicht dazu führen, dass man diejenigen hinter den Anschlägen vermutet, die einen Vorteil davon haben: westliche Geheimdienste bzw. ihre Herren, um die Totalüberwachung vorantreiben zu können, die für Letztere absolute Macht bedeutet. Was wäre ein noch stärkeres Motiv?

Kommen wir nun zu den Anschlägen von London. Am 07. Juli 2005 sprengten sich vier islamistische Selbstmordattentäter in drei Londoner U-Bahnen und einem Doppeldeckerbus in die Luft. 52 Menschen und die vier Attentäter kamen dabei ums Leben, rund 700 wurden verletzt.

Mittlerweile ist die Theorie, es habe sich um Selbstmordattentate gehandelt, höchst umstritten. Schließlich hatten die vier Terroristen Rückfahrkarten gekauft und sogar Parkscheine gelöst. Folglich vertritt man heute selbst bei Scotland Yard die Meinung, dass die Täter überhaupt nicht davon ausgingen, bei den Anschlägen zu sterben. Offensichtlich planten sie, die

Bomben in den Zügen bzw. im Bus zu deponieren und sie dann später per Funk oder Zeitzünder detonieren zu lassen.

Das passt natürlich perfekt ins V-Mann-Muster. Dieser jemand gab sich als strenggläubiger Dschihadist aus und stachelte die vier Männer dazu auf, die Bomben zu deponieren, die er ihnen in Rucksäcken mitgab. Natürlich erzählte er ihnen nicht, dass sie detonieren würden, während sie die Sprengsätze noch bei sich trugen. Um sämtliche Spuren zu verwischen und die Verbindung der Terroristen zu ihm zu kappen, zündete der V-Mann die Bomben (wahrscheinlich per Mobiltelefon, gleiche Vorgehensweise wie in Madrid), als sich die ahnungslosen Islamisten noch in den Verkehrsmitteln befanden.

Nehmen wir uns nun die Anschläge von Paris vor und analysieren, ob das Muster wieder das gleiche ist.

Hier nun die Kurzfassung: Am 07. Januar 2015 überfielen zwei Islamisten die Redaktion der Satirezeitschrift *Charlie Hebdo* in Paris. Sie töteten elf Mitarbeiter der Zeitschrift und erschossen bei ihrer Flucht einen Polizisten. Ihre Flucht endete in einer Druckerei bei Dammartin-en-Goële, wo sie sich am 09. Januar verschanzten. Als sie, auf die Sicherheitskräfte feuernd, das Gebäude verließen, wurden sie erschossen. Es handelte sich um die Brüder Kouachi. Sie waren mit Kalaschnikow-Sturmgewehren, einer Panzerfaust, Nebelkerzen und Granaten bewaffnet.

Hier fragt man sich natürlich, woher die Terroristen die Kriegswaffen hatten. Kalaschnikows kann man bei entsprechenden Beziehungen wohl auf dem Schwarzmarkt bekommen, aber Panzerfäuste und Granaten? Das riecht förmlich nach einem Hintermann, der die Brüder anstiftete und sie mit der nötigen Bewaffnung versorgte. Des Weiteren stellt sich die Frage, warum die beiden Brüder beim Verlassen der Gebäude getötet wurden. Warum hat man die beiden nicht mit Betäubungswaffen kampfunfähig gemacht? Schließlich müsste doch ein großes gesellschaftliches Interesse darin bestehen, mögliche Hintermänner zu identifizieren, um zukünftige Anschläge zu verhindern. Hatten die Beamten also den Befehl, die Attentäter zu töten, damit die wahren Hintergründe nicht an die Öffentlichkeit kommen?

Für diese »These« spricht ein gravierender Fehler, der im Zusammenhang mit der zweiten Mordserie eines anderen Terroristen steht, die zu jener Zeit in Paris stattfand. Diesmal wurde die Exekution – anders kann man dies nicht mehr nennen – des Attentäters gefilmt[65].

Doch der Reihe nach. Am 08. Januar 2015 erschoss der Islamist Amedy Coulibaly die Stadtpolizistin Clarissa Jean-Philippe und verletzte einen Stadtreiniger schwer. Am 09. Januar überfiel er einen jüdischen Supermarkt, tötete vier Menschen und nahm mehrere Geiseln. Als der Supermarkt gestürmt wurde, schoss der Täter ebenfalls wild um sich und wurde von den Einsatzkräften getötet – so zumindest die Version, die durch die Lügenpresse ging und selbst auf Wikipedia findet man diese Darstellung: »Dabei schoss er mit der Kalaschnikow und einer Skorpion-Maschinenpistole um sich.«[66] Dass es sich dabei um eine Lüge handelt, weshalb die entsprechende Bezeichnung für den »Qualitätsjournalismus« durchaus gerechtfertigt ist, können Sie, liebe Leser, sich selbst auf einem Video[67] anschauen.

Man sieht auf diesem Video, wie der Terrorist aus dem Supermarkt stürmt, während ihn mehrere Kugeln treffen. Dabei wird er um seine eigene Achse gewirbelt, wobei seine Hände, die keine Waffe tragen, zusammenbleiben. Dies ist unter diesen

---

[65] http://info.kopp-verlag.de/hintergruende/europa/gerhard-wisnewski/charlie-hebdo-mordverdacht-gegen-polizei-und-innenminister.html

[66] http://de.wikipedia.org/wiki/Anschlag_auf_Charlie_Hebdo

[67] http://info.kopp-verlag.de/hintergruende/europa/gerhard-wisnewski/charlie-hebdo-mordverdacht-gegen-polizei-und-innenminister.html

Bedingungen ein Ding der Unmöglichkeit – außer, der Täter war an den Händen gefesselt. Als er dann auf dem Boden liegt, feuern die Beamten weiter auf ihn.

Es sieht also so aus, dass der Attentäter schon vorher überwältigt, an den Händen gefesselt und aus dem Supermarkt direkt vor die Läufe der Beamten getrieben wurde. Letztere erschossen den Mann dann mit Dutzenden Kugeln in eindeutiger Tötungsabsicht. Und jetzt sollen wir glauben, dass die beiden Brüder Kouachi die Druckerei ebenfalls »wild feuernd« verließen, wobei sie dann »leider« aus Notwehr der Beamten von diesen erschossen wurden? Leider gibt es davon kein Video – zumindest keines, das mir vorliegt. Es liegt jedoch nahe zu vermuten, dass es sich bei dieser Tötung ebenfalls um eine Hinrichtung handelt.

Wie ist das möglich? Man kämpft angeblich gegen den Terror, indem man ganze Völker ihrer Bürgerrechte beraubt, aber man gibt sich keine Mühe, Terroristen zu fassen, um an die Hintermänner heranzukommen und so zukünftige Anschläge zu verhindern. Es tut mir leid, aber die einzig vernünftige Erklärung ist die, dass man auf jeden Fall vermeiden möchte, dass die Hintermänner gefasst werden, weil es sich eben um V-Leute westlicher Geheimdienste, dem verlängerten Arm der *Bruderschaft*, handelt.

Über die Anschläge vom 11. September 2001 in den USA ist schon sehr viel geschrieben, noch mehr gesagt und wahrscheinlich jedes überhaupt denkbare Szenario diskutiert worden. Dabei sind die tatsächlichen Hintergründe erschreckend einfach strukturiert. Und vielleicht kann ich hier ein wenig Transparenz in die Sache bringen. Sie werden sehen, wie klar das Bild wird, wenn wir die Organisationsstruktur der *Illuminaten* mit in die Betrachtungen einbeziehen.

Dazu noch einmal zur knappen Rekapitulation: Die *Illuminaten* selbst bestehen nur aus wenigen Dutzend Mitgliedern. Sie geben ihre Anweisungen zur Verwirklichung ihrer Pläne an die Akkreditierten 1. Ordnung (ca. 2.500 Personen weltweit) – die einzigen Menschen außerhalb der *Bruderschaft*, die Kontakt zu den wahren Herrschern haben. Meist handelt es sich bei diesen Personen um Geheimdienstchefs, Medienmogule, oberste Religionsfürsten oder die höchsten Einweihungsgrade bestimmter Geheimgesellschaften, wie den Freimaurern.

Die Akkreditierten 1. Ordnung geben die Befehle weiter an die Akkreditierten 2. Ordnung. Diese Schicht hat im Wesentlichen die Aufgabe, die Befehle in die Breite zu tragen. Von der Existenz der *Illuminaten* wissen sie nichts. Was sie jedoch wissen, ist, dass sich das Befolgen der Anordnungen sehr positiv auf ihre persönliche Karriere und ihren Geldbeutel auswirkt.

Über diese Zwischenschicht gelangen die Anweisungen von oben an die Akkreditierten 3. Ordnung, also Politiker und Journalisten. Bei diesen handelt es sich schlicht um Opportunisten, die vorgegebene Standpunkte vertreten, sich teilweise sogar einreden, dass diese gut und richtig seien, obwohl der Intellekt von einigen durchaus in der Lage wäre, die Widersprüchlichkeit der vorgegebenen »Moral« und ihren Schaden für die Gesellschaft zu erkennen.

Ihre widersprüchliche Denkweise ist das Ergebnis eines neurobiologischen Prozesses, den man »Neuroplastizität« nennt. Die Gefühlszentren des Gehirns schütten Botenstoffe aus, die Denkmuster im Kortex, also bewusstes Denken, stabilisieren. Die Akkreditierten 3. Ordnung gehören zu den Menschen, die in der Kindheit stabilisierte Denkmuster trotz der offensichtlichen Widersprüchlichkeit nicht mehr auflösen können – weil es ihnen an Willenskraft fehlt.

Vor diesem Hintergrund wird verständlich, wie intelligente Menschen beispielsweise an übers Wasser wandelnde Söhne gebärende Jungfrauen glauben können, oder warum Menschen gegen die Totalüberwachung wettern, aber jedem mit Feindschaft begegnen, der die Ursachen (Israel, Migration, Religion) kritisiert.

Die Akkreditierten 4. Ordnung sind dann jene Leute auf der letzten Ebene des Schneeballsystems, die das Ganze bezahlen dürfen, die nur noch kopfschüttelnd das irre Treiben beobachten und durch Wahlen nichts daran ändern können – also Sie, liebe Leser, und ich.

Nach dieser kleinen Rückblende auf mein Buch »Der geheime Weltkrieg«, möchte ich nun die Geschehnisse des 11. September 2001 vor diesem Hintergrund beleuchten, wobei ich die vielen Details weglassen möchte, um mich auf das Wesentliche zu konzentrieren.

Der V-Mann in dem ganzen Spiel aus Desinformation und Verwirrung ist Osama bin Laden. Sie haben sich nicht verlesen! Doch der al-Qaida-Chef ist mehr als das: Wie etliche Mitglieder seiner Familie gehört auch er zu den Akkreditierten 1. Ordnung, also jenen Leuten, die direkt in Verbindung mit der *Bruderschaft* stehen. Den religiösen Fanatikern gegenüber gibt er sich als streng gläubiger Oberfanatiker aus. In Wirklichkeit hält er die Wüstenreligionen im Allgemeinen und den Islam im Speziellen für genau den groben Unsinn, den sie auch darstellen. Er weiß genau, welchem Zweck diese Religionen dienen und wer sie erfunden hat.

Direkt von der *Bruderschaft* erhielten die bin Ladens, die übrigens auch das Saudische Königshaus – natürlich inoffiziell – kontrollieren, bereits in den 70er Jahren den Befehl, den islamischen Terrorismus voranzutreiben. Aus Sicht der *Illuminaten* bestand das Problem in der wohl der arabischen Mentalität entsprechenden Zerstrittenheit der unzähligen religiösen Splittergruppen, von denen ohne entsprechende Koordination keine in der Lage sein würde, wirkungsvolle Anschläge im Westen durchzuführen.

Vater Muhammad wählte unter seinen Söhnen Osama, weil er ihn aufgrund seines Ehrgeizes für diese Aufgabe am geeignetsten hielt. Mit dem Einmarsch der Sowjetunion in Afghanistan bot sich die Gelegenheit, sich einen Namen in der muslimischen Welt zu machen. Folglich begann Osama mit der Unterstützung der afghanischen Mudschaheddin in ihrem Kampf gegen die ungläubigen Invasoren. Er erhielt praktisch unbegrenzte Geldmittel aus Saudi-Arabien, rekrutierte arabische Freiwillige, knüpfte Kontakte zur CIA, die ihn aus drei Gründen reichlich mit Waffen versorgte: sein Geld, Unterstützung des Kampfes gegen die Sowjetunion (zumindest aus Sicht des uneingeweihten CIA-Mitarbeiters ein eherner Grund) und auf Befehl der CIA-Führung (der jeweilige CIA-Chef ist grundsätzlich immer ein Akkreditierter 1. Ordnung, d. h. er ist erheblich mächtiger als der amerikanische Präsident).

Die Versorgung der Mudschaheddin mit Waffen und Aufklärungsinformationen der CIA führten letztlich zur Niederlage der Sowjetunion, wodurch Osama in der arabischen Welt ein geradezu mystisches Image erlangte. Jetzt verfügte er nicht nur über Geld, sondern auch über Rückhalt, Respekt und Anerkennung in der Welt der Muslime. Den besonders fanatischen unter ihnen galt er als Gesandter Allahs, um den »großen und den kleinen Satan« (die USA und Israel) zu besiegen. Unzählige Menschen waren nun bereit, für ihn sogar in den Tod zu gehen.

Natürlich wurde seine Lebensgeschichte mit vielfältigen Desinformationen gespickt, speziell was seinen späteren Disput mit dem saudischen Königshaus anbelangt. Diese Dinge dienten lediglich dazu, die tatsächlichen Hintergründe nahezu undurchschaubar zu machen.

In den Folgejahren ließ er eine Reihe von Anschlägen auf amerikanische, britische und israelische Ziele durchführen, die als erste Argumente für die Totalüberwachung und den Krieg gegen den Terror zum weiteren Schüren von Hass in der arabischen Bevölkerung dienten. Doch es musste etwas Größeres her, etwas, was es ermöglichen sollte, die Grundrechte der Menschen im Westen außer Kraft zu setzen – denn nur so würden sich die weiteren Stufen der Totalüberwachung verwirklichen lassen.

Dieses Größere ist hinlänglich bekannt. Bin Laden plante die Anschläge vom 11. September und ließ sie von genau den in der Presse genannten Terroristen durchführen. Allerdings wären diese Terrorakte in der geschehenen Form so ohne Weiteres nicht möglich gewesen. Also erhielt Bin Laden Unterstützung von der CIA und sogar von der *Bruderschaft* höchst persönlich. Letztere ordnete eine Militärübung an jenem Tag an, um zu verhindern, dass die entführten Flugzeuge vor Erreichen ihrer Ziele abgeschossen werden. Von Seiten der CIA waren lediglich drei Agenten beteiligt – allesamt, wie ihr Chef, Akkreditierte 1. Ordnung. Diese drei Männer gehören zu einer nur aus 23 Mann bestehenden, extremst gut ausgebildeten und hundertprozentig loyalen Eingreiftruppe der *Bruderschaft* innerhalb des Geheimdienstes. Ihre Aufgabe bestand darin, die Gebäude des World Trade Centers (WTC) vor den Anschlägen mit Sprengladungen zu versehen, weil klar war, dass der Einschlag von Passagiermaschinen in die beiden Haupttürme nicht zu deren Einsturz führen würde. Ich erspare mir hier eine Diskussion der physikalischen Details, weil es dazu hinreichende Information im Netz und in der Literatur gibt.

Die entführten Maschinen AA[68]11 und UA[69]175 krachten also in die Haupttürme des WTC und nach gegebener Zeit wurden die Sprengladungen gezündet, um den Kollaps herbeizuführen. Dabei wirkte der spätere Zusammensturz des kaum beschädigten WTC-7 besonders unglaubwürdig.

Entgegen gängiger Verschwörungstheorien war es auch tatsächlich eine der vier entführten Maschinen (AA77), die ins Pentagon flog. Und bei Shanksville stürzte auch tatsächlich UA93 ab, weil sich die Passagiere gegen die Entführer wandten. Dieses Flugzeug war für einen Anschlag auf das Capitol in Washington DC vorgesehen und ist ein schönes Beispiel dafür, dass auch für die *Illuminaten* nicht alles planbar ist und auch

---

[68] American Airlines.

[69] United Airlines

schon einmal etwas schief geht. Für den eigentlichen Zweck der ganzen Aktion, der Verabschiedung des »Patriot Acts« und seine Folgen, war dieser kleine Fehlschlag jedoch unerheblich.

Schauen wir uns nun an, ob diese Anschläge in das Muster passen, das wir erwarten würden, wenn die *Bruderschaft* dahinter steckt. Nun, es handelte sich um Selbstmordanschläge und selbstredend hat keiner der Attentäter die Anschläge überlebt. Sogar die (angebliche) Hinrichtung Osama bin Ladens am 02. Mai 2011 passt in dieses Bild. Abgesehen davon, dass es völkerrechtswidrig ist, einen Menschen ohne Gerichtsverfahren hinzurichten, hätten wir doch alle gerne einen gefangenen Osama bin Laden gesehen, der vor Gericht gestellt wird, damit wir alle erfahren, was wirklich geschehen ist.

Die (angebliche) Tötung bin Ladens wurde damit begründet, er wäre zwar unbewaffnet gewesen, doch in seiner Nähe hätten sich Waffen befunden und er habe keine Anstalten gemacht, sich zu ergeben. Es gibt jedoch eine ganze Reihe von Waffen, die sofortige Bewusstlosigkeit hervorrufen und über die amerikanische Eliteeinheiten wie jene, die derartige Einsätze durchführen, ausnahmslos verfügen.

Warum hat man den renitenten Osama bin Laden nicht betäubt und anschließend mit dem Hubschrauber entführt? Seine (angebliche) Leiche hat man schließlich auch mitnehmen können.

Noch absurder klingt die uns aufgetischte Geschichte vom Verbleib der Leiche. Man habe eine Seebestattung entsprechend der islamischen Bestattungsrituale durchgeführt. Selbstverständlich habe man die Leiche vorher fotografiert (die Fotos sind bis heute nicht freigegeben, um keine Racheakte von Terroristen zu provozieren) und ebenso selbstverständlich habe man eine DNS-Probe entnommen, um seine Identität zu bestätigen.

Ich muss es so offen sagen: Durch diese Geschichte sollte sich jeder Mensch auf diesem Planeten persönlich beleidigt fühlen. Für wie dumm hält man die breite Mehrheit der Menschen eigentlich? Vielleicht sogar berechtigterweise?

Die amerikanische Regierung will uns allen Ernstes weismachen, dass sie auf islamische Bestattungsrituale Rücksicht nimmt und Fotos des Hingerichteten nicht veröffentlicht, um die Muslime nicht zu erzürnen, während sie vieltausendfache Drohnenangriffe auf Zivilisten fliegen lässt und Angriffskriege gegen muslimische Länder unter fadenscheinigen Vorwänden führt? Da fallen Fotos einer Leiche und Bestattungsrituale natürlich ungeheuer ins Gewicht.

Abgesehen von dieser frechen, die Menschen für dumm verkaufenden Lügerei entspricht eine Bestattung auf hoher See überhaupt nicht islamischen Gepflogenheiten. Man macht sich also noch nicht einmal die Mühe, einigermaßen glaubwürdige Lügen zu erfinden.

»Die Tradition sieht eine Erdbestattung vor, bei der der Körper auf der rechten Seite liegt und das Gesicht in Richtung Mekka zeigt«, sagte der Islamwissenschaftler Thomas Bauer von der Universität Münster laut Nachrichtenagentur dpa. »Seebestattungen sieht das islamische Recht nur als Notlösung vor, wenn der Tod auf hoher See eintritt. Dass jemand auf dem Land stirbt und dann auf See bestattet wird, ist kaum mit dem islamischen Recht in Deckung zu bringen.«

Mahmud Asab, Berater des ägyptischen Religionsführers Ahmed el Tajeb, teilt diese Einschätzung. Der Islam sei »ganz und gar gegen« eine solche Form der Beisetzung, sagte er am Tag nach der Aktion in Kairo[70].

Ein US-Regierungsbeamter, der nicht genannt werden wollte, begründet die Seebestattung damit, dass sich wohl kein Land gefunden hätte, dass einer Bestattung bin Ladens zugestimmt hätte, um das Grab nicht zum Wallfahrtsort seiner Anhänger zu machen. Dazu der Islamwissenschaftler Bauer laut

---

[70] http://www.spiegel.de/politik/ausland/bin-ladens-seebestattung-sein-koerper-glitt-ins-wasser-a-760246.html

SPON: »Das ist nicht realistisch. Bin Laden gehörte innerhalb des Islams zur Sekte der Wahhabiten.« Für sie sei die anonyme Bestattung die Regel. »Sie lehnen eine Heiligen- oder Gräberverehrung vehement ab.« Bauer hat seine eigene Theorie für das schnelle Begräbnis: »Einiges spricht dafür, dass die USA den Leichnam einfach schnellstmöglich verschwinden lassen wollten.«

Uns stellt sich nun die Frage, warum die amerikanische Regierung den Leichnam möglichst schnell verschwinden lassen wollte. Etwas aussagen und somit die offizielle Geschichte der Anschläge ins Wanken bringen, hätte der Tote schließlich nicht mehr gekonnt. Die Antwort auf diese Frage ist einfach: Der Tote war nicht Osama bin Laden. Und nur durch das Verschwinden der Leiche konnte sichergestellt werden, dass diese Tatsache niemals an die Öffentlichkeit dringt (außer durch Leute wie mich, die »krude Verschwörungstheorien« verbreiten).

Wie also sieht die Wahrheit hinter all dem aus?

Zunächst einmal war klar, dass man nicht eine weltweit agierende Terrororganisation wie al-Qaida aufbauen kann, ohne dass deren Kopf auch den uneingeweihten Mitarbeitern der westlichen Geheimdienste bekannt sein würde. Deshalb wurde Osama bin Laden von vornherein nicht als der mysteriöse Mann im Hintergrund platziert, wie es später bei den V-Männern der Fall war, die die Anschläge von London und Madrid organisierten. Stattdessen trat bin Laden öffentlich als »Terrorchef« auf, was ihm zusätzlich entsprechende Anhängerschaft unter den radikalen Muslimen einbrachte.

Nach den Anschlägen vom 11. September 2001 hatte bin Laden seine Aufgabe im Wesentlichen erfüllt. Die Grundlage für den Patriot Act zur Durchsetzung der Totalüberwachung und der Kriege gegen Afghanistan und den Irak zum Schüren des Hasses unter den Muslimen war durch sein Wirken geschaffen.

Als Akkreditiertem 1. Ordnung musste die *Bruderschaft* nun für seine Sicherheit sorgen. Schließlich wäre es der Loyalität anderer Akkreditierter 1. Ordnung nicht unbedingt zuträglich gewesen, wenn Osama statt einer Belohnung von den Amerikanern getötet worden wäre. Folglich ersetzte man bin Laden noch Ende 2001 durch verschiedene Doppelgänger[71]. Letztere waren übrigens nicht eingeweiht, sondern davon überzeugt, durch ihre Rolle als Osama das Leben des bewunderten Anführers zu schützen.

Der echte Osama reiste zurück nach Saudi-Arabien, wo er sich geringfügigen chirurgischen Eingriffen unterzog (seine Nase und Wangenknochen wurden verändert) und seinen Bart stutzte. Heute lebt er dort als erfolgreicher Geschäftsmann mit Zugriff auf die Milliarden seiner Familie.

Vor diesem Hintergrund wird natürlich sofort verständlich, warum die Amerikaner die Leiche des angeblich getöteten bin Laden schnellstmöglich loswerden wollten. Doch auch noch weitere Gegebenheiten im Zusammenhang mit den Anschlägen werden so verständlich. Nehmen wir z. B. die 26 Mitglieder der bin Laden Familie, die sich am 11. September 2001 in den Vereinigten Staaten aufhielten.

In den Tagen nach den Anschlägen wurde der kommerzielle und private Flugverkehr in den USA untersagt. Doch es gab Ausnahmen. Und die betrafen alle die bin Ladens und weitere Saudis. Ihnen wurde von höchster Stelle erlaubt, das Land zu verlassen. Man muss sich das mal vorstellen: Niemand durfte fliegen, außer die Familienangehörigen der Person, die man für die Anschläge verantwortlich machte. Irre, nicht? Wenn jemand irgendwo einen Kaugummi klaut und auf der Flucht vor der Polizei ist, werden zunächst einmal seine Familienangehörigen nach seinem Verbleib befragt. Wenn man aber Drahtzieher eines Terroranschlages mit tausenden Toten ist, werden die

---

[71] http://www.spiegel.de/politik/ausland/doppelgaenger-verdacht-zehnmal-bin-laden-a-168344.html

Familienangehörigen schnell »in Sicherheit« gebracht und so der Befragung durch die ermittelnden Behörden entzogen. Hunderte Menschen wurden auf den Flughäfen festgehalten und verhört, weil sie aus dem Mittleren Osten kamen, nur die bin Ladens und ihr Hofstaat nicht. Irgendwelche Reisende verfügen also wahrscheinlich über ein weitaus größeres Wissen über den Verbleib Osamas als seine Familie. Klingt logisch.

Oder mag die Ursache dieser Absurdität vielleicht die sein, dass die bin Ladens als Akkreditierte 1. Ordnung den Schutz der *Bruderschaft* genossen? Vielleicht dürften ihre Privilegien auch damit zusammenhängen, dass sie enge geschäftliche Beziehungen zu einer anderen Akkreditierten-Familie auf gleicher Ebene pflegten? Wer mag das wohl sein?

Amerikanische Präsidenten sind normalerweise Akkreditierte 3. Ordnung, d. h. sie verfügen über weit weniger Macht als ein Geheimdienstchef oder als ein Direktor einer jener Organisationen, die der *Bruderschaft* zuarbeiten. Ausnahmen sind jene Präsidenten, die vor ihrer Präsidentschaft genau so ein Amt bekleidet hatten. Solche Leute werden von der *Bruderschaft* immer genau dann zu Präsidenten gemacht, wenn es etwas Großes zu erledigen gibt. Und da wären wir auch schon bei den Bushs. George H. W. war von 1976-77 Direktor der CIA und von 1978-79 einer der Direktoren des Council on Foreign Relations, auf den ich in »Der geheime Weltkrieg« im Zusammenhang mit dem 1. Weltkrieg und seinen Folgen bereits ausführlich eingegangen bin.

Kurzum: Die Bushs sind ebenfalls Akkreditierte 1. Ordnung, gehören also zu jenen, die direkte Kontakte zur *Bruderschaft* pflegen, und spielen somit in der gleichen Liga wie die bin Ladens. Dieser Umstand war für die *Illuminaten* von großer Bedeutung, weil die Koordination eines derart aufwendigen Projektes, wie den Anschlägen vom 11. September, nicht über mehrere Akkreditiertenebenen hinweg erfolgen konnte. So etwas funktioniert nur, wenn sehr wenige Menschen wissen, was wirklich gespielt wird, und wenn diese wenigen hundertprozentig loyal zueinander sind.

Und diese Loyalität wird von der *Bruderschaft* auch fürstlich entlohnt. Alleine in den USA besitzt die bin Laden Familie Anteile an großen Unternehmen, sogenannte »Blue Chips«, in Höhe von $ 1 Billion und über Akkreditierte 2. Ordnung weitere $ 2 Billionen. Alleine diese in den USA investierte Summe einer einzigen Familie entspricht knapp dem Bruttonationaleinkommen der Bundesrepublik Deutschland, d. h. dem Wert aller Waren und Dienstleistungen, die von 80 Mio. Menschen in dem wohl produktivsten Land dieser Erde in einem Jahr erwirtschaftet werden. Anders gesagt, könnten es sich ein paar Dutzend bin Ladens leisten, jeden Deutschen inklusive aller deutschen Maschinen und Fabriken ein Jahr[72] für sich arbeiten zu lassen. Natürlich gehört das Geld nicht den bin Ladens, sondern sie verwalten es für die *Bruderschaft*. Vielleicht wird jetzt klar, welche Macht exponentielles Wachstum speziell im Finanzbereich bedeutet – was es heißt, Spieler auf der obersten Ebene dieses Schneeballsystems zu sein[73].

Übertragen Sie, liebe Leser, dieses Wachstum auf den technischen Fortschritt in der Informations- und Kommunikationstechnologie, und sie bekommen eine Vorstellung davon, zu

---

[72] In Wirklichkeit noch viel länger, weil die bin Ladens das Geld der *Bruderschaft* natürlich nicht nur in den USA investiert haben. Das tatsächliche Vermögen der Familie ist zu je einem Drittel auf die USA, Europa und den Rest der Welt verteilt.

[73] Empfehlung: Schauen Sie sich bitte den Film »Fahrenheit 9/11« von Michael Moore vor dem Hintergrund der Informationen, die Sie im vorliegenden Buch erhalten, an. Für Moore sind die Akteure auf der obersten Ebne die Bushs und bin Ladens und ihre Motivation ist im Wesentlichen der Profit. Dies ist zu kurz gedacht; wenn man den nachweislich existierenden Regelkreis der Totalüberwachung mit in die Überlegungen einbezieht, wird deutlich, dass es darüber noch eine Ebene geben muss, die das Zusammenspiel aus Finanzen, Politik und Geheimdiensten orchestriert – also die *Bruderschaft*.

welcher Macht dieses exponentielle Wachstum in jenem Bereich führen wird. Wenn Sie diesen Gedankengang verinnerlicht haben, wird klar, warum die *Bruderschaft* so erpicht darauf ist, den Regelkreis der Totalüberwachung in Gang zu halten, und sie bekommen eine Vorstellung davon, was uns alle erwartet. Diese Vorstellung möchte ich in den nun folgenden zwei Teilen dieses Buches konkretisieren.

Teil 2: Der aktuelle Stand der Totalüberwachung

Es ist mir, ehrlich gesagt, unverständlich, warum der Patriot Act, der in der Folge der Anschläge vom 11. September 2001 in den Vereinigten Staaten erlassen wurde, nicht zu einer Revolution geführt hat. Wie ich in meinem Buch »Der geheime Weltkrieg« ausführlich darlegte, besteht der hauptsächliche Sinn des Patriot Acts darin, die Totalüberwachung einzuführen. Umso unverständlicher war für mich das Geschrei, das nach den Enthüllungen Edward Snowdens ausbrach.

Ich empfinde es als, gelinde gesagt, seltsam, dass sich Leute darüber empören, dass ein Gesetz zur Einführung von Totalüberwachung tatsächlich dazu genutzt wird, Totalüberwachung einzuführen. Wenn ein Gesetz zur Erhebung einer PKW-Maut beschlossen wird, wundert sich doch schließlich auch niemand, wenn Systeme zur Erfassung der PKW-Maut installiert werden. Und schließlich wundere ich mich noch mehr, dass nun, nachdem auch dem letzten Vollhonk klar sein müsste, dass die Totalüberwachung im Rahmen der gegenwärtigen technischen Möglichkeiten bereits in vollem Gange ist, das Volk die Regierungen, die dies tun oder unterstützen, nicht einfach davonjagt.

Meiner Mentalität entsprechend suche ich nach Erklärungsmöglichkeiten für Dinge, die ich nicht verstehe – hier: die Passivität und weitgehende Gleichgültigkeit der Bevölkerung gegenüber Totalüberwachung. Dabei bin ich zu folgenden Ergebnissen gekommen:

Realitäts- und Rationalitätsverleugnung

Die meisten Mitbürger in der westlichen Welt scheinen den Standpunkt zu vertreten, dass Überwachung nichts Schlimmes ist, wenn man nichts zu verbergen hat. Dieser Gedanke ist jedoch nur dann korrekt, wenn man implizit voraussetzt, dass die Regierungen sich im Interesse der jeweiligen Bevölkerung verhalten. Dass das Gegenteil der Fall ist, dürfte im 1. Teil dieses Buches und nach dem Studium anderer meiner Bücher unzweifelhaft klar geworden sein. Dies bedeutet jedoch, dass die Regierung all die hübschen Informationen, die sie über den Bürger sammelt, genau dann gegen ihn verwenden kann, wenn er auf die frevlerische Idee kommt, seine eigenen Interessen statt die der Herrschenden vertreten zu wollen.

Vor diesem Hintergrund hat man nur dann nichts zu verbergen und somit von der Überwachung nichts zu befürchten, wenn man sich dem Diktat der Obrigkeit kriecherisch unterwirft, wenn man seine Freiheit bereit ist aufzugeben, um sich in der trügerischen Sicherheit des vermeintlichen »Sozial«staates zu wiegen, und wenn man einfach aufgibt, seine eigenen Interessen vertreten zu wollen.

Ich zeigte sogar in Teil 1, dass die Masseneinwanderung aus dem islamischen Kulturraum neben der daraus resultierenden Staatsverschuldung und den damit verbundenen Zinseinnahmen für unsere Freunde von der *Bruderschaft* den hauptsächlichen Zweck erfüllt, (Total)Überwachung mit dem Argument der »Terrorgefahr« zu rechtfertigen. Vor diesem Hintergrund wird sofort verständlich, dass beispielsweise die Pegida-Demonstranten eine »heilige Kuh« der *Illuminaten* schlachten wollen, was für die Akkreditierten 3. Ordnung (Politiker und Journalisten) im ideologischen Sinne das ist, was man im religiösen Sinne »Gotteslästerung« nennt.

Unqualifizierte Masseneinwanderung ist für die offiziell »herrschende« Kaste (Akkreditierte 3. Ordnung) ein unumstößliches, nicht verhandelbares Dogma. Wie ich zu Beginn des Abschnittes 1.10 ausführte, bedeutet es den Untergang des herrschenden Systems, wenn seine Dogmen infrage gestellt werden. Ich denke nicht, dass sich die Pegida-Demonstranten dessen bewusst sind. Sie denken vielleicht, sie würden lediglich gegen die Verschwendung ihres Geldes, gegen Kriminalität und gegen religiösen Fanatismus demonstrieren. Dabei rütteln sie an den Grundfesten des Regimes und wundern sich über das einhellige hysterische Gekreische von Politkern und »Qualitäts«journalisten. Schließlich werden die Demonstrationen als »Wutmärsche«[74], »demonstrativer Irrsinn«[75] und die Teilnehmer als »Frustbürger«[76], »Angstbürger«[77], »fremdenfeindlich«[78] und »Schande für Deutschland«[79] verunglimpft, wobei ich die unzähligen Nazikeulen hier erst gar nicht zitiere.

Der eine oder andere mag sich fragen, wie eine solch menschenverachtende Hetze gegenüber Andersdenkenden, geschlossen vorgetragen von der pseudo-herrschenden Klasse der Politiker und regimetreuen Journalisten, mit »Demokratie« kompatibel sein soll. Es ist zumindest bemerkenswert, dass mündige Bürger, sobald sie zum Thema Einwanderungspolitik eine andere Meinung vertreten als diese selbsternannten Hüter einer absoluten Moral, derart verunglimpft werden. Deshalb ist die Frage nach dem Demokratieverständnis der Hetzer aus Medien und Politik natürlich berechtigt.

Allerdings stellt sich diese Frage überhaupt nur dann, wenn man glaubt, ohne jede Einschränkung in einer Demokratie zu leben. Tatsächlich existiert aber auch die Meinung, dass es dem »mündigen« Bürger lediglich möglich ist, zwischen unterschiedlichen personellen Besetzungen zu wählen, die alle gegen die Interessen des Volkes und für die Interessen der Hochfinanz arbeiten.

---

[74] http://www.spiegel.de/politik/deutschland/pegida-in-deutschland-koalition-reagiert-hilflos-auf-maersche-a-1008698.html

[75] http://www.spiegel.de/politik/deutschland/pegida-kommentar-zum-wachsenden-fremdenhass-in-deutschland-a-1008600.html

[76] http://www.spiegel.de/politik/deutschland/pegida-proteste-in-dresden-bei-den-frustbuergern-a-1008651.html

[77] http://www.spiegel.de/politik/deutschland/pegida-die-thesen-im-faktencheck-a-1008098.html

[78] http://www.spiegel.de/politik/deutschland/pegida-proteste-angela-merkel-verurteilt-fremdenfeindlichkeit-a-1008576.html

[79] http://www.spiegel.de/politik/deutschland/pegida-heiko-maas-nennt-proteste-schande-fuer-deutschland-a-1008452.html

Letzteres ist den Lakaien aus Politik und Qualitätsmedien nicht unbedingt bewusst. Die meisten plappern lediglich das nach, was gut für ihre Karriere ist, ohne auch nur annähernd intellektuell in der Lage zu sein, die Zusammenhänge zu verstehen. Auch für diese »ungeheuerlichen« Ansichten bin ich den Versuch einer Beweisführung in meinem Buch »Der geheime Weltkrieg« nicht schuldig geblieben.

Wer sich nicht die Mühe machen möchte, dort nachzulesen, mag sich einfach die Frage stellen, ob eine Regierung, die den produktiven Bürgern mehr als die Hälfte der Früchte ihrer Arbeit wegnimmt und ihnen in zuvor zitiertem Ausmaß bei abweichender Meinung über den Mund fährt, tatsächlich die Interessen der Bürger im Auge hat – eine Regierung, die mit dem amerikanischen Regime kollaboriert, das tausende Menschen ohne Gerichtsverfahren, meist mittels ferngesteuerter Drohnen, ermorden lässt. Das nennt man dann Rechtsstaat und ist der Welt Vorbild für »Freiheit und Demokratie«.

Ich denke, es gehört schon sehr viel Ignoranz und Realitätsverleugnung dazu, die Frage, ob eine solche Regierung die Interessen ihrer Bürger vertritt, mit »ja« zu beantworten. Diese Realitätsverweigerung nimmt bei den Mainstream-Journalisten geradezu absurde Züge an. Ganz offensichtlich wird der für rationales Denken zuständige Teil des Gehirns von diesen Leuten nicht konsultiert, wenn es um die Themen »Migration«, »Islam« und »Pegida« geht.

Diesen Umstand kann man natürlich darauf zurückführen, dass die Fähigkeit zu rationalem, analytischem Denken bei einigen dieser Schreiberlinge, wenn überhaupt, dann doch eher nur rudimentär vorhanden ist. Interessanterweise trifft dies tatsächlich nur auf einen Teil jener »Qualitäts«-Journalisten zu. Ich denke, dieser Umstand verdient eine genauere Analyse.

Dazu werde ich das Beispiel eines Kolumnisten verwenden, der durch seine Beiträge zum Thema dieses Abschnitts eindeutig gezeigt hat, dass er überdurchschnittlich intelligent ist, aber offensichtlich bei »Islam« und »Asyl« sein Hirn abschaltet. Wie kann das sein? Doch eins nach dem anderen.

Wie ich bereits mehrfach in meinen Büchern erwähnte, habe ich *SpiegelOnline* auserkoren, um mich über die jeweils aktuelle Regimepropaganda zu informieren. Man möge mir bitte nachsehen, dass ich hier nicht zusätzlich auf weitere Systemmedien eingehe, doch nach der täglichen SPON-Lektüre ist mein Bedarf an Realitäts- und Rationalitätsferne gepaart mit pseudointellektueller Arroganz gedeckt.

In den vorweihnachtlichen Tagen, in denen ich diese Zeilen schreibe, beschäftigt sich jeder der SPON-Kolumnisten mit dem Phänomen »Pegida«. Natürlich übertreffen diese Damen und Herren sich gegenseitig in ihrer Hetze, wobei selbstverständlich Jakob Augstein wieder einmal die anderen toppte, indem er die Meinung absonderte, »Die Politik sollte den Teufel tun und die Debatte mit Idioten und Rassisten suchen«.

Nun, wer die Kolumnen von Augstein liest, weiß, dass umgekehrt ein Dialog mit ihm unmöglich ist, weil er rationalen Argumenten gegenüber genauso aufgeschlossen ist wie ein streng gläubiger Muslim, Christ oder Jude. Schließlich ist Sozialismus nichts anderes als die Essenz der christlichen Ethik, nur eben ohne Gott[80]. Wer jedoch den Glauben kritisiert, »beleidigt« nach Ansicht von Gläubigen diesen Glauben.

Nicht so Sascha Lobo, dessen Artikel zu den wenigen Beiträgen gehören, die ich auf SPON mit fachlichem Interesse lese[81] und gelegentlich sogar daraus Erkenntnisgewinne ziehe, weil es sich fast immer um das Thema dieses Abschnitts dreht: Totalüberwachung.

Dabei offenbart Lobo eine detaillierte Kenntnis über Datenverarbeitung und die Vernetzung der Welt. Zusätzlich ist er offenkundig in der Lage, gegenwärtige Trends in die Zukunft zu extrapolieren.

---

[80] von Salomon (2014b), S. 180

[81] http://www.spiegel.de/thema/spon_lobo/

Viele der Themen, die er beschreibt, werden uns im Folgenden ebenfalls beschäftigen. Es ist also durchaus davon auszugehen, dass Lobo über eine überdurchschnittliche Intelligenz verfügt und mit ausgeprägten analytischen Fähigkeiten ausgestattet ist.

Vor diesem Hintergrund ist es interessant zu beobachten, dass Lobo fast wöchentlich über Totalüberwachung schreibt, durchaus vernünftige Schlüsse aus den Fakten zieht, sich aber ganz offensichtlich keinerlei Gedanken über die Ursachen des Übels macht. Die offizielle Begründung für die Totalüberwachung ist die angeblich allgegenwärtige »Terror«gefahr, die es ohne die Unterstützung Israels durch den Westen, die Kriege und Drohnenangriffe gegen die islamische Bevölkerung und die Einwanderung von Muslimen nach Europa und den USA nicht gäbe.

Deshalb müsste man eigentlich erwarten, dass jemand, der allwöchentlich gegen die Totalüberwachung wettert, zumindest Verständnis dafür zeigt, dass die Menschen gegen deren Ursache auf die Straße gehen.

Umso erstaunlicher ist es, dass Lobo in das gleiche Horn bläst, wie seine hetzenden und diffamierenden Kollegen. Er betätigt sich als über den Dingen stehender Hobbypsychologe und attestiert den Demonstranten »rechtsextreme Positionen [zu] vertreten, ohne zu wissen oder wissen zu wollen, dass sie rechtsextrem sind«[82].

Dies begründet er damit, dass es den Pegida-Sympathisanten nicht um den Islam, sondern um »Araber und Türken und sogar Ausländer generell« gehe. Dies ist zunächst einmal eine infam beleidigende Behauptung, die sich kaum mit den paar Dutzend Neonazis begründen lässt, die aus rassistischen Gründen etwas gegen »Araber und Türken« haben und bei den Montagsdemonstrationen mitlaufen.

---

[82] http://www.spiegel.de/netzwelt/web/sascha-lobo-ueber-pegida-der-latenznazi-a-1008971.html

Ist die Erklärung nicht erheblich plausibler, dass die Menschen auf die Straße gehen, weil sie die westliche Kultur der Aufklärung durch die Einwanderung von Anhängern einer unaufgeklärten, archaischen Religion gefährdet sehen, dass sie auch noch mit ihren Steuern und Sozialabgaben für diese Leute bezahlen müssen und ihnen das »zum Dank« auch noch die »Terrorgefahr« einbringt, womit die ihre Freiheitsrechte massiv beschneidende Totalüberwachung begründet wird?

Diese Befürchtungen der Menschen werden natürlich massiv dadurch geschürt, dass die Kriminalitätsrate unter den Einwanderern aus dem muslimischen Kulturraum erheblich höher ist als bei Einwanderern aus beispielsweise Ostasien, und dass überall auf der Welt, wo der Islam sich zum relevanten Gesellschaftsfaktor aufgeschwungen hat, Diskriminierung, Mord und Totschlag gegenüber Andersgläubigen und Unbeteiligten festzustellen ist.

In dieser einen Woche vor Weihnachten 2014, in der sich die Mainstream-Medien im Allgemeinen und die Spiegelkolumnisten im Speziellen gegenseitig in ihrer Pegida-Hetze übertreffen, erfahren wir ebenfalls auf SPON, dass die IS-Militz mehr als 100 »Deserteure« hingerichtet hat[83], dass ein Massengrab mit 230 IS-Opfern entdeckt wurde[84], dass die pakistanische Taliban 130 Kinder in einer Schule hinrichtete[85], dass die Islamistengruppe Boko Haram einen Bombenanschlag auf einen Busbahnhof in Nigeria verübte[86], dass ein Mann in Dijon (Frankreich) mit seinem Auto in mehrere Gruppen Menschen fuhr

---

[83] http://www.spiegel.de/politik/ausland/is-miliz-soll-mehr-als-100-deserteure-hingerichtet-haben-a-1009766.html

[84] http://www.spiegel.de/politik/ausland/islamischer-staat-in-syrien-massengrab-mit-230-toten-entdeckt-a-1009145.html

[85] http://www.spiegel.de/politik/ausland/pakistan-nach-taliban-anschlag-winter-der-gewalt-a-1008988.html

[86] http://www.spiegel.de/politik/ausland/nigeria-dutzende-sterben-bei-bombenanschlag-a-1009962.html

und dabei Allahu Akbar rief[87] und dass die Geiselnahme eines Islamisten in Sydney drei Tote und sechs Verletzte forderte[88]. Das sind, wie gesagt, lediglich die Meldungen der Tage vor Weihnachten 2014.

Im neuen Jahr ging es natürlich munter mit den Anschlägen von Paris weiter, die ich einigermaßen bereits ausführlich in Abschnitt 1. erwähnt habe.

Die Systemmedien, von der Pegida treffenderweise »Lügenpresse« genannt, leisteten sich in diesem Zusammenhang eine besonders witzige Posse – witzig natürlich nur für Leute wie mich, die Gefallen an schwarzem Humor und Sarkasmus finden. Die Tat des »Allahu Akbar« rufenden Mannes, der in Dijon in mehrere Menschengruppen fuhr, wird von den »Ermittlern« als *nicht-terroristischer Akt* zu verharmlosen versucht. Stattdessen sei der Mann »psychisch gestört«[89].

Dabei frage ich mich, was sonst, außer einer psychischen Störung, mag wohl religiös motiviertem Terrorismus zugrunde liegen?

Diese ebenfalls auf eine »psychische Störung« der »Ermittler« hindeutende Argumentation wird natürlich begehrlich und völlig unkritisch von der Regimepresse aufgegriffen, will man doch auf keinen Fall weiteren Unmut in der Bevölkerung über die kulturelle Bereicherung und Vielfalt schüren, ohne die es zumindest in Mitteleuropa keinen religiös motivierten Terrorismus und dementsprechend kein Argument für Totalüberwachung gäbe.

Aber wie gesagt, diesen Zusammenhang zu erkennen, sind offensichtlich auch die klügsten Vertreter dieser Zunft nicht in

---

[87] http://www.spiegel.de/panorama/justiz/dijon-mann-rast-mit-auto-gezielt-in-mehrere-fussgaenger-gruppen-a-1009847.html

[88] http://www.spiegel.de/panorama/justiz/sydney-drei-tote-sechs-verletzte-bei-geiseldrama-in-cafe-a-1008652.html

[89] http://www.spiegel.de/panorama/justiz/auto-attacke-von-dijon-war-kein-terroristischer-akt-a-1010023.html

der Lage[90]. Und da wundern sich diese Idioten in ihren Elfenbeintürmen darüber, dass die Menschen derartige Zustände in Deutschland nicht wollen? Ach, das ist unbegründete Angst? Sehr gut! Dann brauchen wir ja auch die Totalüberwachung nicht. Und auch der Naivste kann dann nicht mehr leugnen, dass sie nicht der Überwachung von islamischen Extremisten sondern der des Volkes dient.

Die Tatsachen völlig auf den Kopf stellt Lobo mit dem Vorwurf der »Realitätsverleugnung« in Richtung der Demonstranten, was schließlich dadurch belegt würde, dass »die Proteste gegen Islamisierung in Dresden stattfinden, wo es einen kaum mehr messbaren Anteil muslimischer Einwohner gibt«. Dabei verkennt der liebe Sascha Lobo ein klein wenig die zarten Problemchen, die entstünden, wenn diese Proteste statt in Dresden, zum Beispiel in Berlin-Neukölln durchgeführt würden. Dann dürften wir sicherlich alle Zeugen der Friedfertigkeit und Dialogbereitschaft des Islam werden.

Ironie beiseite: Geht Herr Lobo wirklich nicht die Tatsache auf, dass die Einwanderung von Muslimen genau das ist, was jenen, die die Totalüberwachung voranbringen wollen, hervorragend in den Kram passt? Wäre es nicht sinnvoll, statt immer wieder jede Woche aufs Neue die Gefahren der Totalüberwachung aufzuzeigen, die Strategie ihrer Protagonisten zu kritisieren? Und genau jenen redet Lobo mit seiner polemisierenden Pegida-Kritik nach dem Mund.

Damit leistet er seinen Beitrag dazu, dass Totalüberwachung erst möglich wird. Vielen Dank auch! Was Lobo hier betreibt, ist nicht nur Realitätsverleugnung, sondern auch Rationalitätsverleugnung.

Es ist jedoch nicht davon auszugehen, dass sich ein intelligenter Mensch wie Sascha Lobo der Widersprüchlichkeit sei-

[90] Oder sie wollen diesen Zusammenhang nicht erkennen. Daraus folgt, diese »Qualitätsjournalisten« sind entweder blöd oder sie prostituieren sich.

ner Argumentation nicht bewusst ist. Dieses Faktum lässt tief blicken: Offensichtlich hat ein Journalist in den Qualitätsmedien mit Sanktionen zu rechnen, sofern er nicht die moralische Vorgabe vertritt, Migration sei in jedem Fall etwas Gutes und wer dagegen Einwände vorbringt, sei ein Rassist, islamophob und was an mundtot machenden Nettigkeiten sonst noch zur Verleumdung verwendet werden kann.

Wohlgemerkt: Ich behaupte nicht, dass irgendein Ober*illuminat* mit seinem Kapuzenmäntelchen in der SPON-Redaktion auftaucht, mal eben kurz die Redakteure einnordet und ihnen sagt, was sie schreiben sollen. Ich behaupte jedoch, dass es völlig absurde, den Interessen der Menschen widersprechende moralische Vorgaben gibt, die von jenen Redakteuren befolgt werden müssen, wenn sie ihren Job behalten wollen[91]. Über die tatsächlichen Hintergründe wissen sie nichts und fragen auch nicht danach, weil solche Fragen, sagen wir mal, »unbekömmlich« sind. So lässt sich erklären, warum jemand, der allwöchentlich gegen die Totalüberwachung wettert, nicht nur die Finger von der Ursachenforschung lässt, sondern der Ursache auch noch Vorschub leistet. Doch dazu muss man eine Lebensentscheidung getroffen haben, möglicherweise die, sich zu prostituieren. Mit dieser Begründung werde ich im Folgenden gelegentlich von »Hurnalisten« sprechen.

Verharmlosung

Viele Menschen scheinen die Ansicht zu vertreten, man sei schließlich kein Mitglied einer terroristischen Vereinigung und müsse deshalb überhaupt nicht fürchten, bespitzelt zu werden. Und tatsächliche Terroristen müssen schließlich im Interesse der Allgemeinheit überwacht werden.

---

[91] Die Befehlskette von den *Illuminaten* über die Akkreditierten 1. bis 4. Ordnung habe ich ausführlich beschrieben (von Salomon 2014b, S. 131f). Journalisten gehören zu den Akkreditierten 3. Ordnung und wissen daher nichts von der Existenz der okkulten Herrscher.

Wer diesen Standpunkt vertritt, hat den eigentlichen Sinn von Überwachung nicht verstanden. Es geht überhaupt nicht darum, die Bevölkerung vor Terroranschlägen zu schützen. Die Gefahr, heute einem solchen Anschlag zum Opfer zu fallen, dürfte sich in der gleichen Größenordnung bewegen, wie vom Blitz erschlagen zu werden. In Frankreich ist die Vorratsdatenspeicherung längst Realität. Trotzdem fanden die Pariser Anschläge statt – das ist der *Beweis*, dass die Vorratsdatenspeicherung zur Verhinderung derartiger Anschläge ungeeignet ist. Trotzdem, gegen jede Vernunft, wird in der deutschen Politik und von vielen Hurnalisten der Ruf nach Vorratsdatenspeicherung in Deutschland laut – natürlich heftig kritisiert von Leuten wie Sascha Lobo[92], also von jener Journalistenfraktion, die ganz doll gegen die Totalüberwachung wettert, aber ohne die Ursachen zu benennen. Dies wiederum ist die Beweisführung dafür, dass es nicht um das Verhindern von Terroranschlägen geht, sondern dass Letztere nur ein vorgeschobener Grund sind, die Bevölkerung zu bespitzeln.

Es geht also darum, in den Besitz von Informationen über die Bevölkerung zu gelangen. Daten sind das Einzige, was wirklich einen Wert hat. Informationen, nicht Gold und Platin, sind der eigentliche Schlüssel zu absoluter Macht und unermesslichem Reichtum.

Der Sinn von Überwachung ist es nicht, die Bürger vor irgendetwas zu schützen, sondern um die Macht der tatsächlich Herrschenden *absolut* werden zu lassen und diesen Zustand unumkehrbar zu stabilisieren. Wer weiß, was seine Mitmenschen denken und planen, was sie tun und was sie begehren, ist nicht nur theoretisch, sondern auch praktisch unbesiegbar. Wenn zusätzlich noch bekannt ist, wo sich das überwachte Ziel aufhält, kann man es mit bereits heute verfügbaren technischen Mitteln sofort töten. Doch dazu komme ich noch.

---

[92] http://www.spiegel.de/netzwelt/web/vorratsdatenspeicherung-sascha-lobo-ueber-politiker-denken-a-1024126.html#

Hinzu kommt: Wenn die Allgemeinheit weiß oder zumindest nur ahnt oder einfach nur glaubt, dass jemand zur Totalüberwachung in der Lage ist, erhält dieser Jemand einen Freibrief, jeden zu verleumden, weil jede Verleumdung aus seinem Mund *glaubwürdig* ist. Auf die praktische Umsetzung dieses letzten Punktes bin ich bereits ausführlich eingegangen. In »Der geheime Weltkrieg« beschreibe ich im Detail anhand öffentlich zugänglicher Originalquellen die Verfahren, die beispielsweise der britische Geheimdienst einsetzt, um missliebige Personen in verschiedenen Stufen zu diskreditieren[93].

Anders gesagt: Wer totale Überwachung akzeptiert, gesteht anderen Menschen absolute Macht zu. Und dass diese Macht nicht zum Wohle des Volkes, sondern ausschließlich im Sinne einer kleinen Elite eingesetzt wird, brauche ich an dieser Stelle nicht zu wiederholen.

Unterschätzen

Der Großteil der Menschen scheint zu glauben, dass Überwachung nur einen kleinen Teil unserer Privatsphäre betreffen würde (Telefonate, Internetaktivitäten).

Dies ist ein fataler Trugschluss. Bereits heute existieren mehr Daten über jeden Einzelnen von uns, als die meisten denken. Diese Daten sind über das Internet miteinander vernetzt und somit in direktem Zugriff durch die Überwacher. Mithilfe dieser Informationen werden Menschen ohne Anklage, ohne Verfahren und ohne Schuldspruch eines ordentlichen Gerichts getötet. Das klingt doch völlig absurd, nicht wahr? Das ist doch wohl Verschwörungstheorie der untersten Schublade! Oder? Nein, das ist die Realität, wie ich gleich beweisen werde – und zwar anhand einhundertprozentig glaubwürdiger Quellen.

Nicht umsonst habe ich den Punkt »Realitäts- und Rationalitätsverleugnung« am Beispiel des SPON-Kolumnisten Sascha

---

[93] Von Salomon (2014b), S. 282f

Lobo erläutert. Wie ich zeigen konnte, weigert er sich standhaft, die Ursachen der Totalüberwachung (Migration → Terrorgefahr) und die zugrunde liegende Verschwörung zu erkennen[94].

Wahrscheinlich verdrängt er diese Zusammenhänge einfach und konzentriert sich auf die Symptome der Totalüberwachung (Treiben der Geheimdienste), statt auf die Ursachen. Schließlich hat das Establishment mit der öffentlichen Diskussion der Symptome keine Probleme, weil man auf diese Weise die zugrunde liegende Krankheit nicht heilen kann. Im Gegenteil – durch die Diskussion der Symptome wird der (berechtigte) Glaube in der Bevölkerung gestärkt, dass »Qualitätsjournalisten« wie Sascha Lobo uns alle in heldenhaftem Kampf gegen die Totalüberwacher beschützen, und dass, ganz trivial, die Obrigkeit über die Möglichkeiten zur Totalüberwachung verfügt.

Damit ist, wie gesagt, Verleumdung Tür und Tor geöffnet, und dieser nicht unbegründete Glaube hat natürlich dramatische Auswirkungen auf die Verhaltensweise jedes Einzelnen: Wer sich überwacht fühlt, überlegt sich zweimal, etwas Regimekritisches zu äußern. Mit anderen Worten: Für die sich prostituierenden *vielen unwissenden* und *wenigen wissenden* Akkreditierten, geschweige denn für die *Bruderschaft* an der Spitze, besteht durch jemanden wie Lobo keine Gefahr. Er gleicht einem Arzt, der seinem Patienten eine Salbe auf die Flohstiche streicht, statt ihn mit einem Mittel einzupudern, das die Flöhe tötet.

---

[94] Diese Weigerung, das Offensichtliche zu benennen, hat Lobo mit allen anderen Mainstream-Journalisten gemeinsam. Siehe dazu auch meine Ausführungen zu seinem Kollegen Jan Fleischhauer in Abschnitt 1.6

2.1 Überwachung *mithilfe* des Internets

Wie in meinen anderen Büchern, vermeide ich es auch in diesem, zum Belegen meiner Behauptungen Werke aus der sogenannten »Verschwörungsliteratur« heranzuziehen. Stattdessen liefere ich, wo immer möglich, Quellen, die von jedermann nachvollzogen werden können. Da Chicken-Lobo[95] als Angehöriger der Systempresse gänzlich unverdächtig ist, krude Verschwörungstheorien zu verbreiten und das Regime destabilisieren zu wollen, eignen sich seine gut recherchierten Artikel und seine treffenden Analysen (keine Ironie) ausgezeichnet, das Thema Totalüberwachung näher zu beleuchten. Dabei greife ich auf den Vortrag »Die digitale Sphäre« von Herrn Lobo zurück[96], womit ich jeden Verdacht vermeide, ich könnte übertreiben oder die Menschen lediglich von ihrem »fürsorglichen, nur unser Bestes wollenden Väterchen Sozialstaat« entfremden wollen.

Seine Aussagen, die ich an einigen Stellen lediglich ein wenig geglättet habe, wobei ich mich bemühte, den ursprünglichen Sinn seiner Worte nicht zu verändern, sind in *kursiver* Schrift dargestellt. Meine Anmerkungen habe ich in normaler Schrift eingefügt.

Den von mir zitierten Vortrag stellte Sascha Lobo am 04.11.2014 bei YouTube ein. Seine Betrachtungen und Analysen sind aktuell und können demnach durchaus zur Diskussion des gegenwärtigen Standes der Totalüberwachung und ihrer Auswirkungen herangezogen werden. Ich werde hier keine über diesen Vortrag hinausgehenden Sachverhalte schildern, um die Nachprüfbarkeit durch Sie, liebe Leser, nicht einzuschränken. Ich denke, dass diese bislang an die Öffentlichkeit

---

[95] Eine dezente Anspielung auf seinen noch dezenteren roten Hahnenkamm, der seinen ansonsten kahl rasierten Schädel ziert.

[96] https://www.youtube.com/watch?v=Y6FSRZdi17U, am besten einfach »Die digitale Sphäre« bei YouTube eingeben.

gelangten Methoden und Auswirkungen der Totalüberwachung durchaus ausreichen, um die Tragweite des gegenwärtigen Standes der Überwachungstechnologien deutlich zu machen. Im 3. Teil stelle ich dann die Extrapolation dieser Entwicklungen in die nahe Zukunft vor. Dabei werde ich mich nicht in Spekulationen ergehen, sondern aktuelle, durch Sie, liebe Leser, nachprüfbare Forschungen und Prototypen vorstellen.

Nach den ersten Minuten des Vortrages, die ich als Einführungsgeplänkel beschreiben möchte, in denen Lobo die Ohnmacht skizziert, die er angesichts der Staatsmacht empfindet, stellt er treffend fest:

Es geht nicht primär um die Totalüberwachung des Internest, sondern um die Totalüberwachung der Welt ***mithilfe*** *des Internets.*

Das ist ein sehr zentraler Gedanke. Wenn man ihn verinnerlicht erkennt man, dass man sich der Totalüberwachung eben nicht entziehen kann, indem man bei Facebook nicht mitmacht oder online keine Dinge einkauft. Beispiele, wie diese Überwachung mithilfe des Internets auch bei Menschen funktioniert, die sich online zurückhalten, folgen zuhauf.

Lobo spricht in diesem Zusammenhang von der »digitalen Kluft« oder dem »digitalen Graben« zwischen jenen, die das Internet massiv nutzen und jenen, die sagen:

Lass' die NSA doch die Urlaubsfotos der Facebook-Nutzer durchfiltern. Ist mir doch egal!

Dann fährt er fort:

Das ist die falsche Haltung, weil die meisten Menschen nicht wissen, wie tief die digitale Vernetzung in das Leben der Menschen eingreift.

Es gibt zwei Sorten von Menschen: Die einen, deren Leben das Internet verändert hat, und die anderen, die nicht wissen, dass das Internet ihr Leben verändert hat.

Man könnte beim Thema Totalüberwachung viele Argumente finden, warum das nicht so schlimm ist: Sie läuft [weitgehend] *automatisiert ab, man ist nur einer von sehr vielen* [d. h. viele glauben, in der Masse unterzugehen] *und schließlich hat es ja auch etwas Gutes* [Schutz vor Terror].

Doch gerade wenn man sich mit diesem Thema auskennt, verändert die Totalüberwachung das Verhalten. Dazu ein Beispiel:

Vor ein paar Tagen hörte ich in meiner Berliner Altbauwohnung ein wiederholtes Knacken. Ich ging dem Geräusch nach und stellte fest, dass es von meinem Türtelefon stammte. Nun weiß ich aber, dass Türtelefone dazu benutzt werden können, über das Mikrofon des Gerätes Wohnungen zu überwachen [ein schönes erstes Beispiel dafür, dass Überwachung jemanden unabhängig davon treffen kann, ob er Facebook nutzt, seine Einkäufe online tätigt oder eben nicht].

Ich bin nach unten gegangen und hoffte auf dem Weg inständig, dass am Hauseingang ein Techniker damit beschäftigt war, die Türtelefonanlage zu reparieren [d. h. dass das Knacken nicht seine Ursache darin hat, dass das Türtelefon zur Überwachung von Herrn Lobos Wohnung eingesetzt wird].

Ich denke übrigens nicht, dass Herr Lobo sich in dieser Hinsicht Sorgen machen muss, solange er lediglich über die Symptome der Totalüberwachung sinniert und die Ursachen nicht nur hartnäckig ignoriert, sondern ihnen sogar durch seine Pegida-Kritik Vorschub leistet.

Tatsächlich erfüllte sich meine Hoffnung. Das Türtelefon hatte geknackt, weil ein Techniker die Anlage neu programmierte.

Diese kleine Anekdote zeigt auf, dass sich die Dinge nicht zum Besseren, sondern zum Schlechteren entwickeln. [Denn allein weil wir wissen, dass die Totalüberwachung kein Hirngespinst, sondern sehr real ist, verändert sich unser Verhalten.] *Denn umso vernetzter die Welt wird, desto tiefer greift auch die Überwachung* [d. h. umso mehr müssen wir bei allem, was wir tun, davon ausgehen, überwacht zu werden, was wiederum unser Verhalten beeinflusst]. Diese wichtige Erkenntnis werde ich im nächsten Kapitel vertiefen, indem ich aufzeige, welche Entwicklungen heute schon in der Prototypenphase sind und wie sich diese auf die Vernetzung unseres Lebens und damit auf die Totalüberwachung auswirken werden. Allein schon die Existenz dieser Systeme wird dazu führen, dass wir uns selbst im privaten Bereich nicht mehr trauen werden zu sagen, was wir denken.

Ich werde zeigen, wie ein System mit den »göttlichen« Eigenschaften JHWHs, Allwissenheit und Allmacht im Sinne von »jeden jederzeit bestrafen zu können«, gegenwärtig in Schritten realisiert wird. Im weiteren Verlauf des Vortrags von Herrn Lobo werden wir sehen, dass wir davon heute wirklich nicht mehr weit entfernt sind.

Die Nachrichten der vergangenen 16 Monate [die Zeit zwischen den Enthüllungen Edward Snowdens Anfang Juni 2013 und dem Vortrag Lobos im Oktober 2014] *führten zu einer gewissen Desensibilisierung zum Thema Überwachung. Im Juni 2013 erfuhren wir, dass alles überwacht wird*[97]*, im August, dass alles noch viel mehr überwacht wird, und ab Oktober war jedem klar, dass die tatsächlich praktizierte Überwachung unsere schlimmsten Befürchtungen noch übertraf.*

Weltweit sind über 50.000 Netzwerke infiltriert worden. Diese Zahl stammt aus dem Jahr 2012[98]*.*

---

[97] Was für eine Überraschung! Da konnte nach der Verabschiedung des »Pariot Acts« selbstverständlich niemand mit rechnen (siehe dazu auch von Salomon 2014b, S. 278f). Der Gedanke, dass Geheimdienste die »Freiheiten« nutzen, die ihnen ein Gesetz einräumt, ist natürlich völlig abwegig.

[98] http://www.spiegel.de/netzwelt/netzpolitik/nsa-soll-50-000-netzwerke-weltweit-infiltriert-haben-a-935335.html

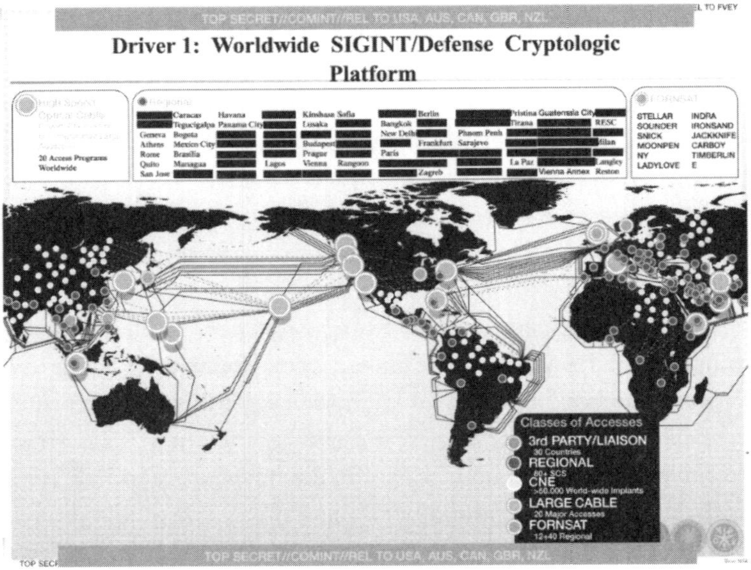

Abb. 2.1.1: Von der NSA infiltrierte Netzwerke. Quelle: streng geheimes NSA-Material, von einem »Whistleblower« »geleakt«.

Dieses Beispiel zeigt lediglich die Aktivitäten der NSA, die entgegen der öffentlichen Meinung nicht alleine für die Totalüberwachung verantwortlich ist. Tatsächlich handelt es sich um eine Melange[99] *unterschiedlicher Behörden verschiedener Länder – auch deutscher. Es handelt sich um Geheimdienste und Exekutivorgane, von denen man zuvor noch nie etwas gehört hat und die alle zusammen glauben, dass die Totalüberwachung eine ganz tolle Sache ist.*

---

[99] Ich hätte die Bezeichnung »weltweite Verschwörung«, die hier bewiesenermaßen vorliegt, für zutreffender gehalten. Aber damit kommt man dem Kern des Ganzen verdächtig nahe, was Herr Lobo vermeiden will.

Interessant ist, dass Lobo mit keinem Wort darauf eingeht, *warum* all diese Behörden, Geheimdienste und »Exekutivorgane« die Totalüberwachung so toll finden. Unausgesprochen steht die Behauptung im Raum, der Grund sei der »Kampf gegen den Terror« und die Entwicklung habe sich dann irgendwie verselbstständigt.

Das ist erstens angesichts der tatsächlichen Terrorgefahr absurd. Für das Risiko, vom Blitz getroffen zu werden, was in den USA und Europa in etwa so hoch ist, wie einem Terroranschlag zum Opfer zu fallen, würde bei rationaler Überlegung wohl niemand bereit sein, seine Privatsphäre aufzugeben.

Zweitens fördern die Dienstherren genau dieser Behörden, Geheimdienste und Exekutivorgane »zufällig« die Migration aus Ländern mit starkem religiösen Einfluss, was naturgemäß einen gewissen Prozentsatz an gewaltbereiten Fundamentalisten mit sich bringt. Drittens schüren sie noch »zufälliger« durch die Ermordung Unschuldiger in den Herkunftsländern dieser Migranten blanken Hass auf die »westlichen gottlosen Terroristen«. Den Beweis für diese Behauptung liefert Herr Lobo weiter unten.

Diese Dienstherren[100] der Behörden, Geheimdienste und Exekutivorgane, die die Totalüberwachung nicht nur fordern, sondern bereits praktizieren lassen, tun also »zufällig« alles in ihrer Macht stehende, diese Terrorgefahr erst heraufzubeschwören, um damit wiederum die Totalüberwachung zu begründen. Wer da wirklich an einen Zufall glaubt, möge der Menschheit bitte einen Dienst erweisen, indem er seine Gene nicht an die nächste Generation weitergibt.

Dieser tatsächliche Zusammenhang ist so offensichtlich, dass ihn zu leugnen vergleichbar mit der Argumentation eines Vergewaltigers wäre, der behauptet, gestolpert und dann zufällig mit seinem Penis in der Klägerin gelandet zu sein. Aber

---

[100] Die demokratisch gewählten Regierungen.

Lobo leugnet diesen Zusammenhang nicht, er schweigt ihn einfach tot – übrigens eine generell sehr beliebte Taktik der Regimemedien.

2.2 Eingebautes Überwachungsmoment

Doch wenden wir uns wieder dem Vortrag Lobos zu:

Die NSA beabsichtigt laut den »geleakten« Dokumenten, bis Ende 2013 Zugriff auf 85.000 Systeme zu haben. Was ist in diesem Zusammenhang mit »System« gemeint? Toll Collect ist ein Kandidat für ein solches System. Es soll dazu dienen, LKW-Maut zu kassieren.

Wieder ein schönes Beispiel für ein Überwachungssystem, dem man sich nicht dadurch entziehen kann, indem man sich mit seinen Internet-Aktivitäten zurückhält. Lobo erklärt die Funktionsweise etwas genauer:

Man hat sich ein System ausgedacht, das nicht nur aus OBUs (On Bord Units) besteht, die im LKW fest verankert sind und über GPS eine Positions- und Distanzbestimmung durchführen, d. h. messen, wo der LKW entlangfährt. Stattdessen ist man mit irgendwelchen Begründungen, die sich heute alle lächerlich anhören, auf die grandiose Idee gekommen, die Nummernschilder der LKW zu fotografieren – und zwar von allen, die vorbeifahren.

Aber ein LKW ist als solcher natürlich schwer zu erkennen. Man fand eine »kluge« Lösung, um herauszufinden, welcher LKW mautpflichtig ist: Es werden einfach die Nummernschilder von allen vorbeifahrenden Fahrzeugen fotografiert. Die Fotos werden dann auf einen zentralen Computer kopiert. Dort wird geprüft, welches Foto einem LKW zuzuordnen ist. Die restlichen Aufnahmen werden dann selbstverständlich gelöscht. [Gelächter im Publikum].

Auch hier sehen wir wieder, wie perfide das System arbeitet: Selbst wenn Toll Collect die Nicht-LKW-Fotos tatsächlich zu löschen beabsichtigt, so können sie vorher längst auf einen Geheimdienstserver kopiert worden sein, sofern Toll Collect zu einem der infiltrierten zigtausend Netzwerke gehört. Der Anreiz für einen Geheimdienst, ein solches deutschlandweites Fahrzeugüberwachungssystem zu infiltrieren, dürfte nicht gerade klein sein. Das sieht auch Lobo so:

Ein solches System wie Toll Collect könnte eines der 50.000 Systeme sein, auf die die NSA Zugriff hat. Dafür habe ich keine Beweise, aber der Gedanke ist naheliegend. Und so oft wir inzwischen hören, dass die Behörden Anspruch auf diese Daten zur Verbrechensbekämpfung anmelden, so müssen wir langsam glauben, dass dies Absicht war.

Gemeint ist hier die Absicht, das Überwachungsmoment (fotografieren der Nummernschilder) in das System einzubauen, obwohl dies zum eigentlichen Zweck des Systems, LKW-Maut anhand der zurückgelegten Strecke zu kassieren, nicht notwendig gewesen wäre. Dies hätte man allein durch den Einsatz von OBUs erreichen können.

Wir müssen also davon ausgehen, dass es Absicht war, die Nummernschilder aller vorbeifahrenden Autos zu fotografieren, die Bilder auf einem Zentralcomputer abzuspeichern und dort auszuwerten und so in der Lage zu sein, ein Bewegungsprofil von allen zu erstellen, die eine Autobahn benutzen.

Das bedeutet, es muss eine Verschwörung zur Totalüberwachung der Menschheit vorliegen. Das ist etwas, das Sascha Lobo so niemals sagen würde, denn dadurch gräbt man natürlich erheblich tiefer, als wenn man lediglich die Auswirkungen, d. h. die Symptome der »Krankheit Totalüberwachung« schildert. Wenn man sich nicht um den Erreger kümmert, wird man das Leiden niemals kurieren können.

An Lobos Beispiel wird die Verschwörung sehr schön deutlich: Toll Collect selbst hat ein Interesse daran, Maut zu kassieren. Das Unternehmen interessiert sich aber nicht dafür, wer wann wo entlanggefahren ist. Folglich muss jemand die Designer des Systems »irgendwie überredet« haben, die eigentlich überflüssige Funktion des Fotografierens der Nummernschilder in das System einzubauen.

Wenn man jedoch nach den Hintergründen fragt und immer weiter gräbt, so stößt man über eine Hierarchie von zumeist unwissenden Handlangern auf eine uralte Verschwörung, die sich auf die Säulen Religion, den daraus abgeleiteten Sozialismus und das Finanzsystem stützt. Das Fundament dieser Säulen bildet die Totalüberwachung, wobei der feste Glaube an deren Existenz bereits ausreicht – früher in Form des alles wissenden, strafenden Unholds JHWH, heute in Form des allwissenden Internets.

Dieser Absicht, [Systemen ein Überwachungsmoment einzubauen], *möchte ich einen Namen geben: »Surveillance by Design«*[101]*. Wenn man eine so großartige Technologie wie Toll Collect plant, die dazu dienen soll, unsere Straßen noch besser und sicherer zu machen, dann muss man sich aber fragen, warum man nicht einfach nur die OBUs verwendet und deren Daten dann satellitengestützt ausgewertet hat. Man hätte sich auch für eine ganze Reihe anderer Lösungen entscheiden können, aber man hat »zufälligerweise« eine Technologie ausgewählt, die extrem überwachungsfreundlich ist. Was für ein riesiger Zufall.*

Interessanterweise stellt Lobo an dieser Stelle ironisch fest, dass man schon ziemlich einen an der Waffel haben muss, das eingebaute Überwachungsmoment für Zufall zu halten. Dass die Existenz des so wunderschön aufeinander aufbauenden logischen Regelkreises (Schüren von Hass in den Herkunftsländern der U-Migranten[102] → U-Migration in den Westen → gesteigerte Kriminalität und Terroranschläge im Westen →

---

[101] Was ich nicht ganz wörtlich, aber umso treffender mit »eingebautes Überwachungsmoment« übersetzen möchte.

[102] Durch Drohnenangriffe auf durch Totalüberwachung identifizierte Zielpersonen, siehe Abb. 2.5.1

Begründung für Totalüberwachung → Schüren von Hass in den Herkunftsländern der U-Migranten → …) ebenfalls kein Zufall ist, wird von Lobo noch nicht einmal erwähnt.

Ich glaube, dass wir als Bürger darauf achten müssen, dass dieses »Surveillance by Design«, dieses eingebaute Überwachungsmoment in den Fortschritt selbst, zurückgedrängt wird. Da der Fortschritt an so vielen Fronten gleichzeitig stattfindet, glaube ich, dass digitale Gräben im Bereich Überwachung nicht existieren.

Um es klar zu sagen: Jene Leute, die das Internet exzessiv nutzen, und jene, die sich dahingehend zurückhalten (digitaler Graben), werden gleichermaßen mithilfe des Internets überwacht (in dieser Hinsicht existiert kein Unterschied, kein »digitaler Graben«).

Dieses Beispiel »Toll Collect« zeigt, dass es völlig egal ist, ob man bloggt oder Facebook oder Twitter nutzt. Man ist Teil einer digitalen Vernetzung von Steuerdaten über Patientendaten und allen möglichen anderen Daten wie Bezahlungsdaten. Neun von zehn Bezahlvorgängen in Deutschland stehen heute im Zusammenhang mit dem Internet.

Speziell die Überwachung mittels Steuerdaten habe ich ausführlich geschildert.[103] Die Überwachung mittels Patientendaten wird uns im weiteren Verlauf noch häufiger begegnen.

2.3 Überwachung als Mittel zur Bestrafung

Die spannendste Frage ist nun, wofür diese Überwachung letztlich verwendet wird.

Dem kann ich nur zustimmen. Im Prinzip handelt dieses Buch von der Beantwortung dieser Frage.

Denn dass sie stattfindet, ist schließlich keine Frage mehr. Betrachten wir zur Beantwortung der Frage nach der Verwen-

[103] von Salomon (2014b), S. 274ff

dung den Extremfall [nämlich, dass Überwachung dazu dient, Menschen ohne Gerichtsverfahren hinzurichten, wie wir gleich von Herrn Lobo erfahren werden]. *An dieser Stelle müssen wir einem Mann danken, der einen Moment lang* [bei einer Rede, siehe unten] *unachtsam war. Es handelt sich um US-General Michael Hayden*[104]*.*

Er war Direktor von NSA und CIA. [Also ein Akkreditierter 1. Ordnung.] *Im April diesen Jahres* [2014] *entfleuchte ihm bei einer Podiumsdiskussion im Rahmen des jährlich stattfindenden »Foreign Affairs Symposium« an der Johns Hopkins University ein Satz, der, von offizieller Seite erstmalig ausgesprochen, in dieser Schärfe bislang ungehört war, obwohl es alle wussten: »We kill people based on metadata*[105]*«.*

An dieser Stelle möchte ich Sie, liebe Leser, dafür sensibilisieren, dass wir uns nun dem Kern der Sache nähern: Welche Daten sind relevant und wozu werden sie verwendet? Sascha Lobo schildert hier den Extremfall, der nichts mit abstrusen »Verschwörungstheorien« zu tun hat, sondern nachweislich von »Rechtsstaaten« wie den USA oder Großbritannien praktiziert und von der Bundesrepublik Deutschland unterstützt wird: das Töten von Menschen. Selbstverständlich werden wir auch weniger extreme Verwendungsmöglichkeiten der durch Totalüberwachung gewonnenen Daten diskutieren.

Doch zunächst einmal erklärt uns Herr Lobo, was das denn für Daten sind, die man »Metadaten« nennt und die für die Überwacher so wichtig sind:

Metadaten sind Daten ***über*** *Daten. Wenn man zum Beispiel ein digitales Telefonat führt, was heute auf die allermeisten Telefonate zutrifft, dann gibt es zwei Sorten von Daten. Die einen sind der Inhalt* [d. h. die digitalisierte Sprache der Telefonierenden inklusive der Hintergrundgeräusche], *die anderen sind die Metadaten, die beinhalten, wer mit wem wann telefo-*

---

[104] http://de.wikipedia.org/wiki/Michael_V._Hayden

[105] Wir töten Menschen auf Basis von Metadaten.

niert hat, die Dauer des Gesprächs, wo die Teilnehmer waren und ob sie sich beim Gespräch bewegten und so weiter.

Es mag die meisten Menschen überraschen, aber Metadaten sind extrem machtvoll, sie können sehr viel über einen Menschen aussagen. Wenn man alleine die Bewegungs-Metadaten heranzieht, die ein ganz normales Handy erheben kann, dann sind die Bewegungsmuster einer einzigen Woche eindeutiger in der Zuordnung zu einer Person als ein Fingerabdruck. So viel zur Funktion von Metadaten zur Identifikation von Personen.

Dazu möchte ich ein paar Hintergrundinformationen einfügen:

Ein Mobiltelefon ist gleichzeitig auch ein Messgerät – ein Faktum, das den meisten Menschen nicht bewusst ist. Es misst permanent die Signalstärken, die von den verschiedenen Mobilfunkmasten in der Umgebung ausgehen und »bucht« sich dann in die Funkzelle mit der höchsten Signalstärke ein.

Wenn sich das Mobiltelefon bewegt, kann ein anderer Sendemast im Laufe eines Telefonats eine höhere Signalstärke haben, dann bucht sich das Mobiltelefon in die Funkzelle des »stärkeren« Sendemastes ein. Dieser Wechsel von einer Zelle in die nächste geschieht für den Benutzer des Geräts unbemerkt – das Gespräch wird durch den Funkzellenwechsel nicht beeinflusst.

Die eindeutigen Identifikationsnummern der Zellen (Cell-ID), über die das Telefonat abgewickelt wurde, werden im Metadatensatz, der für jedes Telefonat angelegt wird, abgespeichert. Die Positionen der Funkzellen sind natürlich bekannt, weshalb man daraus auf die Position des Telefonierenden schließen kann. Im Stadtgebiet erreicht man dabei eine Genauigkeit von ca. 300 Metern.

Diese Genauigkeit kann um eine Größenordnung, d. h. auf ca. 30 Meter, verbessert werden, indem im ersten Schritt das Mobiltelefon die Signallaufzeiten von mindestens zwei benachbarten Sendemasten misst und diese Daten an den Sendemast überträgt, in den es eingebucht ist. Im zweiten Schritt messen sogenannte »Location Measurement Units (LMUs)«[106] die gleichen Signallaufzeiten. Aus den Messungen des Mobiltelefons und der LMUs kann dann die Position bestimmt werden. Das Verfahren wird »Enhanced Observed Time Difference« genannt.

Es ist verblüffend, aber wahr, dass die Bewegungsdaten einer einzigen Woche einen Menschen genauer identifizieren als sein Fingerabdruck. Doch die Aussagekraft von Metadaten geht weit über Bewegungsprofile hinaus, wie uns Sascha Lobo an einem Beispiel illustriert:

Was Metadaten aussagen können, kann man sich an einem einfachen Beispiel ausmalen: Wenn um 01:28 Uhr an einem Wochentag jemand ein 24-minütiges Telefongespräch mit der Selbstmord-Hotline führt, dann muss man gar nicht so genau wissen, was der Inhalt des Gesprächs war, um Rückschlüsse auf diese Person ziehen zu können.

Wie ich ausführte, kratzt die Pegida durch ihre Zuwanderungskritik nicht nur am »selbstlosen« Einsatz von Mainstream-Journalisten und Politikern für die Verfolgten dieser Welt, sondern sie wendet sich, wahrscheinlich ohne es zu wissen, gegen das grundlegende Argument für Überwachung. Deshalb greift die Pegida, wahrscheinlich unbeabsichtigt, eine der Säulen der Macht der *Bruderschaft* an.

Ich möchte niemandem Angst machen, doch es ist ein leichtes für die nachweislich illegal operierenden Behörden, herauszubekommen, wer an diesen Demonstrationen teilnahm – sofern derjenige ein Mobiltelefon bei sich trug. Dies ist natürlich eine tolle Information, mit der man beispielsweise einen Arbeitgeber unter Druck setzen kann, weil jemand, der gegen die Migration Unqualifizierter und religiös Verblendeter demons-

---

[106] Englische Bezeichnungen werden immer dann verwendet, wenn man eine Sache oder die eigene Kompetenz als bedeutsam kennzeichnen möchte.

triert, schließlich ein Nazi, Rassist usw. und deshalb nicht tragbar ist.

Ich möchte klarstellen, dass ich nicht behaupte, dass die Behörden bereits auf diese Weise agieren, doch falls der »Aufstand der Anständigen«, also Pegida, zu einer ernsthaften Bedrohung für das Establishment wird, halte ich die Wahrscheinlichkeit für ziemlich hoch, dass mit derart schmutzigen Tricks gearbeitet werden wird.

Doch es ist noch nicht einmal notwendig, dass die Behörden tätig werden, indem sie ihre Überwachungsmaschinerie anwerfen, um für sie unangenehme Zeitgenossen zu identifizieren.

Schließlich gibt es da noch die wohl ekelhafteste Sorte Mensch, nämlich die im vorauseilenden Gehorsam jeden denunziert, der Kritik am Regime übt. Auf diese Weise erhofft sich dieses Opportunistenpack gesellschaftliche Anerkennung und Karrierevorteile. Schließlich treten sie ein für die »gute« und »gerechte« Sache der Obrigkeit. Im Prinzip handelt es sich um den gleichen verkommenen Abschaum, der vor 75 Jahren Juden denunzierte und heute vermeintliche »Rassisten« an den Pranger stellt – alles nur für ein anerkennendes Schulterklopfen der scheinbar[107] herrschenden Polit- und Medienkaste und ihrer zu allen Zeiten zahlreichen Mitläufer.

Sascha Lobo bemerkte ganz richtig, dass es nicht um die Totalüberwachung des Internets geht, sondern um die Totalüberwachung mithilfe des Internets.

Genauso verhält es sich auch mit der Denunziation *mithilfe* des Internets. Zunächst wird das »Opfer« identifiziert, dann bricht über diese Menschen ein sogenannter »Shitstorm[108]« herein, in dem sich Hunderte, Tausende, in manchen Fällen sogar Zehntausende über die »Untat« des Denunzierten empören. Dann wird der Arbeitgeber des Opfers identifiziert und mit

---

[107] Tatsächlich herrschen ganz andere Leute mithilfe des Finanzsystems und der Religion.

[108] Scheißesturm, hat aber nichts mit Durchfall zu tun.

einer Flut von Beschwerdebriefen und/oder E-Mails überschüttet, bis er letztlich dem gesellschaftlichen Druck nachgibt und das Opfer feuert. Der Denunzierende und die sich empörenden Mitläufer können sich nun befriedigt in einer ganzen Badewanne voll nach Milch und Honig schmeckender Selbstgerechtigkeit zurücklehnen. Schließlich haben sie eine gute Tat vollbracht, indem sie einen ganz furchtbar bösen Menschen, also jemand, der ihrer Ansicht nach ganz furchtbar böse ist, seiner gerechten Strafe zugeführt haben.

Male ich hier nicht ein übertriebenes Blockwart- und Denunziantenszenario an die Wand, von dem die DDR nur träumen konnte? Nein, denn es handelt sich *nicht* um ein hypothetisches Szenario, sondern derartige Zustände sind bereits Realität.

Wie bei allen gesellschaftlichen Fortschritten zur Verbreitung von »Freiheit und Demokratie«, sei es die Hinrichtung tausender Menschen ohne Gerichtsverfahren, sei es die Außerkraftsetzung von Bürgerrechten, sei es der Betrieb von Foltergefängnissen, müssen wir uns nur die selbsternannte Leitkultur des Planeten anschauen. Werfen wir also einen Blick auf die Vereinigten Staaten, was sich dort im Hinblick auf die Denunziation mit darauf folgendem Arbeitsplatzverlust so tut.

In diesem Land der unbegrenzten Peinlichkeiten eröffnete eine »unbekannte Person« den Tumblr-Blog »Racists-getting-fired[109]«. Zwischenbemerkung: Wenn sich diese »unbekannte Person« nicht bald »outet«, um die Schulterklopfer des Establishments einzuheimsen, kann man mit Sicherheit davon ausgehen, dass es sich um eine gesteuerte Aktion staatlicher Behörden handelt, um die Bevölkerung einzuschüchtern.

Wie dem auch sei, SpiegelOnline berichtete ausführlich über diese Aktion eines amerikanischen Helden und strahlenden Vorbilds für jeden aufrechten (parlamentarischen) Demokra-

---

[109] »Rassisten werden gefeuert«
http://racistsgettingfired.tumblr.com/

ten[110]. Dieser Blog bzw. sein Betreiber fühlt sich offenbar von Gott oder Obama dazu berufen, Rassisten beziehungsweise was er dafür hält, in sozialen Netzwerken wie Facebook aufzuspüren, auf seinem Blog an den Pranger zu stellen und ihre Kündigung zu bewirken.

Erstes Opfer war ein Mädchen namens Karlee. Sie befindet sich in der Ausbildung zur Kosmetikerin. Da man als Auszubildende nicht besonders viel verdient, ging sie einem Nebenjob als Kellnerin nach.

Wie die meisten Jugendlichen ihres Alters, war sie auf dem Kurznachrichtendienst »Twitter« aktiv, einer Plattform, auf der geistig nicht unbedingt zu Höhenflügen neigende Menschen preisgeben, was sie denken und was sie den ganzen Tag so tun.

Neben den wesentlichen Dingen, die das Leben eines solchen in einer amerikanischen Kleinstadt aufgewachsenen Mädchens ausmachen, also Jungs, Partys, Drogen und so weiter, machte die liebe Karlee den Fehler, sich gesellschaftspolitisch zu äußern. Nach den Krawallen in der Kleinstadt Ferguson im US-Bundesstaat Missouri, ausgelöst durch einen weißen Polizisten, der einen Schwarzen erschoss, »twitterte« sie den folgenden verhängnisvollen Satz:

All diese Nigger, die die amerikanische Flagge verbrennen, sollte man nach Afrika zurückschicken.

Selbstverständlich zeugt dieser Satz einfach nur von Dummheit. Ich wäre ein Heuchler, würde ich nicht an dieser Stelle mein Verständnis für Leute gleich welcher Hautfarbe äußern, die die amerikanische Flagge verbrennen. Aber offensichtlich ist die nicht besonders helle Karlee eine amerikanische Patriotin, was für Kleinstädter in jenem Land nicht ungewöhnlich ist. Schließlich werden diese Menschen in dem Glauben erzogen,

---

[110] http://www.spiegel.de/karriere/ausland/twitter-us-rassisten-am-internet-pranger-a-1013920.html

in dem freisten und großartigsten Land des Planeten zu leben – meist sogar verbrämt mit einem gehörigen Maß an christlichem Fundamentalismus.

Vermutlich war eher dieser Patriotismus denn echter Rassismus die Ursache für ihren Satz. Karlee wollte wahrscheinlich zum Ausdruck bringen, dass Leute, die die amerikanische Flagge verbrennen, bestraft werden müssen, und weil es sich bei diesen Leuten um Schwarze handelte, befand Karlee die Rückführung nach Afrika für angemessen. Auf diese Weise drückte sie zusätzlich ihre Verachtung aus, indem sie implizierte, mit solchen Amerika-Feinden nicht zusammenleben zu wollen.

Meine kleine Analyse, dass es sich bei Karlee lediglich um eine aufgebrachte Patriotin statt einer ernsthaften Rassistin handelt, wird gestützt durch die Bemerkung des Mädchens in einem Forum, ihr Traummann sei ein gewisser Wiz Khalifa, wobei es sich um einen schwarzen Rapper handelt (ebenfalls nachzulesen auf dem von mir zitierten SPON-Artikel).

Dies steht natürlich in krassem Widerspruch zum Wesen eines Rassisten, dadurch definiert, Andersrassige, in diesem Fall Schwarze, generell für Menschen zweiter Klasse zu halten.

Für den aufgebrachten Lynchmob spielen derartige Gedankengänge, denen sie wahrscheinlich nicht einmal folgen können, offensichtlich überhaupt keine Rolle. Dieses Pack erinnert mich an den Pöbel des Mittelalters, der verurteilte Ketzer auf ihrem Weg zum Scheiterhaufen mit Steinen, faulem Obst und Eiern bewarf. »Der Shitstorm erfolgt reflexartig, niemand prüft die Vorwürfe«, hat selbst SPON richtig erkannt. Dabei lassen diese Hurnalisten natürlich unerwähnt, dass Leute wie sie die geistigen Brandstifter für die Lynchjustiz dieses rasenden Mobs sind.

Schauen wir uns nun an, wie diese Lynchjustiz im Fall Karlee genau funktionierte: Nicht einmal 24 Stunden, nachdem »Racists-getting-fired« die Denunzierungskampagne gegen das minderjährige Mädchen gestartet hatte, verlor sie ihren Nebenjob als Kellnerin. Das Restaurant, in dem sie arbeitete, laut SPON »Ballermann-ähnliche Country-Gastronomie«, wurde mit Hunderten Protestbriefen überhäuft und der Pöbel forderte auf Facebook den Boykott des Fresstempels.

»Der Druck gegen Karlee wirkte öffentlichkeitswirksam, unmittelbar und überwältigend«, stellt SPON fest. Und jetzt kommt das Beste: »Als Karlees Arbeitgeber die Kündigung bekanntgab, bedankte er sich in einer Erklärung bei all den Menschen, die auf die ›ekelerregenden Äußerungen‹ aufmerksam gemacht hatten: ›Wir haben uns schnell um dieses Individuum gekümmert‹ – und zwar fristlos.«

Krasser können die Dinge nicht mehr auf den Kopf gestellt werden: Eine derart ekelhafte Heuchelei des Arbeitgebers, der den noch viel ekelerregenderen Lynchmob nicht als Kundschaft verlieren möchte, ist wohl kaum noch zu überbieten – zumindest nicht vom einfachen Volk. Politiker und Hurnalisten schaffen das natürlich mit links[111].

Fassen wir zusammen: In der Leitunkultur USA entsteht ein neuer »Trend« – die Denunziation von Menschen, die ihrer Ansicht nach »Rassisten« sind. Wie bei jedem Trend – und sei er auch noch so bescheuert –, müssen wir davon ausgehen, dass er auch nach Europa schwappt. Es geht dabei ganz offensichtlich nicht darum, ob es sich bei dem Beschuldigten tatsächlich um einen Rassisten handelt – niemand prüft den Vorwurf –, sondern der Vorwurf alleine reicht schon aus. Was ein Rassist eigentlich ist, wird vom Ankläger definiert. Die Identifikation der Opfer in sozialen Netzwerken ist natürlich erst die Spitze des Eisbergs.

Damit können wir nun den Bogen zu den zuvor erwähnten Pegida-Demonstranten spannen. Besagte Hurnalisten haben schon einmal vorgegeben, dass es sich dabei um Rassisten,

---

[111] Wer hier eine Doppeldeutigkeit vermutet, liegt richtig.

Ausländerfeinde, Rechtsradikale und so weiter handelt, obwohl besagte Demonstranten gegen eine fundamentalistische Religion und eine in ihren Augen absurde Politik auf die Straße gehen, was herzlich wenig mit einer Rasse zu tun hat. Aber sei's drum. Der sich dem Establishment anbiedernde Mob der Pegida-Gegner wird die hurnalistische Vorgabe, was unter einem Rassisten zu verstehen ist, sicherlich gerne (und, wie immer, unreflektiert) nachplappern.

Wir brauchen also nur den durch »Racists-getting-fired« ins Leben gerufenen Trend ein wenig zu extrapolieren, um uns das folgende Szenario vorzustellen: Der Arbeitgeber eines als Rassist denunzierten Pegida-Demonstranten wird mit einem »Shitstorm« in den sozialen Medien belegt, wo zum Boykott des Unternehmens aufgerufen wird. Hunderte Emails angeblicher Kunden seines Unternehmens prasseln auf den Arbeitgeber ein. Schließlich beugt er sich dem »öffentlichen Druck« und entlässt den angeblichen Rassisten.

Wie gesagt, die Hurnalisten sind gerade dabei, ein solches Szenario durch ihre Verleumdungen zu ermöglichen. Damit wäre dann das Ziel erreicht:

Kaum jemand würde es noch wagen, eine vom Mainstream abweichende Meinung öffentlich zu äußern. Man weiß nie, wer einem zuhört und den Regimekritiker als vermeintlichen Rassisten in einem Blog wie »Ich-bin-ein-ganz-toller-Staatsbürger-und-scheiße-deshalb-jeden-als-Rassisten-an-der-den-ideologischen-Vorgaben-widerspricht« denunziert.

Denunziation beim Arbeitgeber mag vielleicht nicht greifen, wenn der Demonstrant bei einem mittelständischen Familienunternehmen arbeitet, dessen Eigentümer womöglich ebenfalls bei den Demonstrationen mitmarschiert und dem die linksgrünversiffte Kundschaft egal ist. Ist man jedoch bei einem Großkonzern im Allgemeinen und einem Medienkonzern im Speziellen beschäftigt, also Unternehmen, die durch Fremdkapital (also letztlich durch die Finanzelite) gesteuert werden und deshalb ganz doll auf »Diversity« usw. setzen, dann, liebe Leser, sieht die Sache vielleicht ein bisschen anders aus.

Noch ist es vielleicht nicht soweit, dass diese oder eine ähnliche Karte gezogen wird, doch noch mal: Was würde wohl passieren, wenn eine Bewegung wie die Pegida oder eine ihr nachfolgende Bewegung immer weiter wächst und irgendwann eine ernste Bedrohung für das Regime darstellt?

Dann ist die Gefahr vorhanden, dass staatliche Behörden direkt zur Denunziation greifen oder eben über »unbekannte Personen«, die einen Blog betreiben, oder über tatsächlich von den Medien dazu aufgestachelte, selbsternannte Blockwarte. Letztere sind übrigens eine wichtige Komponente in totalitären Regimes.

Doch zurück zur Verwendung von Metadaten und dem Vortrag von Sascha Lobo:

Was also wird mit diesen Metadaten – und Überwachung bezieht sich in den allermeisten Fällen auf Metadaten – getan?

Eine theoretische Möglichkeit habe ich soeben genannt. Doch die Möglichkeit des Arbeitsplatzverlusts ist natürlich nichts im Vergleich zum Lebensverlust, den Lobo nun zutreffend schildert (die heftigen Dinge überlasse ich ihm, um nicht den Verdacht aufkommen zu lassen, ich würde an irgendeiner Stelle übertreiben).

Mit diesen Metadaten – das ist seit 2010 bekannt – werden Menschen ermordet –, also genau das getan, was Michael Hayden kürzlich zugegeben hat. Das Magazin Wired veröffentlichte im Jahre 2010, also lange vor Snowden, einen Artikel der beschrieb, wie die CIA mithilfe von Drohnen Menschen tötet, deren Namen sie nicht einmal weiß[112]*.*

Das ist tatsächlich seit rund zehn Jahren Realität: Drohnen fliegen los und bringen Leute um. Sie tun das weltweit und sie tun das allein auf Basis von Metadaten. Man weiß also nicht

112 http://www.wired.com/2010/05/no-name-terrorists-now-cia-drone-targets/

einmal, dass es sich um Mohamed al Sowieso handelt. Man glaubt lediglich, dass die unbekannte Person ein ganz böser Terrorist ist und deshalb sicherheitshalber mal eben umgebracht werden soll. Man weiß lediglich etwas über die SIM-Karte eines Mobiltelefons und womit diese wann und wo kommuniziert hat.

Um die Größenordnung dieses Treibens zu skizzieren: Der republikanische Senator Lindsey Graham[113] *gab im Februar 2013 zu, dass Drohnen bis dahin 4.700 Menschen weltweit getötet haben. Die genaue Zahl ist unbekannt, denn da redet die US-Regierung nicht so gerne drüber. Doch dieser republikanische Senator ist der Übertreibung recht unverdächtig, denn er gehört zu den Falken.*

Interessanterweise wirbt Graham für die Integration von illegalen Einwanderern in die USA und will ihnen »eine zweite Chance« geben[114]. Er gehört also einerseits zu den Falken, die die Ermordung von Menschen mittels Drohnen auf Basis von Metadaten gutheißen, und spielt andererseits den barmherzigen Samariter, dem das Schicksal der armen illegalen Einwanderer am Herzen liegt.

Soviel Heuchelei muss man erst einmal absondern, ohne vor Scham im Boden zu versinken.

Der Leser mag sich seinen Teil dazu denken, ob hinter dem zur Schau getragenen Humanismus des Senators im Zusammenhang mit illegaler Zuwanderung nicht vielleicht, außer der Verbesserung seines Ansehens in der Öffentlichkeit als Menschenfreund, noch eine andere Absicht steckt (siehe Regelkreis zur Totalüberwachung, Abb. 1.12.1). Schließlich erzeugen Kriminalität und ethnische Konflikte einen Bedarf an »Sicherheit«, wofür man wiederum Überwachung braucht. Aber was red' ich und ziehe den ehrenwerten Senator hier in den

---

[113] http://de.wikipedia.org/wiki/Lindsey_Graham

[114] http://www.spiegel.de/politik/ausland/us-senat-entscheidet-fuer-einwanderungsreform-a-908280.html

Schmutz. Schließlich bin ich ja nur ein verrückter Verschwörungstheoretiker.

Er [Senator Graham] *ließ diese Zahl bei einem Vortrag in einem Rotary Club in South Carolina so ganz nebenbei fallen. Ich glaube, dass diese Zahl im Februar 2013 stimmte, doch in der Zwischenzeit ist einiges passiert. Dies brachte John Oliver*[115] *auf den Punkt. Er zelebriert auf Comedy Central eine einzigartige Form von Journalismus, indem er innerhalb einer Viertelstunde die tatsächlich drängenden politischen Punkte des Weltgeschehens erklärt und das Ganze auch noch mit Humor würzt. Ende September 2014 referierte er zum Thema Drohnen. Ich möchte ihn an dieser Stelle »on the fly« übersetzt zitieren:*

»Genau jetzt haben wir eine Regierung, die sagt, dass sie das Recht hat, jeden, jederzeit, überall auf der Welt zu töten, und zwar aus geheimen Gründen, basierend auf geheimen Beweisen, die in geheimen Prozessen von unidentifizierten Offiziellen herausgefunden wurden.«

Man beachte, dass es sich hier um westliche Regierungen, speziell die britische und amerikanische, handelt – zur deutschen kommen wir noch – und nicht etwa um die finstere Diktatur irgendeiner Bananenrepublik.

Wer also glaubt, eine solche Regierung, die jegliche Rechtsprinzipien verhöhnt, habe das Wohl der Bevölkerung im Sinn, weshalb Totalüberwachung in ihrer Hand etwas Gutes sei, sollte sich dringend psychiatrische Hilfe suchen.

[115] http://de.wikipedia.org/wiki/John_Oliver_(Schauspieler)

John Oliver fügt an, dass ihn das ängstigt und ich kann das verstehen. [Ich auch.] *Es ist also ein Drohnenkrieg im Gange und wenn hierzulande jemand fragt, was eigentlich schlimm an der Überwachung ist, weil man ja schließlich nichts zu verbergen hat, so kann man nur entgegnen: Du glaubst nicht, dass das schlimm ist, weil du in einem Land lebst, in dem keine Drohnen umherfliegen und dich töten. Wenn man im Jemen lebt oder in Teilen von Somalia oder in Afghanistan oder in Pakistan, dann sieht es anders aus.*

Das schließt natürlich nicht aus, dass man in Deutschland anhand von Metadaten als Regimegegner identifiziert wird, was durchaus empfindliche Sanktionen nach sich ziehen könnte. *Und es ist eben nicht so – das ist der Kern der Überwachung –, dass nur die bösen Leute sterben. Selbst wenn es nur böse Leute wären, so wäre es immer noch völkerrechtswidrig, weil man nicht einfach so Leute umbringen kann. Das geht noch nicht einmal im Krieg und da ist ja angeblich alles erlaubt.*

Tatsächlich geschieht dieses Morden jeden Tag und es trifft auch Leute, die völlig unschuldig sind – dramatisch unschuldig. All das passiert auch im Hoheitsbereich unserer geliebten Bundesregierung [gemeint ist: mit deren Unterstützung].

Vor einigen Wochen hat, laut Tagesschau, ein Drohnenopfer Deutschland verklagt – und zwar auf der Basis von Recherchen des NDR, WDR und der Süddeutschen Zeitung. Die Drohnen sind unbemannt und haben einen Piloten, der das Tötungsgerät per Fernsteuerung bedient.

Und wie es der Teufel will, geschieht dies mit Unterstützung der Militärbasis Ramstein. Gleichzeitig ist die Überwachung deutscher Telekommunikationsnetze [was ebenfalls mit Zustimmung der Bundesregierung geschieht] *für die amerikanischen Behörden so wichtig, weil viele Daten, die in den Nahen*

Osten weitergeleitet werden oder aus dem Nahen Osten kommen, über Deutschland gehen.

Aus deutschen Netzwerken abgegriffene Daten helfen also, Unschuldige überall auf der Welt völkerrechtswidrig zu ermorden. Das ist nicht etwa ein- oder zweimal oder aus Versehen geschehen, sondern 4.700-mal in den letzten Jahren [Stand: Februar 2013]. *Das ist die Mindestzahl. Es gibt Leute, die von 6.000 Ermordeten ausgehen und einem Drittel davon unschuldiger Kinder.*

Den Prozentsatz der Unschuldigen kann ich genauso wenig beweisen wie die Gesamtzahl. Es sind jedoch vergleichsweise häufig Kinder unter diesen Opfern. Warum? Auch das hängt mit der Art und Weise der Überwachung zusammen. Dazu möchte ich zwei Fachbegriffe anführen: »Big Data« und »Patterns of Life«. Diese Begriffe bezeichnen die Analysemethoden, die dazu führen, dass Menschen per Drohne ermordet werden.

Dazu ein paar Anmerkungen von meiner Seite: Bei »Big Data« geht es um die Verarbeitung riesiger Datenmengen, die aus unterschiedlichen Quellen stammen können. Ziel der Verarbeitung ist es, zwischen diesen völlig unterschiedlichen Datensätzen Korrelationen abzuleiten.

Wenn jemand beispielsweise häufig mit einem Terrorverdächtigen kommuniziert und irgendwann ein Internet-Forum besucht, in dem die Herstellung von Sprengstoff aus Düngemitteln diskutiert wird, dürfte er beim NSA-Aufmerksamkeitswettbewerb ziemlich weit vorne liegen.

Die Verfahren, die zur Erkennung derartiger Zusammenhänge verwendet werden und daraus gewisse Wahrscheinlichkeiten für eine spezielle Eigenschaft ableiten (z. B. »Du bist ein böser Terrorist«), werden neben den dazu notwendigen Datensätzen unter dem Begriff »Big Data« zusammengefasst.

Außer der Totalüberwachung durch den Staat und dem damit verbundenen Wegballern wahrscheinlicher Terroristen, gibt es natürlich auch kommerzielle Anwendungen von »Big Data«.

Da wäre zum Beispiel die Berechnung von Wahrscheinlichkeiten anhand des Nutzerverhaltens, welche Produkte jemand wohl bereit ist zu kaufen.

Ein anderes interessantes Beispiel ist eine Studie aus dem Jahre 2009: Alleine aus dem sozialen Umfeld eines männlichen Facebook-Nutzers lässt sich mit hoher Trefferquote schließen, ob derjenige schwul ist (unabhängig davon, ob er dies bei Facebook angegeben hat oder nicht)[116].

Bitte bedenken Sie, dass es bei den Korrelationen zwischen den Datensätzen immer nur um Wahrscheinlichkeiten geht, die anhand irgendeines mehr oder weniger sinnvollen Algorithmus berechnet werden. Dies bedeutet, dass durch die Auswertung großer Datenmengen systembedingt Menschen Eigenschaften zugeordnet werden, die sie überhaupt nicht haben.

Dazu ein triviales Beispiel aus eigener Erfahrung: Ein Bekannter war bei mir zu Besuch und wir unterhielten uns über Laptops. Ich favorisierte einen bestimmten Hersteller, er einen anderen. Um mir zu zeigen, dass sein Lieblingshersteller ein besseres Preis-Leistungsverhältnis bot als meiner, bat er mich, mal eben die Webseite seines Lieblingsherstellers aufzusuchen. Anhand der dort aufgelisteten technischen Spezifikationen wollte er seine Meinung untermauern. Gesagt, getan.

Das Ergebnis war, dass ich anschließend wochenlang Werbebanner dieses Herstellers eingeblendet bekam – auch bei meinen täglichen Recherchen der Regime-Medienmärchen auf der SPON-Webseite oder der Aktualisierung meiner IT-Kenntnisse bei Heise online. Tatsächlich zog ich überhaupt nicht in Erwägung, mir einen neuen Laptop anzuschaffen. Mir wurde also eine Eigenschaft zugeordnet (»Der möchte sich einen neuen Laptop des Herstellers XY kaufen«), die ich überhaupt nicht hatte. Der inhärente Systemfehler des Big-Data-Konzepts, der bei mir lediglich zur nervigen Einblendung für mich uninteres-

[116] http://firstmonday.org/article/view/2611/2302

santer Produkte führte, mag bei jemandem, der in Syrien oder Pakistan lebt, durchaus dramatischere Konsequenzen haben.

»Was interessiert mich Syrien oder Pakistan?«, werden Sie jetzt vielleicht denken. Dann überlegen Sie sich mal, was in Deutschland passiert, falls gesellschaftliche Entwicklungen hier zu einer Gefährdung des Regimes führen.

Dann werden vielleicht nicht gleich Drohnen über Deutschland fliegen und potenzielle Regimegegner ausknipsen (obwohl auch das nur eine Frage des Ausmaßes der Gefährdung des Regimes ist), aber wenn man dann auf der Basis obskurer Algorithmen mit einer gewissen Wahrscheinlichkeit als Regimefeind identifiziert wird und dann gesellschaftlich und wirtschaftlich fertig gemacht wird, reicht das auch fürs Erste.

Das ist dann auf jeden Fall schon mal nerviger, als dauernde Werbeeinblendungen, aber vielleicht nicht ganz so nervig, wie von einer Drohne beschossen zu werden.

Den Begriff »Patterns of Life« erklärt der liebe Sascha Lobo dann auch gleich selbst anhand eines Beispiels:

Hier haben wir eine Visualisierung der »Patterns of Life« [siehe Abb. 2.4.1] *der Tsarnaev-Brüder, die in Boston den Anschlag*[117] *geplant haben, und zwar nur anhand von öffentlich zugänglichen Daten.*

---

[117] Terroranschlag auf die Teilnehmer und Zuschauer des Boston-Marathons am 15. April 2013, 3 Tote, 264 Verletzte. Die Familie Tsarnaev emigrierte 2002 in die USA, wo sie Asyl beantragte. Der Anschlag hatte einen islamistischen Hintergrund.

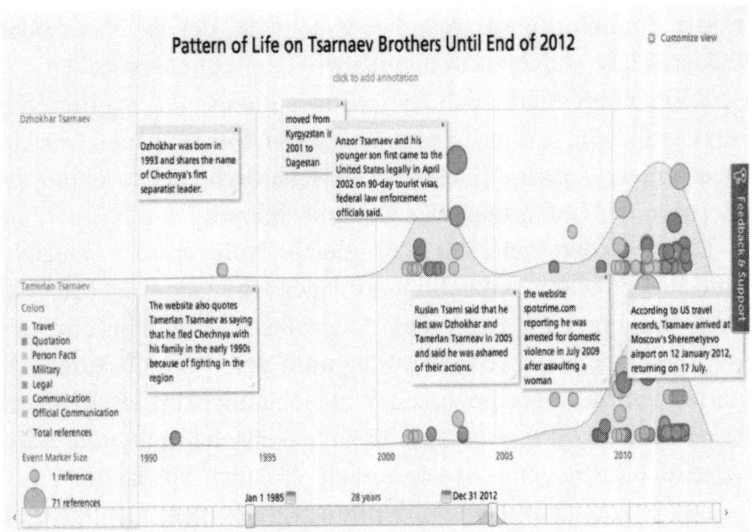

Abb. 2.4.1: »Patterns of Life« der Tsarnaev-Brüder, die den Anschlag auf den Boston-Marathon planten und durchführten. Quelle: https://www.recordedfuture.com/pattern-of-life-the-tsarnaev-brothers/

Diese Visualisierung hat eine Firma aufbereitet, die damit Werbung machen wollte. »Patterns of Life« sind die Muster eines Lebens, die man mithilfe von Überwachung herausfiltern kann. Ich habe vorhin schon erwähnt, dass das Bewegungsmuster eines Handys, das Teil des »Patterns of Life« ist, den Träger innerhalb einer Woche eindeutiger als durch einen Fingerabdruck identifizieren kann.

Tatsächlich ist die »Patterns of Life Analysis« und die zugehörige ABI (Activity Based Intelligence, d. h. Aufklärung/Überwachung anhand der Aktivitäten von Menschen), zentral dafür verantwortlich, dass man die Leute herausfindet, die man per Drohne ermorden möchte. Es gutzuheißen, Leute aufgrund von Wahrscheinlichkeiten, berechnet mithilfe obskurer Algorith-

men, umzubringen, ist eine Frage der Haltung [im Sinne von innerer Einstellung]. *Warum ist es das? Wir haben zuvor gehört, dass die CIA mit Drohnen Menschen umbringt und zwar auf Basis von Daten, die auch von der Bundesregierung bereitgestellt werden (ich verallgemeinere da ein wenig), wobei man nicht mal die Namen der Ermordeten kennt. Die Identifikation erfolgt lediglich über die »Patterns of Life«. Und das ist die damit verbundene Haltung: Die Annahme, dass Wahrscheinlichkeiten die Realität bestimmen (Wahrheit – Schein – Wahrscheinlichkeit).*

Weiter unten werde ich noch ausführlich darauf eingehen, dass eine solche Haltung einem Denkfehler zugrunde liegt und zwar dem, dass man mithilfe eines groben Modells der Wirklichkeit, codiert in einem Softwarealgorithmus, die Realität exakt beschreiben könnte. Wenn Politiker und Geheimdienstler ein wenig mehr Ahnung von Naturwissenschaft hätten, wüssten sie, dass das Unsinn ist. Zur Ungenauigkeit des zugrunde liegenden Modells kommt dann auch noch die Ungenauigkeit des Tötungsmechanismus:

Konkret bedeutet dies, dass nicht eine Person mit den Raketen der Drohne beschossen wird, sondern ein Handy, beziehungsweise eine SIM-Karte. Getötet wird der Mensch in unmittelbarer Nähe der »bösen« SIM-Karte.

Diese SIM-Karte ist Basis der Identifikation – es gibt noch ein paar anderen Methoden, gerade was Handys angeht. Dieser SIM-Karte wird über die »Patterns of Life« eine bestimmte Wahrscheinlichkeit zugeordnet, dass jemand Terrorist ist.

Oder Regime-Gegner, unbequem für das Establishment etc.

Auf diese Weise wird dann berechnet, dass SIM-Karte A mit 97 %iger Wahrscheinlichkeit »Terrorist« ist, weil sie mit SIM-Karte B telefoniert hat, zur SIM-Karte C eine SMS geschrieben hat, sie war zum Zeitpunkt X am Ort Y und hat laut Kaufprofil Insektenvertilgungsmittel und Puderzucker gekauft. Die Wahrscheinlichkeiten werden aufaddiert und ab einem bestimmten

Schwellwert fliegt die Drohne los und bringt denjenigen um. Genau das ist 4.700 mal in den letzten Jahren passiert, Stand Februar 2013.

Von manchen wusste man den Namen, von vielen wusste man ihn nicht, unschuldig war jedoch vermutlich mehr als die Hälfte der Ermordeten. Wenn wir also den Standpunkt vertreten, Überwachung sei nicht so schlimm, so akzeptieren wir den Status Quo, genau das zu tun: Die Wahrscheinlichkeit, dass jemand unter Umständen Terrorist sein könnte, dazu zu benutzen, denjenigen, und alle die zufällig darum herum stehen, zu ermorden.

Mit anderen Worten: Wir akzeptieren ein ungenaues Modell der Realität, auf dessen Basis Tötungsentscheidungen getroffen werden, ohne dass der »Verurteilte« die Möglichkeit hätte, sich vor einem ordentlichen Gericht zu verteidigen. Zusätzlich akzeptieren wir die Ungenauigkeit des Tötungsmechanismus. Schließlich feuert die Drohne eine Rakete ab und die radiert in einigen Metern Umkreis um die SIM-Karte herum alles Leben aus. Wer sich in der Nähe aufhält, hat also einfach Pech gehabt.

Das ist immer noch technologische Realität. Am 12. Dezember 2013 hatte jemand in der jemenitischen Zentralprovinz Al-Baida offensichtlich die falsche SIM-Karte dabei oder der Algorithmus kam [ähnlich wie bei der mir unterstellten Laptop-Kaufabsicht] *zu einem falschen Ergebnis. Zu jenem Zeitpunkt waren dort Menschen, darunter schwangere Frauen und Kinder, auf dem Weg zu einer Hochzeitsgesellschaft. Dann schlug eine Rakete ein und ermordete alle*[118]*. Nicht so geil. Vor allem, wenn man bedenkt, dass sich der Jemen nicht im Kriegszustand mit den Vereinigten Staaten befindet. Da drüben heiratet also jemand, dann platzt eine Rakete in die Hochzeitsgesellschaft – 12 Tote. So fühlt es sich für die jemenitische Bevölkerung an.*

Halten wir kurz inne.

---

[118] http://www.spiegel.de/politik/ausland/us-drohne-schlaegt-in-hochzeitszug-in-jemen-ein-a-938971.html

Erneut geht Lobo nicht darauf ein, dass hinter all dem vielleicht ein System stecken könnte. Er erkennt zwar, wie Systeme wie »Big Data« und »Patterns of Life« funktionieren, er ist aber offensichtlich nicht willens, zu erkennen, dass diejenigen, die die von ihm so scharf kritisierte Totalüberwachung betreiben, diejenigen sind, die Folgendes tun:

Sie fördern massiv den Zuzug von Menschen mit archaischem, religiös fundamentalistischem Gesellschaftsverständnis[119] und diskreditieren jeden nicht minder massiv, der das nicht so toll findet.

Gleichzeitig schüren Sie den Hass auf den Westen in den Herkunftsländern dieser Menschen, indem ohne jedes Verfahren Menschen durch Drohnen hingerichtet werden, ob schuldig oder nicht, oder indem mit fadenscheinigen Gründen Eroberungskriege gegen diese Länder mit hunderttausenden toten Zivilisten geführt werden, um dann – ich behaupte ganz bewusst –, gesellschaftliches Chaos zurückzulassen[120]. Dabei wird der gesellschaftliche Bodensatz der USA, der nirgends, außer beim Militär, Arbeit findet, auf die eroberten Länder losgelassen. Die US-Prolls führen sich dann auf wie die Könige und behandeln die einheimische Bevölkerung nicht selten wie Dreck. Beispiele von Misshandlungen und Erniedrigungen gibt es so reichhaltig, dass ich sie hier nicht zitieren muss.

Diese Politik der Migration aus solchen Ländern, in denen man nach allen Regeln der Kunst durch US-Terrorismus den Hass auf den Westen schürt, erzeugt genau die Terrorgefahr, die man als Basisargument für die Totalüberwachung braucht. Ich wage zu behaupten, dass Sascha Lobo nicht so blöd ist, diese mehr als offensichtlichen Zusammenhänge nicht zu erkennen. Nur: Warum sagt er das nicht, sondern vertritt einen

[119] Natürlich trifft dies beispielsweise nicht auf alle Angehörigen islamischen Glaubens zu. Für die Zwecke der Totalüberwacher reicht es jedoch schon, wenn dies auf einen gewissen Prozentsatz zutrifft.

[120] Beispielsweise die Kriege gegen den Irak.

überwachungsfördernden Standpunkt mit seiner Pegida-Kritik? Die Antwort kann nur lauten, dass freie Meinungsäußerung zur hohlen Phrase geworden ist, weil die freie Äußerung der Meinung im »freiesten Staat, der jemals auf deutschem Boden existiert hat«, empfindlich sanktioniert wird, sofern diese Meinung dem linksversifften Establishment nicht in den Kram passt.

Schauen wir uns das Schüren von Hass in den Herkunftsländern der muslimischen Migranten etwas näher an. Verstehen kann man dies am besten, indem man sich in »den Anderen« hineinversetzt – eine Fähigkeit, die im Laufe der Evolution übrigens zur Ausprägung unseres Cortexes und damit des bewussten Denkens geführt hat. Aber dies nur nebenbei.

Stellen wir uns also vor, das Verhältnis des Westens zu den muslimischen Ländern wäre genau umgekehrt. Im arabischen Raum hätte die Aufklärung stattgefunden, in deren Folge Wissenschaft, Künste und Kultur erblüht wären. Bei uns hätte nach wie vor die christliche Kirche das Ruder fest in der Hand und wir befänden uns kulturell im finstersten Mittelalter. Die Araber würden mit schöner Regelmäßigkeit mal in Italien, mal in Deutschland, mal in England einfallen, wobei jedes Mal ein paar hunderttausend Europäer draufgehen. Und wenn sie gerade nicht irgendwo einfallen und unsere religiösen Stätten schänden, dann ballern sie mit seelenlosen Drohnen Leute über den Haufen, von denen sie glauben, dass die ein wenig zu aufmüpfig waren. Das trifft manchmal zu, manchmal trifft es aber auch eine Hochzeitsgesellschaft, und die zerfetzten Körper von schwangeren Frauen liegen dann in der Gegend herum.

Wie würde Ihnen das gefallen? Also, ich hätte schon Lust, die Leute, die dies meinem Volk, möglicherweise meinen Freunden und Bekannten, angetan haben, zur Hölle zu schicken. Und dann stellen Sie sich vor, die gleichen gottlosen Mörder bieten Ihnen dann auch noch an, aus Ihrem Chaosland zu entkommen, in dem Sie jederzeit aus heiterem Himmel von einer Drohne über den Haufen geschossen, von einem religiösen Fanatiker in die Luft gesprengt oder Opfer eines mal wieder stattfindenden Angriffskriegs der militärisch weit überlegenen Araber werden können. Stattdessen bieten ihnen die Mörder an, irgendwo in Mörderland fürs Nichtstun mehr Geld zu bekommen, als Sie durch ehrliche Arbeit in ihrem chaotischen Herkunftsland verdienen können. Wäre das nicht eine perfekte Einladung, die Schweine für ihre Verbrechen erst einmal ein wenig finanziell bluten zu lassen und ihnen dann zu gegebener Zeit eine schicke Bombe unters Gesäß zu schieben?

Worauf ich hinaus will: Es gibt unter den Einwanderern aus dem Nahen Osten zweifellos Menschen, die aus dem Nahen Osten nach Deutschland kommen, hier alle möglichen Formen staatlicher Unterstützung abgreifen, eine große Klappe haben und immer mehr Geld und Rechte einfordern, manche sind kriminell und aggressiv und treten hin und wieder mal jemanden tot, manche wollen sogar Terroranschläge auf unseren Bahnhöfen (oder sonst wo) durchführen. Doch wer Hass auf diese Menschen empfindet, denkt, beziehungsweise fühlt, in die falsche Richtung. Wenn man sich die Mühe macht, sich in sie hineinzuversetzen, ist ihr Verhalten sogar verständlich. Stattdessen sollte man sich besser auf diejenigen konzentrieren, die diesen Regelkreis aus Schüren von Hass in den Herkunftsländern der U-Migranten[121] → U-Migration in den Westen → gesteigerte Kriminalität und Terroranschläge im Westen → Begründung für Totalüberwachung → Schüren von Hass in den Herkunftsländern der U-Migranten → … etabliert haben (siehe Abb. 1.12.1).

Die gleiche Argumentation, dass es falsch ist, ganze Ethnien pauschal zu hassen, funktioniert übrigens auch in umgekehrter Richtung, d. h. an die Adresse jener Migranten, die eine Bombenidee zu haben glauben, ihre Rache zu verwirklichen oder in den Himmel zu kommen, um 72 Jungfrauen zu … verwöhnen.

[121] Durch Drohnenangriffe auf durch Totalüberwachung identifizierte Zielpersonen, siehe Abb. 2.5.1 weiter hinten im Buch.

Wenn Ihr, werte Islamisten, die ihr ein paar »Ungläubige« beispielsweise in einem Bahnhof in die Luft sprengt, trefft mit ziemlicher Sicherheit nicht diejenigen, die Euer Volk mit Drohnen beschießen und Angriffskriege gegen Euch führen lassen. Im Gegenteil – damit spielt Ihr jenen Leuten sogar genau jene Trümpfe zu, die sie zum Etablieren und Weiterentwickeln von Totalüberwachung brauchen und somit zur Verfestigung ihrer absoluten Macht führen. Ihr stärkt also die, die Eure Frauen und Kinder töten, also diejenigen, die ihr eigentlich bekämpfen wolltet, wenn Ihr nicht so blöd wärt. Schade auch! Falls Euch das zu hoch ist und Ihr nicht die richtigen Schlüsse daraus ziehen könnt, ist Euch eben nicht zu helfen.

2.5 Vollautomatisiertes Töten

Doch nun zurück zum Vortrag von Sascha Lobo:

Ich habe zuvor schon gesagt, dass dahinter[122] *eine Haltung steht. Und diese Haltung besagt, dass umso mehr Daten man zusammenrafft, umso größer sei die Wahrscheinlichkeit, dass man korrekt bestimmen kann, ob jemand Terrorist ist oder Terroristenhelfer. Ich halte diese Haltung deshalb für falsch, weil jeder, der schon mal mit Software zu tun hatte und nicht gerade beim Geheimdienst in führender Position arbeitet, weiß, wie unglaublich fehlerhaft dieser ganze Schrott ist.*

Hier unterstellt Lobo, dass die führenden Geheimdienstler keine Ahnung von Softwareentwicklung haben, weshalb ihnen nicht bewusst ist, dass Software praktisch immer fehlerbehaftet ist und deshalb das Risiko besteht, dass Menschen aufgrund von Programmierfehlern getötet werden. Damit impliziert Lobo, die Geheimdienstchefs würden in gutem Glauben handeln, ihre Anordnung, Menschen auf Basis solcher Software umzubringen, würde immer die Richtigen treffen. Damit ent-

[122] Gemeint ist, dass »Big Data« und »Patterns of Life« ein exaktes Modell der Wirklichkeit liefern.

schuldigt Lobo das Verhalten jener Leute und verharmlost ihre Taten ganz einfach so in einem Nebensatz (wie es sich für jemanden, der nur an der Oberfläche kratzt, ohne die Ursachen und Zusammenhänge zu benennen, gehört).

Ich bin mir stattdessen sicher, dass kein Geheimdienstmitarbeiter in führender Position so doof ist, Software für unfehlbar und Algorithmen für eine exakte Beschreibung der Wirklichkeit zu halten, dass es diesen Leuten nur einfach scheißegal ist, ob Unschuldige dabei draufgehen (bzw. dass sie den Tod Unschuldiger sogar bewusst provozieren, um den Totalüberwachungs-Regelkreis, siehe Abb. 1.12.1, aufrechtzuerhalten).

Man freut sich ja heutzutage, wenn der Internet-Explorer eine Zeitlang fehlerfrei funktioniert – aber dann stellen Sie sich vor, Ihr Leben hängt davon ab. In dem hier diskutierten »Worst Case-Szenario« geht es schließlich darum, dass man aufgrund einer algorithmisch berechneten Wahrscheinlichkeit auf Basis der Daten einer SIM-Karte entscheidet, ob man jemanden tötet. Dabei hofft man, dass nicht irgendwo ein Fehler in der Datensammlung war.

Ob ein Fehler in der Datensammlung vorlag oder nicht, dürfte nicht nur jene interessieren, über deren Köpfe die Drohnen kreisen, sondern auch jene, deren »Patterns of Life« ausgewertet werden, um Regimekritiker zu identifizieren und dann zu diskreditieren. Für die Psychopathen in den Regierungsbehörden ist fehlerhafte Software nur insoweit von Belang, als zerfetzte Leichen schwangerer Frauen ihrem Image als »die Guten« ein wenig abträglich sein könnten. Dagegen kann man davon ausgehen, dass ruinierte Existenzen, ob aus ihrer Sicht berechtigt oder nur aufgrund eines Softwarefehlers, diesen Persönlichkeitsgestörten völlig am Allerwertesten vorbeigehen.

In Zukunft wird man das noch mehr hoffen [dass die Auswertungssoftware fehlerfrei arbeitet], *denn dieses Gerät* [Abb. 2.5.1] *ist im Februar 2014 von der britischen Firma BAE-Systems vorgestellt worden:*

Abb. 2.5.1 Taranis-Drohne
Quelle: BAE-Systems.

Es handelt sich um die Drohne Taranis. Die Drohne hat ein paar großartige Vorteile, unter anderem wählt sie vollautomatisch ihr Opfer aus. Denn wenn wir schon mal dabei sind, algorithmisch zu berechnen, wer schuldig ist und wenn dabei auch scheißegal ist, wie die Person heißt und wer drum herum steht, dann kann man den ganzen Prozess auch gleich automatisieren.

Vollautomatisierte Drohnen sind ein wesentlicher Aspekt, die Allmacht im Sinne von Strafe technisch nachzubilden. Es handelt sich hier um eine relativ große Drohne, die zwar mit modernsten Eigenschaften ausgestattet ist, aber nur ein Kinderspielzeug dessen ist, was sich zurzeit in der Entwicklung befindet und in wenigen Jahren verfügbar sein wird.

Diese Entwicklungen werde ich im nächsten Kapitel, wieder ganz ohne spekulative Komponenten, aufzeigen, indem ich die daran arbeitenden Wissenschaftler und Institute namentlich benennen und ihre Veröffentlichungen zitieren werde. Das Szenario, dass ich im 3. Teil Kapitel darstelle, ist also nicht spekulativ, sondern es wurde genau so, wie von mir dargestellt, von der *Bruderschaft* geplant.

Bei herkömmlichen Drohnen fliegt ein Typ mit einem Joystick das Ding irgendwo hin, und wir wissen alle von Videospielen, dass der Bot immer besser ist als man selbst. Das bedeutet, wenn man die richtige Attitüde hat – und die haben die Geheimdienste –, dass man dann alles besser vollautomatisieren kann, [als das fehlerbehafteten Menschen mit Joysticks zu überlassen. Vielleicht bekommt ja auch mal jemand Gewissensbisse, was einem Algorithmus so schnell nicht passiert]. *Und genau das tut diese Drohne* [Taranis].

Sie fliegt also »standardmäßig« über Gebiete von denen man glaubt, dass dort Terroristen sein könnten – Deutschland gehört nicht dazu, wurde mir versichert – [Gelächter im Publikum] *und während sie fliegt, sammelt sie »Patterns of Life: Wo ist welche SIM-Karte? Welche Kommunikation findet statt? – Also genau das, was wir im Zusammenhang mit Überwachung besprochen haben. Und zu einem Zeitpunkt X entscheidet diese Drohne: »Dort vorne ist jemand, der zu 99,7 % Wahrscheinlichkeit Terrorist ist, und weil er auf einer Landstraße mit einem Auto entlang fährt, habe ich in den nächsten 20 Minuten eine 87 %ige Wahrscheinlichkeit, ihn zu erwischen, also fliege ich mal los und bringe ihn um! Wer glaubt, das ist ein Scherz: Es ist keiner!*

Eine Taranis Drohne, die in Deutschland Dissidenten über den Haufen schießt, würde sich auch nicht ohne Weiteres verheimlichen lassen und dürfte auch den letzten naiven Regimegläubigen zu dem Schluss kommen lassen, dass etwas ein wenig schief läuft im Staate. Taranis ist relativ groß und kann im Prinzip nur zwei Dinge: Jemanden umbringen oder es lassen.

Mit dem Moor'schen Gesetz im Hinterkopf, also dem exponentiellen Wachstum von (Computer)technologie und der damit verbundenen Miniaturisierung, denken Sie mal bitte kurz darüber nach, welche Einsatzmöglichkeiten eine Drohne von der Größe einer Fliege hätte, sowohl im Hinblick auf Überwachung, als auch auf Bestrafung.

Die Übertragung von tödlichem oder nicht tödlichem Gift oder eines Krankheitserregers auf eine Zielperson wäre kein Problem. Zu glauben, solche Systeme würden dann nicht auch in den westlichen Ländern eingesetzt, wäre ein guter Grund, einen Neurologen aufzusuchen, um sich auf fortgeschrittene Demenz oder eine anderen Hirnkrankheit untersuchen zu lassen.

Doch ich möchte an dieser Stelle nur sensibilisieren, nicht vorgreifen.

Noch gibt es laut BAE-Systems die Rückfrage in die Zentrale, d. h. die Drohne fliegt los und meldet: »Hey, ich habe hier eine große Wahrscheinlichkeit, jemand Böses über den Haufen schießen zu können. Soll ich mal machen?«

Und dann muss halt jemand, der irgendwo im Büro sitzt und einen Kaffe schlürft, auf einen Knopf drücken und damit sagen: »Ja, bring ihn um, das ist richtig!«

Aber das ist eigentlich nur noch eine psychologische Barriere. Technisch notwendig ist sie nicht mehr. Das ist also das, was wir mit der Durchleitung der deutschen Daten mithelfen zu tun.

2.6 Die Infiltration sozialer Netzwerke durch die Geheimdienste

Jetzt könnte man natürlich einwenden, dass dies das Maximal-Szenario ist, und fragen: Was hat das mit unserem digitalen Alltag zu tun? Dazu habe ich einen Artikel vom Mai dieses Jahres herausgesucht, der sich darauf bezieht, was diese »Patterns of Life« mit unseren täglichen digitalen Mitteln zu tun haben[123]*, und zwar am Beispiel des zuvor schon erwähnten Facebook.*

Vor allem sollte man sich fragen, ob diese Systeme aus Totalüberwachung und Bestrafung wirklich nur gegen islamische Terroristen in deren Herkunftsländern eingesetzt werden. Die von Snowden veröffentlichten Dokumente sagen etwas anderes: Die Totalüberwachung wird gegen jeden eingesetzt, der dem Regime nicht »genehm« ist. Noch unterscheidet sich lediglich die Strafe. Während Terroristen in ihren Herkunftsländern und alle drum herum Stehenden ohne Gerichtsverfahren hingerichtet werden, blüht Dissidenten im Westen lediglich gesellschaftliche Ausgrenzung und wirtschaftlicher Ruin, in besonders schwerwiegenden Fällen ein vom Geheimdienst herbeigeführter »natürlicher« Tod. Die entsprechende von Snowden »geleakten« Belege habe ich in meinem Buch »Der geheime Weltkrieg« im Zusammenhang mit dem GCHQ und der damit verbundenen JTRG geliefert.

Vor diesem Hintergrund ist das Interesse der Geheimdienste für soziale Netzwerke sofort verständlich, obwohl sie sicherlich keine Plattform des Informationsaustausches islamischer Terroristen sind. Um die geht es nicht, es geht um die Überwachung der Bevölkerung der westlichen Nationen – die aufgebauschte Terrorgefahr, die von den westlichen Regierungen mit allen Mitteln geschürt wird, dient nur als Vorwand, um die

[123] http://venturebeat.com/2014/05/15/how-the-nsa-fbi-made-facebook-the-perfect-mass-surveillance-tool/

Überwachungs- und Bestrafungssysteme gegen die eigene Bevölkerung in Stellung zu bringen.

NSA und FBI haben sich 2010 miteinander verabredet, um sich zu überlegen, wie die vielen geilen Daten bei Facebook in ihre geilen »Patterns of Life« hineinfließen, damit sie noch besser, noch präziser, noch bösere Leute umbringen können.

Noch mal, man kann es nicht oft genug wiederholen: Nein, es geht nicht darum, bösen Terroristen in Pakistan einen Gruß via Drohne zu schicken, sondern es geht darum, Regimegegner im eigenen Land zu identifizieren und fertigzumachen.

Diese »Patterns of Life« haben sie auch explizit benannt und sind im Rahmen der Buchvorstellung von Glenn Greenwald durch die folgende Folie des britischen Geheimdienstes GCHQ[124] bekannt geworden:

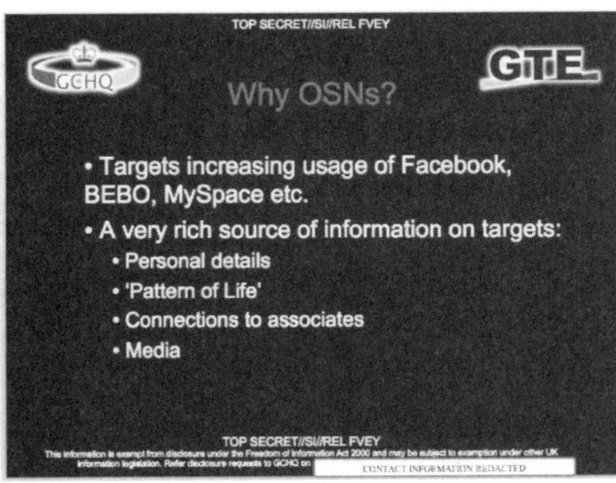

Abb. 2.6.1: Folie des britischen Geheimdienstes GCHQ, die erklärt, warum OSNs (Open Social Networks) so lohnende Ziele für die Ergänzung der »Patterns of Life« sind.

---

[124] Der GCHQ ist uns bereits bei der Diskussion des gezielten Diskreditierens von Regimegegnern begegnet, siehe von Salomon (2014b), S. 282f

Diese Folie zielt genau auf die Sozialen Netzwerke ab. Der zweite Punkt lautet (übersetzt): »Eine reichhaltige Quelle von Informationen über die Ziele«.

Dabei ist mehr als offensichtlich, dass die »Ziele« typische Facebook-Nutzer sind, also eher keine islamischen Terroristen, sondern die Bevölkerung der westlichen Nationen. Nun wird natürlich gerne von Regime-Seite argumentiert, dass eben auch Islamisten zur Bevölkerung der westlichen Nationen gehören. Dieses Argument ist natürlich wahr, aber nur deshalb, weil das Regime den Zuzug von Menschen aus den vom Westen geschundenen islamischen Ländern fördert, wohl wissend, dass unter diesen Migranten ein ausreichend hoher Anteil gewaltbereiter Extremisten ist, die dann jene Terroranschläge durchführen, die wiederum als Argument für die Überwachung dienen.

Dieses Argument wird meistens ergänzt, und zwar folgendermaßen: Weil Islamisten Teil der Bevölkerung der westlichen Nationen sind, müssen wir sozusagen als Preis für eine »bunte«, multikulturelle Gesellschaft damit leben. Das ist natürlich falsch. Wir müssen mit religiösen Irren genauso wenig leben, wie mit dem Regime, das diese Irren in unsere Länder geholt hat. Stattdessen haben wir alles Recht der Welt, uns gegen diesen menschenverachtenden, mörderischen Regelkreis zu wehren – nicht, indem wir Asylbewerberheime oder Moscheen anzünden, sondern indem wir das Regime entmachten.

Das ist übrigens der große Denkfehler oder Selbstbetrug in Lobos Weltbild: Er kritisiert die Totalüberwachung aufs Schärfste, glaubt aber, sie sei mit dem gegenwärtigen Finanz- und Regierungssystem in den Griff zu bekommen. Das ist ein fataler Trugschluss.

Doch kommen wir zurück zu den zutreffenden, intelligenten Aussagen Lobos über die Totalüberwachung selbst:

Auf der GCHQ-Folie sind »Persönliche Details« und »Patterns of Life« direkt mit genannt. Großartig! Die [Geheimdienste] *brauchen noch nicht einmal die Zustimmung von Fa-*

cebook [um auf diese Daten zuzugreifen]. *Ich möchte jetzt Mark Zuckerberg*[125] *nichts unterstellen*[126]*, aber zumindest diese Dokumente besagen, dass der Zugriff auf diese Daten auch ohne eine solche Zustimmung funktioniert.*

Es wäre vielleicht auch ein klein wenig naiv anzunehmen, dass ein bisschen Verschlüsselung die Geheimdienste, die über praktisch unbegrenzte Mittel verfügen, davon abhalten könnte, die gewünschten Informationen aus den Daten zu extrahieren. Sascha Lobo erklärt sogar, wie sie das machen (was, ohne Ironie, für die Qualität seiner Ausführungen spricht):

Wie machen die das? Nicht nur, dass sie ein unbegrenztes Zeit- und Geldbudget haben und tun können, was sie wollen, sondern sie haben Wege gefunden, über das Content-Delivery-Network der Firma Akamai[127]*, das die Daten der Inhalte von Facebook durchschaufelt, herauszufinden, wer was wann wie bekommt. Das bedeutet: Obwohl die Daten via HTTPS*[128] *verschlüsselt wurden, gibt es auf verschiedenen Akamai-Servern*

---

[125] Gründer und Chef von Facebook, siehe http://de.wikipedia.org/wiki/Mark_Zuckerberg

[126] Dass er vielleicht gezwungenermaßen oder sogar freiwillig mit den »Behörden« zusammenarbeitet.

[127] Die Server von Akamai speichern die Inhalte von Webseiten, unter anderem von Facebook, zwischen, und liefern diese Inhalte an den Endkunden aus. Auf diese Weise werden erstens die Server des Akamai-Kunden Facebook entlastet, und zweitens erfolgt die Auslieferung der Inhalte an den Endkunden schneller, weil die Akamai-Server überall im Internet verteilt sind und deshalb diejenigen Akamai-Server mit der Auslieferung beauftragt werden, die »näher« beim Endkunden stehen als die Facebook Server. Der Endkunde selbst merkt nicht, dass die Inhalte nicht direkt von Facebook, sondern von Akamai-Servern kommen.

[128] Über http werden ganz allgemein Webseiten-Inhalte übertragen. HTTPS ist die verschlüsselte Variante dieses Hypertext Transfer Protocols. Es setzt auf der TCP-Schicht (Transfer Control Protocol) auf, das die verbindungsorientierte Variante von IP-Datenströmen (Internet Protocol) regelt.

trotzdem die Möglichkeit, herauszufinden, welche Inhalte da ausgetauscht werden. Dabei geht es um Metadaten, genauer: die »Patterns of Life«.

Preisfrage: Geschieht dies mit freiwilliger oder erzwungener Zustimmung der Firma Akamai, oder gehört Akamais »Content-Delivery-Network« zu einem der 50.000[129] infiltrierten Netzwerke?

Jetzt kann man natürlich die Meinung vertreten, dass die [in diesem Fall der GCHQ] *das doch nur tun, um die ganz bösen Leute herauszufinden, die sich natürlich auf Facebook zum nächsten Bombenanschlag verabreden, wie wir alle wissen. Natürlich tun die das nur gegen Terroristen! Ernsthaft!*[130].

Offenbar möchte Herr Lobo nicht aussprechen, gegen wen sich die Totalüberwachung wirklich richtet. Deshalb führt er die Hypothese, es ginge um Bomben legende Terroristen, ad absurdum.

2.7 Wie das Regime Terroristen definiert

Selbst wenn man glauben würde, dass das so ist, selbst wenn man ausblenden würde, dass dabei Unschuldige umkommen, wie Kinder und schwangere Frauen, die tendenziell eher nicht terroristisch aktiv sind – zumindest zeitweise –, Leute die auf dem Weg zu einer Hochzeit sind, im Jemen wohnen oder in Pakistan, die irgendwo in den Bergen sind und den falschen Turban aufhaben, selbst wenn man glaubt, dass all dies ausblendbar wäre, selbst dann sollten man sich jedoch vergegenwärtigen, was zum Beispiel die britische Regierung, speziell diese grauenhafte Person David Cameron, unter »Terroristen« versteht. Schauen wir uns an, was er im Dezember 2013 unter »Terroristen« verstanden hat. Zu jenem Zeitpunkt ist nämlich

[129] Stand Februar 2013.

[130] Die Vorliebe für Ironie haben Lobo und ich offensichtlich gemeinsam.

bekannt geworden, dass die britische Regierung ernsthaft behauptet hat, dass die Journalisten des Guardian terroristische Hilfsleistungen erbringen würden und damit auch als Terroristen zu verstehen wären, weil sie vertrauliche Dokumente veröffentlicht haben – über die illegale Totalüberwachung.

Mit dieser Definition, dass Guardian-Journalisten Terroristen sind, kann man natürlich auch argumentieren, dass jemand, der eventuell Terroristen die Wäsche gewaschen hat, terroristische Hilfsleistungen erbringt.

Das muss man sich mal auf der Zunge zergehen lassen. Wer das **illegale** Treiben von Regierungsbehörden öffentlich macht, ist in den Augen jener vom Staat bezahlten Gesetzesbrecher, genannt Verbrecher, ein Terrorist. Dies sagt einiges aus über das Selbstverständnis unserer demokratisch gewählten Regierungen.

Gesetze gelten nach deren Ansicht offensichtlich nur für das Volk, nicht jedoch für die Herrscher. Und das sagen sie auch noch ganz offen, indem sie jene, die Recht und Gesetz einfordern, als Terroristen bezeichnen.

Dieses fehlende Unrechtsbewusstsein ist ein wesentliches Merkmal von Psychopathie. Beispiele dafür, dass diese dissoziale Persönlichkeitsstörung bei Politikern besonders häufig vorkommt, ja, durch das System »Parlamentarische Demokratie« sogar gefördert wird, lieferte ich in »Der geheime Weltkrieg«[131].

Hier kommt Lobo (endlich) auf den Punkt. Für das Regime ist jeder Terrorist, der etwas sagt oder tut, was ihnen nicht in den Kram passt. Lobo nennt das Beispiel von Journalisten, die Dokumente veröffentlichten, die das verbrecherische Tun der Regierungsbehörden offenlegen. Doch das sind »nur« Leute, die das Gleiche tun, wie Lobo selbst: Sie kratzen an der Oberfläche, indem sie die Totalüberwachung angreifen. Wie wird

---

[131] von Salomon (2014b), S. 267f

das Regime dann erst auf Leute reagieren, die das gesellschaftspolitische Konstrukt kritisieren (Migration, westlicher Terror in den Herkunftsländern, »bedingungslose« Unterstützung Israels), ohne das Totalüberwachung nicht durchsetzungsfähig wäre? Was also ist die Steigerung von »Terrorist«? Ich denke mal »Nazi«, »Rechtsradikaler« und »Rassist«.

Dabei sind jene, die das Fundament der Totalüberwachung kritisieren, genauso wenig »Rassisten«, wie die Journalisten »Terroristen« sind. Schade nur, dass Journalisten dem Regime bei der Diffamierungskampagne der Kritiker des zugrunde liegenden gesellschaftspolitischen Systems helfen, während sie selbst vom Regime diffamiert werden. Ich möchte mir erlauben, bei diesen Journalisten eine gewisse mentale Insuffizienz zu diagnostizieren.

Mit dieser Definition [des Begriffs »Terrorist«], *fürchte ich, ist uns allen nicht geholfen. Das ist jedoch die aktuelle Definition derjenigen, die die Überwachung missbrauchen. Und es geht ja nicht nur um den maximal schlimmen Fall der Ermordung von Menschen mithilfe der Totalüberwachung, sondern es geht ja tiefer rein in die Gesellschaft.*

Ich möchte hier ein aktuelles Beispiel liefern für den »nicht maximal schlimmen Fall«, bei dem man also nicht das Leben, sondern »nur« seine berufliche und damit wirtschaftliche Existenz verliert. Am 04.01.2015 war auf SPON zu lesen, dass Daimler »zur Terrorismusbekämpfung« alle drei Monate überprüfen will, ob einer der 280.000 Mitarbeiter auf »entsprechenden Sanktionslisten der Europäischen Union und der USA« zu finden ist[132]. Dies gilt auch für Bewerber.

Wenn dies der Fall ist, man also auf einer der »Sanktionslisten« des Establishments gelandet ist, die einen als »Terroristen« oder »Terroristenhelfer« ausweisen, passiert folgendes laut dem von mir zitierten SPON-Artikel:

---

[132] http://www.spiegel.de/wirtschaft/unternehmen/daimler-ueberprueft-mitarbeiter-wegen-angst-vor-terror-a-1011135.html

»Sollte ein Daimler-Mitarbeiter auf den Sanktionslisten auftauchen, ist dieser laut Betriebsvereinbarung ›freizustellen, das Entgelt wird nicht ausbezahlt, und alle weiteren Leistungen sind zurückzuhalten‹. Zudem sollen, ›soweit erforderlich‹, die ›zuständigen Behörden‹ informiert werden.«

Das Entgelt für bereits geleistete Arbeit wird dem »Terroristen« nicht ausgezahlt und er bekommt von heute auf morgen keinen Cent mehr. Wie man auf eine solche Liste des Regimes kommt, hat uns der liebe Sascha Lobo ausführlich erklärt: wenn ein Softwarealgorithmus anhand der »Patterns of Life« berechnet, dass man mit hoher Wahrscheinlichkeit ein Terrorist ist oder wenn man dem Regime auf die Nerven geht, indem man dessen verbrecherische Aktivitäten aufdeckt.

Der wesentliche Punkt ist der, dass Firmen wie Daimler durch ihre unterwürfige Speichelleckerei dem Regime die Macht verleihen, jemanden zu ruinieren, einfach, indem man ihn auf eine solche Liste setzt. Dabei wird erstens eine Unfehlbarkeit des Regimes vorausgesetzt und zweitens, dass das Regime immer nur in bester Absicht handelt. Beide Voraussetzungen treffen definitiv nicht zu. Software ist immer fehlerbehaftet, und wer Leute ohne Gerichtverfahren hinrichtet, sollte nicht unbedingt als rechtschaffend und vertrauenswürdig gelten.

Der Konzernbetriebsrat Daimlers, Jörg Spies, »sieht in dem Programm sogar ›einen Leuchtturm zum Schutz der Beschäftigten‹«. Um die Beschäftigten für dumm zu verkaufen, braucht die Konzernleitung selbst noch nicht einmal tätig zu werden. Dafür hat man ja den Betriebsrat. Man ist sich genauso doll einig, wie bei der unumstößlichen Tatsache, dass die Migration von Moslems gut für uns alle ist. Was für ein Theater!

Bitte bedenken Sie, liebe Leser, dass Sie persönlich in Deutschland (noch) nicht mit dem Risiko leben müssen, von einer Drohne über den Haufen geschossen zu werden. Das Risiko eines Jobverlusts wegen eines Softwarefehlers oder weil

Sie dem Regime etwas zu laut auf die Füße getreten haben, betrifft jedoch potenziell jeden Angestellten in Deutschland – zumindest den von Kapitalgesellschaften. Weitere Unternehmen werden dem »guten Beispiel« Daimlers sicherlich bald folgen. Falls Sie selbst Unternehmer oder Freiberufler sind, sollten Sie sich auch nicht allzu sicher fühlen. Schließlich ist der nächste konsequente Schritt, dass auch die Kunden und Lieferanten mit »entsprechenden Sanktionslisten« abgeglichen werden. Das bedeutet: Wer auf einer solchen Sanktionsliste steht oder sich weigert, seine eigenen Mitarbeiter mit diesen Listen abzugleichen, erhält keine Aufträge mehr.

Ich wage mal die kühne Prognose, dass es genau so kommen wird.

2.8 Überwachung als Geschäftsmodell

Sascha Lobo beleuchtet hingegen einen etwas weniger dramatischen Aspekt, wie sich die Totalüberwachung »tiefer in die Gesellschaft« frisst:

Als ich zuvor sagte, die digitalen Gräben sind der Überwachung egal, dann stimmt das nicht 100 %ig. Tatsächlich erlebt man selbst, wenn man das Netz benutzt, immer häufiger und an immer mehr Ecken und Enden, wie stark die Überwachung einen selbst betrifft. Ich war im Sommer 2013 unterwegs, um herauszufinden, warum sich die Leute überhaupt nicht über das aufregten, was mich tief getroffen hat. Ich interviewte eine Frau in der Fußgängerzone. Sie sagte: »Es ist doch klar, dass die im Internet alles überwachen. Ich habe mal nach einer Kuckucksuhr gegoogelt, die ich verschenken wollte, und dann kam zwei Wochen lang auf jeder Seite, Spiegel Online, Heise usw., Werbung für diese Kuckucksuhr. Und da war mir klar, ich werde beobachtet.«

Das ist ein analoges Beispiel zu der von mir geschilderten Laptop-Werbung, die mich heimsuchte.

Warum also sollten sich die Leute dann noch aufregen?

Tatsächlich ist die Überwachung – ich benutze jetzt ein Zitat von jemandem, der weltweit anerkannt zu den führenden Kryptographen gehört – »das Geschäftsmodell des Internets«. Dieser Experte ist Bruce Schneier. Er hielt im April 2014 einen Vortrag mit genau diesem Titel (Surveillance is the business model of the internet)[133]*. In diesem Vortrag geht es um die Anreicherung von Profilen mit Metadaten zu Wahrscheinlichkeitsberechnungszwecken, um es mal ganz platt zu sagen. Die Erhebung dieser Daten erfolgt im Internet standardmäßig. Das ist nicht grundsätzlich böse. Bitte nicht falsch verstehen. Das Internet besteht aus Daten, die hin und her fließen und sich gegenseitig überwachen. Ich glaube aber – und da kommt das »Surveillanve by Design«, was ich vorhin schon beschreiben habe, mit dazu –, dass diese Überwachung eine Tiefe erreicht und in unser Leben auf eine Art und Weise eingreift, die es erfordert, dass wir uns als Gesellschaft aktiv dagegen wehren.*

Dummerweise macht es wenig Sinn, uns gegen das Symptom »Totalüberwachung« zu wehren, das nur eines von vielen Symptomen der eigentlichen Krankheit ist: Das System der privaten Geldschöpfung, das es Privatpersonen ermöglicht, Regierungen nach ihrer Pfeife tanzen zu lassen, und Wahlen zu einer bloßen Farce degradiert. Die zugrundeliegende Beweisführung möchte ich an dieser Stelle nicht wiederholen und verweise auf mein Buch »Der geheime Weltkrieg«.

Diese Tiefe [der Überwachung] *betrifft uns an allen Ecken und Enden. Eine der bekanntesten und beliebtesten Apps in Deutschland ist Shazam. Man hält das Mobiltelefon mit dieser App einfach an einen Lautsprecher und dann sagt einem die App, welche Musik da gerade gespielt wird* [Titel, Interpret]. *Seit einiger Zeit gibt es ein interessantes neues »Feature« – schließlich hat sich Shazam in eine Richtung weiterentwickelt,*

---

[133] http://www.securityweek.com/surveillance-business-model-internet-bruce-schneier

die man durchaus als »Surveillance by Design« betrachten könnte: Wenn man Shazam das erste Mal aufruft, kann man die Option »Auto Shazam« wählen. Die App kommentiert die Funktion mit: »Lass Auto Shazam die Arbeit für dich erledigen. Shazam sucht sogar dann weiter beliebte Musik, wenn du die App verlässt«.

Moment mal! Bitte kurz nachdenken, was da passiert. Mein Handy wird so zu einem kleinen Mikrofon, das alles aufzeichnet, was um mich herum passiert! Diese Audio-Daten schickt es dann an einen Server, wo alles ausgewertet wird. Dort wird nach Musik gesucht und wenn Musik erkannt wird, dann bekomme ich eine Benachrichtigung: »Hey, die kleine Wanze, die du ständig mit dir herumträgst, und alles, was du und die Leute um dich herum sagen und hören, aufnimmt, hat ein Musikstück gefunden!« Die [Leute von Shazam] *formulieren das allerdings anders.*

Großartig! Das bedeutet, dass jeder von uns überwacht werden kann, weil ein Idiot in unserem Umfeld unbedingt wissen will, wie die Titel und Interpreten von irgendwelchen Musikstücken lauten.

Das heißt, die Daten, die da von allen Seiten [in die Systeme der Totalüberwacher] *hereinströmen, sind nicht nur die Daten, die wir uns selbst aus den Fingern saugen und z. B bei Facebook ins Netz stellen. Das sind auch Daten, die jemand anders, der »zufällig« ein Handy* [mit aktiviertem Auto Shazam] *in der Tasche hat und so diese Daten* [vielleicht unbewusst] *ins Netz auf einen Server schubst. Und auch hier stellt sich die Frage: Was passiert denn mit diesen Daten? Die Antwort lautet wieder:* [Das Erstellen von] *»Patterns of Life«.*

Deutlicher als an diesem Beispiel kann man nicht erklären, dass es hinsichtlich Überwachung keinen digitalen Graben gibt. Selbst wer weder Facebook noch E-Mail nutzt, selbst wer keine Beiträge in Foren schreibt oder seine Einkäufe im Internet tätigt, selbst wer noch nicht einmal ein internetfähiges Endgerät besitzt, ist nicht davor gefeit, dass irgendein Volltrottel in seiner Umgebung die Auto-Shazam-Funktion seines Smartphones aktiviert hat.

Vielleicht meint der eine oder andere Leser nun, das sei alles nicht so schlimm, weil nicht jeder ein Handy mit der Shazam-App bei sich trägt. Deshalb möchte ich an dieser Stelle schon einmal darauf hinweisen, dass das Shazam-Beispiel nur die Spitze des Eisbergs darstellt – ein Eisberg, der kontinuierlich mit dem technologischen Fortschritt exponentiell (Moore'sches Gesetz) wächst. Im nächsten Kapitel werden wir uns mit ähnlichen, jedoch viel tiefer und mit erheblich größerer Flächendeckung in die Privatsphäre eingreifenden Systemen beschäftigen.

Natürlich sind diese Daten total sicher bei Shazam! Ich kann mir beim besten Willen nicht vorstellen, dass Shazam zu den 50.000 infiltrierten Netzwerken gehört – also ganz bestimmt nicht!

Dieser ironiegetränkten Rhetorik möchte ich mich anschließen: Warum sollte sich einer der Totalüberwachungsvereine wie NSA oder GCHQ auch dafür interessieren, was überall gesprochen wird?

Nicht nur im militärischen, sondern auch im zivilen Bereich gibt es wahnsinnig clevere Anwendungen. Im Oktober 2013 machte Lucia Moses einen »großartigen« Vorschlag. Man sollte doch anhand der »Patterns of Life« herausfinden, wann sich Frauen am hässlichsten fühlen, um ihnen dann Kosmetika per Werbeeinblendung anzubieten[134]*. Ich bin mir nicht ganz sicher, ob das die Art und Weise ist, wie man den Menschen die Angst vor dem Internet nimmt.*

Ich hingegen bin dankbar für den technisch realisierbaren Vorschlag von Frau Moses. Er zeigt eindeutig, was »Patterns of Life« zu leisten vermag. Wenn man daraus ableiten kann, ob

---

[134] http://www.adweek.com/news/advertising-branding/marketers-should-take-note-when-women-feel-least-attractive-152753

sich frau attraktiv findet, wie leicht muss es dann erst sein, die politische Einstellung und den Loyalitätsgrad zum Regime daraus abzuleiten?

Aber das ist ja schon mehr eine Anekdote. Eine Frau fühlt sich hässlich und bekommt eine Creme angeboten. Aber das ist schließlich nicht das Ende der Entwicklung. Schließlich geht es nicht nur um Werbung. Diese Werbeüberwachung ist ein bekanntes Narrativ, ebenso wie das System, von dem ich vorher sprach, dass man ein Werbebanner immer wieder sieht. Dies nennt man »Retargeting«. Technisch funktioniert dies Browser und Cookie basiert [Erklärung folgt]. *Diese Technologie kann man natürlich weit über den Anwendungsfall »Werbung« hinaus einsetzen.*

Meiner Meinung nach ist es für die Benutzer einer Technologie wichtig, zu verstehen, was eine solche Technologie leisten kann und was nicht. Da sich vermutlich auch ein »digitaler Graben« zwischen meinen Lesern auftut, also jenen, die das Internet gelegentlich bis häufig nutzen, und jenen, die sich eher davon fernhalten, möchte ich zumindest für Erstere die Funktionsweise von »Retargeting« im Anhang kurz und vereinfacht skizzieren.

Wer sich dafür interessiert, wie »Retargeting« funktioniert, wie man sich dagegen schützen kann und wie die zugrundeliegenden Protokolle und Verfahren gestaltet sind, sollte an dieser Stelle kurz innehalten, hier ein Lesezeichen einfügen, den Anhang lesen und danach wieder hierher zurückkehren.

Kommen wir nun zu einem weiteren Aspekt der Totalüberwachung, der ebenfalls sehr schön von Sascha Lobo beschrieben wird:

Auf ZeitOnline vom 27. Oktober erschien ein Artikel von Hannes Grassegger[135]*. Außerdem schrieb er ein Buch über ein*

[135] http://www.zeit.de/wirtschaft/2014-10/absolute-preisdiskriminierung

Thema, das ich meinerseits in einem Artikel in der FAZ[136] *streifte. Grassegger bezieht sich in dem Artikel auf einen Mann namens Arthur Cecile Pigou und sein aus dem Jahre 1920 stammendes Werk »The Economies of Welfare«. Darin versuchte er, wesentliche Erkenntnisse über die Funktionsweise des Kapitalismus zu formulieren. Grundlage seiner Argumentation ist die Rolle des Preises. Pigou ist der Erfinder der sogenannten Preisdiskriminierung. Das bedeutet, dass der eine einen anderen Preis bezahlt als der andere. Pigou benutzte damals ein einleuchtendes, simples Beispiel: die Bahn.*

Ich persönlich fahre immer 1. Klasse. Das heißt, ich bezahle für mehr oder weniger die gleiche Transportleistung viel mehr, als die Leute, die in der 2. Klasse fahren. Das ist eine Art Preisdiskriminierung, also unterschiedliche Preise für vergleichbare Leistung.

Im Prinzip ist auch der Preis diskriminierend, den man in Form von Steuern für das Recht bezahlen muss, in Deutschland leben zu dürfen. Doch diese Diskussion führt uns erstens in eine andere Richtung und wurde zweitens ausführlich in meinem vorherigen Buch geführt[137].

Diese Preisdiskriminierung steht am Anfang einer »großartigen« Entwicklung. Grassegger spricht von »Dynamic Pricing«. Diesen Begriff benutzte ich ebenfalls in meinem FAZ-Artikel. Er besagt, dass man mithilfe von möglichst vollständiger Überwachung herausfinden kann, wer welchen Preis für welches Produkt gerade noch zu zahlen bereit ist.

Ein wesentlicher Punkt wird an dieser Stelle jedoch von Lobo verschwiegen: Wie er richtig feststellt, basiert »Dynamic Pricing« auf Totalüberwachung. Wenn man herausbekommt, wer welche Wünsche hat, wie viel Geld ihm zur Verfügung

---

[136] http://www.faz.net/aktuell/feuilleton/debatten/die-digital-debatte/politik-in-der-digitalen-welt/sascha-lobo-digitale-daten-gefaehrden-leben-und-freiheit-12874992-p4.html

[137] von Salomon (2014b), S. 125-297

steht, wo er sich gerade befindet usw., um auf Basis dieser Daten den Preis zu berechnen, den jemand gerade noch bereit ist zu zahlen, warum soll man dann nicht auch andere Daten zur Berechnung des Preises heranziehen? Wenn sich jemand beispielsweise in einem Internetforum regimekritisch geäußert hat, dann handelt es sich natürlich um einen Nazi, also hat der regimetreue Anbieter doch alles Recht der Welt, dem Regimekritiker einen höheren Preis abzuknöpfen. Oder?

Wohlgemerkt: Ich spreche hier nicht den unrealistischen Fall an, dass der Staat Gesetze erlässt, die seine Gegner mit höheren Preisen belegen. Ich spreche über die ekelhaften Mitläufer und Blockwarte, die sich dem Regime gegenüber anbiedern und so durch Diskriminierung von Regimegegnern zeigen wollen, »gute« Staatsbürger zu sein. Dieser vorauseilende Gehorsam der Speichellecker ist auch heute schon Realität.

Sobald sich das Konzept der Preisdiskriminierung erst einmal etabliert hat, steht dem Regime eine weitere »wunderschöne« Möglichkeit zur Verfügung, missliebige Personen wirtschaftlich zu ruinieren.

Preisdiskriminierung funktioniert folgendermaßen: Wenn das Shopsystem oder ein damit verbundener Anbieter über den Kunden zum Beispiel weiß, dass er ein iPhone hat oder dass er schon einmal mit Zahlungen säumig war, dann verändert es anhand dieser Informationen den Preis. Dynamic Pricing bedeutet, zu berechnen, wie groß der maximale Preis ist, den die spezielle Person bezahlt. Auf eine Technologie, die dies leistet, meldete Google im Jahre 2011 ein Patent an. Natürlich ist Google nicht der einzige Anbieter, der diese Einnahmequelle für sich nutzen möchte. Es geht einfach darum, möglichst alles über jemanden zu wissen, um aus diesen persönlichen Daten den maximalen Preis für ein Produkt zu berechnen, den dieser Jemand gerade noch zahlt. Auf diese Weise kann man denjenigen voll automatisiert über den Tisch ziehen, weil er mehr für das Produkt bezahlt als andere.

Genau genommen, ist dies nichts Neues. Wenn jemand zum Bezahlen des Produktes einen Kredit aufnehmen muss, zahlt er wegen der Zinsen letztlich auch einen höheren Preis als jemand, der das nicht muss. Das »über den Tisch ziehen« ist also ohnehin immanenter Bestandteil unseres Finanzsystems.

Auch in diese Berechnung des individualisierten Maximalpreises fließen die »Patterns of Life« hinein – und zwar auf sehr unangenehme Weise. Das hängt damit zusammen, dass das Internet virtuell ist. Virtuelle Zahlungsvorgänge haben immer eine gewisse Wahrscheinlichkeit, nicht zu funktionieren. Eine ganze Armada von Scoring-Diensten hat sich deshalb etabliert, deren einziger Zweck es ist, zu berechnen, wie groß die Chance ist, dass jemand nicht bezahlt, und dieses Ausfallrisiko dann zu versichern. Je höher die Chance ist, dass jemand nicht bezahlt, umso mehr muss er letztlich bezahlen.

Das führt dazu, dass, wenn man diese Preisdiskriminierung durchdenkt, dass jemand, der sehr reich ist, das Produkt oftmals viel billiger, manchmal sogar umsonst bekommt, weil man ihn als Kunden haben möchte, und jemand, der arm ist und schon ein paarmal Probleme mit der Schufa hatte, genau das gleiche Produkt für viel mehr Geld kaufen muss oder es ihm erst gar nicht angeboten wird. Das heißt, Preisdiskriminierung ist ein Mittel, die Gesellschaft zu teilen und denjenigen, die viel haben, noch ein bisschen mehr zu geben, und denjenigen, die weniger haben, noch ein bisschen mehr aus der Tasche zu ziehen.

Das ist also exakt die Situation, die sich aus dem Zinssystem ergibt. Wer so viel hat, dass er das Geld nicht selber braucht, es also übrig hat, um es zu verleihen, kommt am Ende noch mehr zurück, und wer zu wenig Geld hat, weshalb er sich etwas leihen muss, bezahlt am Ende drauf. Dadurch ergibt sich die sogenannte Kluft zwischen arm und reich.

Diese Bezeichnung der Kluft ist jedoch meiner Meinung nach zu ungenau und führt in die Irre. Tatsächlich, wenn man die Dinge etwas genauer durchdenkt, wird durch das Zinssystem die Kluft zwischen den »Geld mit Geld Verdienenden« und den Produktiven erzeugt. Die von Lobo diskutierte Preisdiskriminierung verstärkt diese Schieflage noch zusätzlich.

Damit schließt sich wiederum der Kreis, weil die Umverteilung der Güter und Dienstleistungen von denjenigen, die sie produzieren, auf diejenigen, die nichts dazu beisteuernden »Geld-mit-Geld-Verdienenden«, eine der Säulen der Herrschaft der *Bruderschaft* ist. Eine ausführliche Diskussion dieses Zusammenhangs findet man in Teil 1 und meinem vorherigen Buch[138].

Für mich ist das ein ziemlich ungeiles Prinzip.

Für mich auch, speziell dann, wenn man es in dem von mir soeben geschilderten größeren Zusammenhang sieht.

Berechnet wird das Ganze mit den gleichen »Patterns of Life«, mit denen man auch berechnet, mit welcher Wahrscheinlichkeit jemand Terrorist ist. Was ich noch nicht weiß, ist, wie Terroristen preislich dastehen.

Wenn man die gleichen »Patterns of Life« zur Preisberechnung wie zur Ermordung von Terroristen benutzt, schließt sich der Kreis:

Warum sollte man zur Preisfindung nicht auch die politisch-weltanschauliche Einstellung heranziehen?

Ich weiß nicht, ob die Preisdiskriminierung in Deutschland schon da ist, in den USA wird sie jedenfalls bereits erprobt. Dabei fließen auch beispielsweise Daten ein, wie weit jemand in der realen Welt von dem Laden entfernt ist, in dem man das Produkt kaufen kann.

Das bedeutet, wenn jemand ganz in der Nähe die Fußgängerzone entlang schlendert, darf der Preis ein wenig höher sein, wenn er weiter weg ist, muss man ihn durch einen niedrigeren Preis »locken«.

---

[138] von Salomon (2014b), S. 125-297

Totalüberwachung aus wirtschaftlichen Gründen hört nicht bei der Preisgestaltung auf, das geht in allen möglichen anderen Bereichen weiter.

2.9 Erzwingen von erwünschtem Verhalten

Vor Kurzem wurde ich auf dem Flughafen Berlin Tegel auf eine Werbung aufmerksam, die eine elektrische Zahnbürste anpreist, die mit einem Smartphone kommunizieren kann.

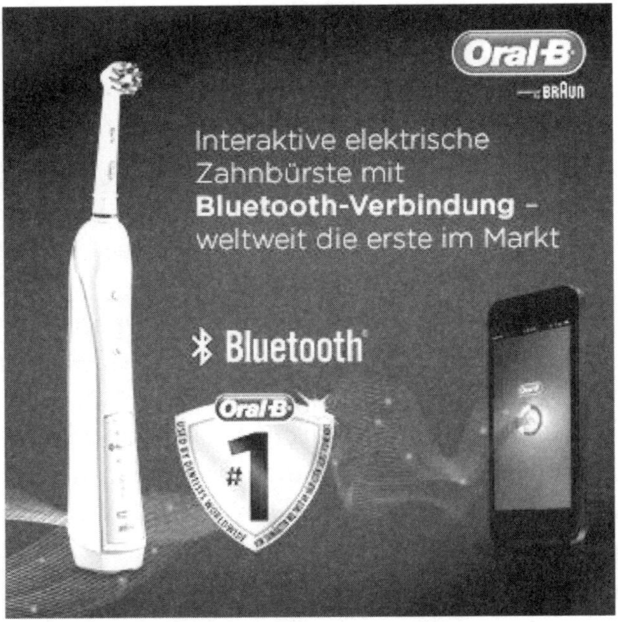

Abb. 2.9.1: Die erste »intelligente Zahnbürste« auf dem deutschen Markt.

Das mag sich zunächst nicht besonders dramatisch anhören, doch hören wir von Sascha Lobo, wo das hinführt:

Die Zahnbürste tauscht also Daten mit dem Smartphone aus. Anfang 2014 wurde auf der Elektronik-Messe in Las Vegas

(CES) auch eine Zahnbürste namens Kolibri vorgestellt, die nicht nur misst, wie lange und wie häufig man sich die Zähne putzt, sondern auch per Sensoren die Putzmuster für jeden Zahn ausmessen kann. Diese Putzmuster überträgt sie dann auf das Smartphone.

Das bedeutet, die Zahnbürste kann genau feststellen, dass man den Backenzahn XY zu selten putzt. Das ist zunächst einmal ziemlich hilfreich. Endlich weiß man, was man beim Zähneputzen falsch macht.

Immer das gleiche Spiel: Technologie ist weder gut noch böse, sondern zunächst einmal hilfreich – solange sie nicht in die falschen Hände gerät. Wie Letzteres konkret am Beispiel der »intelligenten Zahnbürste« aussieht, erläutert uns Lobo im Folgenden:

Weniger hilfreich und toll kann jedoch der nächste Entwicklungsschritt werden. Wenn nämlich die Zahnzusatzversicherung dem Versicherten vorschreibt, eine Zahnbürste mit passender App auf dem Smartphone zu benutzen und sich dreimal am Tag die Zähne mit diesem Wunderwerk der Technik zu putzen. Wenn man sich nicht nach dieser Vorschrift richtet [was die Zahnzusatzversicherung sofort weiß, weil das Smartphone die Daten an den Versicherungsserver überträgt], *dann wird die Zusatzversicherung teurer. Das wird natürlich viel freundlicher formuliert, bedeutet aber nichts anderes als: »Sie können einen kräftigen Rabatt bei der Zahnzusatzversicherung bekommen, wenn Sie Ihre Zähne gut putzen. Und was gut ist, bestimmen A wir und sagen es Ihnen B über Ihr Smartphone, damit Sie C mit dem elektrischen Zahnputzteil genau das tun, was wir für richtig halten.«*

Ich weiß nicht, wie es euch geht, aber ich möchte nicht in einer Welt leben, in der mir die Zahnbürste sonntagmorgens sagt: »Wenn du dir nicht innerhalb der nächsten drei Minuten die Zähne putzt, musst du 3.000 € für die Zahnzusatzversicherung nachzahlen.«

Wenn wir uns alle »perfekt« die Zähne putzen, senkt das natürlich die Kosten des Gesundheitssystems. Ist das nicht schon Rechtfertigung genug, intelligente Zahnbürsten verpflichtend einzuführen?

In meinem Buch »Der geheime Weltkrieg« habe ich ausführlich geschildert, dass wir die Büchse der Pandora öffnen, wenn wir es zulassen, dass man uns Vorschriften macht, um die Gesundheitskosten niedrig zu halten. Damit erlaubt man dem Staat oder den Krankenversicherungen, sich in praktisch jedes Detail des Privatlebens einzumischen. Das beginnt mit der Helm- und Gurtpflicht, geht weiter über die Vorschriften für Wirte, wie sie ihr Unternehmen zu führen haben (Nichtraucherschutzgesetz). Die elektrische Zahnbürste, die uns sagt, wann und wie wir unsere Zähne zu putzen haben, ist bei Weitem nicht das Ende der Fahnenstange.

Speziell das Gesundheitswesen in Verbindung mit Versicherungen[139] führt zu einer Gemengelage, die uns die persönliche Freiheit praktisch vollständig kosten kann, wenn wir uns das gefallen lassen. Falls Sie dies für übertrieben halten, lesen Sie den 3. Teil, in dem ich aktuelle Entwicklungen zur Gesundheitsüberwachung schildere, die in wenigen Jahren Serienreife erreicht haben werden. Doch bevor Sie vorblättern: Spinnen wir die Idee der elektrischen »Big-Brother«-Zahnbürste kurz weiter.

Was passiert, wenn man die Blutwerte permanent überwachen kann? Muss man dann auf »Rabatte verzichten«, also de facto mehr zahlen, wenn man sich nicht so ernährt, wie die Krankenversicherung sich das vorstellt? Werden diese Daten automatisch an die Behörden weitergeleitet, wenn die Blutwerte den Verdacht nähren, man habe Drogen genommen?

Schrittzähler sind ein alter Hut, also warum sollten Krankenkassen nicht einen solchen vorschreiben (z. B. als eine von

---

[139] Bedenken Sie, dass Versicherungen, ebenso wie Banken, überhaupt nichts produzieren, also eng miteinander verwandt sind.

vielen Funktionen der Apple-Uhr, siehe weiter unten), der die Messungen an das Smartphone weitergibt und »tolle« Statistiken daraus erstellt?

Muss man dann höhere Versicherungsbeiträge zahlen, wenn man sich nach Ansicht der Krankenversicherung zu wenig bewegt?

Ich könnte mir im Gegensatz zu Sascha Lobo durchaus eine Welt vorstellen, in der ich höhere Beiträge für die Zahnzusatzversicherung bezahlen muss, wenn ich mich nicht so verhalte, wie die Bürokraten dort das für richtig halten. In einer solchen Welt würde ich einfach keine Zahnzusatzversicherung abschließen oder mit anderen Worten: Die könnten mich mal!

Eine Welt, in der ich jedoch nicht leben möchte, ist eine, in der mir die Krankenversicherung, zu der ich per Gesetz gezwungen werde, vorschreibt, was ich zu essen habe und wie viel ich mich wann zu bewegen habe.

Das Verhalten zu überwachen, um daraus Versicherungsprämien abzuleiten, macht unsere Welt nicht unbedingt lebenswerter.

[Zwischenruf aus dem Publikum:] *»Das haben wir doch längst mit der Autoversicherung.«*

Als hätte ich diesen Zwischenruf geahnt, sind Autos auch unser nächstes Thema, denn dieses Prinzip kommt von allen Seiten auf uns zu. Ich möchte euch keine Angst machen, sondern sagen, welche Entwicklungen gerade stattfinden, damit wir uns dagegen wehren können.

Auf der nächsten Abbildung sehen Sie die Mittelkonsole von einem »Smart Car to go«.

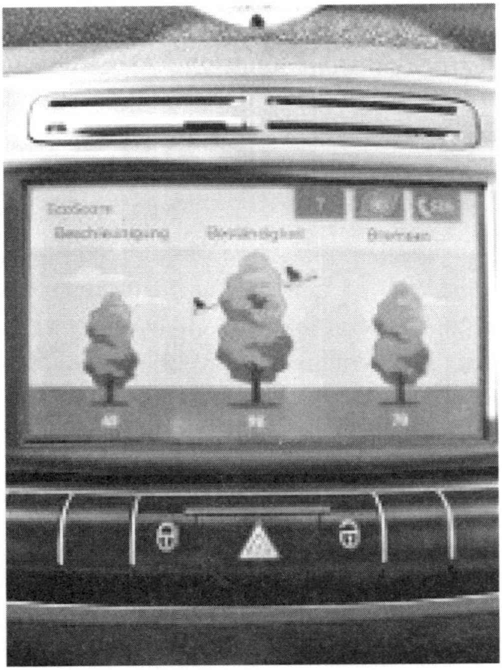

Abb. 2.9.2: »Smart Car to go« Eco Score.

Diese Autos der Firma Smart wurden mit einer kleinen On-Board-Unit ausgerüstet. Wenn man Mitglied bei »Smart car to go« ist, kann man auf seinem Smartphone sehen, wo ein Wagen frei ist. Wenn man gerade ein Auto braucht, geht man spontan dorthin, mietet es, fährt irgendwo hin, lässt das Auto dort einfach stehen und zahlt so viel, wie man gefahren ist – so ungefähr funktioniert das Prinzip.

Auf diese Weise wird das Auto von einem Produkt, das man kaufen kann, zu einem Service, den man benutzen kann. Das ist ziemlich praktisch. Viele Leute, mit denen ich gesprochen habe, kaufen deshalb kein Auto.

Aber, wenn einem etwas nicht gehört, muss man sich nach den Vorschriften des Besitzers richten. Dieses einfache Prinzip ist der Grund dafür, dass die *Bruderschaft* höchstes Interesse daran hat, möglichst alles zu besitzen. Geld, das wir uns leihen müssen, Wohnungen, die wir mieten müssen, und schließlich auch Autos. Diejenigen, die die Dinge produzieren, dürfen sich dann alles ausleihen und müssen sich dafür natürlich, damit sichergestellt ist, dass die Leihgabe auch pfleglich behandelt wird, totalüberwachen lassen. So schön und in sich konsistent können Strategien sein!

Betrachten wir den Bildschirm in der Mittelkonsole des Smart. Da steht »Eco Score« und drei Werte: Beschleunigung, Beständigkeit und Bremsen. Nach diesen Kriterien überwacht der Smart das Fahrverhalten. Begründet wird die Überwachung mit Effizienz, Nachhaltigkeit und dass die Menschen vorsichtiger fahren und weniger Unfälle verursachen. Daraus folgt dann, dass die Versicherungskosten sinken, weniger Benzin verbraucht wird, und was man an Vorteilen sonst noch daraus ableiten kann.

Sicher brauchen wir nicht lange auf einen Oberschlauen zu warten, der uns erklärt, dass wir mit dieser Fahrweise auch noch die ganze Welt retten, weil der CO_2-Ausstoß gesenkt wird. Schließlich ist dieses Zeug, das aus Auspuffen kommt und dass wir alle ausatmen, pures Gift für das Weltklima. Deshalb verhindern wir mit der vorgeschriebenen Fahrweise, dass die Malediven im Meer versinken und die Mädels ganzjährig mit Miniröcken rumlaufen, was die religiösen Gefühle unserer muslimischen Mitbürger verletzt, weshalb wir durch unsere Fahrweise einen Beitrag zum gesellschaftlichen Frieden leisten – oder so ähnlich[140].

Die Bäume auf dem Bildschirm [siehe Abb. 2.9.2] *haben umso mehr Laub, je besser man fährt. Irgendwann erscheinen zusätzlich ein kleines Eichhörnchen und ein paar Vögel. Wenn man aber nicht so gut fährt, erlebt man keine Natur pur auf*

140 Manchmal muss man die Dinge einfach karrikieren.

dem Bildschirm. Was gut ist, bestimmt allerdings die Firma »Car to go«, beziehungsweise der Computer an Bord, der algorithmisch errechnet, ob man gut fährt oder nicht. Diese Berechnung erfolgt natürlich mit allen Fehlern, die im Programm sein mögen oder nicht. Wenn man gut fährt, sind die Bäume schön grün und wenn man schlecht fährt, verlieren die ein bisschen Laub.

Was jetzt kommt, macht mir den lieben Sascha Lobo richtig sympathisch:

Ich habe exklusiv für Sie, liebe Zuhörer, mal versucht herauszubekommen, was passiert, wenn man wirklich wie der allerletzte Henker fährt. Es ist das, was man schon vermutet: Die Bäume verlieren immer mehr Laub, die Eichhörnchen und Vögel verschwinden. Ab einem bestimmten Punkt ist gar kein Laub mehr an den Bäumen. Dann hat man einen ganz schlechten Eco Score und ein kleines Pop-up erscheint mit folgender Nachricht: »Wenn Sie weiter so grauenhaft fahren, dann werden Sie von unserem Service ausgeschlossen und das Auto bleibt stehen.«

Natürlich gibt es Spielkinder, wie Sascha Lobo und mich (ich hätte auch unbedingt herauskriegen wollen, was passiert, wenn man die Bäume von ihrem Laub befreit), die es nicht besser verdienen, als von vernünftigen Erwachsenen wie der Geschäftsleitung von »Car to go« im Speziellen oder einer denkbaren schwarz-rot-grün-nochmal-rot-gelben Einheitspartei[141] im Allgemeinen gemaßregelt zu werden. Doch man stelle sich einfach mal vor, man hat einen solchen Smart gemietet und der Beifahrer bekommt einen Herzinfarkt. Man versucht, ihn dann möglichst schnell ins Krankenhaus zu bringen, das

---

[141] Wäre eine solche On-Bord-Unit nicht eine fantastische Sache, wenn sie für alle Autos verpflichtend wäre? Wir hätten dann weniger Unfälle, Weltklima usw. blablabla ... Bin nur gespannt, wann ein solcher Vorschlag von irgendeinem Polit-Spacken eingebracht wird. Ob das passiert, ist keine Frage ...

Laub fliegt aufgrund der zügigen Fahrweise von den virtuellen Bäumen und die Karre bleibt stehen! Daraufhin bekommt der Fahrer dann ebenfalls einen Herzinfarkt … Spaß beiseite, weiter geht's mit Sascha Lobo:

Hier findet mit dieser Art von Verhaltensüberwachung eine »sanfte« Korrektur des Verhaltens statt und das ist aus Gründen der Effizienz und der Umwelt sogar nachvollziehbar. Aber dieses Gerät schreibt einem vor, wie man gefälligst zu fahren hat. In jeder Sekunde. Wenn man allerdings in eine Situation kommt, dass man eigentlich eine Vollbremsung machen sollte, aber dann aus dem Service fliegt [Verlängert das Dilemma möglicherweise die Reaktionszeit]*: Bumm!* [Gelächter im Publikum].

Genau das habe ich mit meiner Helm- und Gurtpflichtkritik gemeint. Natürlich es in der Regel sinnvoll, einen Helm beziehungsweise Gurt zu tragen. Natürlich wäre es aus Umwelt- und Effizienzgründen sinnvoll, wenn jedes Auto eine On-Bord-Unit hätte, die einem sagt, wie man zu fahren hat. Natürlich ist eine Zahnbürste sinnvoll, die für uns auf optimale Zahnpflege achtet. Natürlich wäre ein Gerät zur permanenten Messung der Blutwerte sinnvoll, das uns sagt, ab wann unsere zügellose Ernährung langsam gefährlich wird.

Sie sehen, worauf das hinausläuft: Wenn man dem Staat oder sonst wem gestattet, den Menschen alles Mögliche vorzuschreiben, nur weil es in der Regel »sinnvoll« ist, bedeutet dies totale Entmündigung – das Ergebnis von Totalüberwachung. Und weil's gerade so total schön ist:

So treibt man die Menschheit in kleinen Schritten in die totale Sklaverei. Man arbeitet hauptsächlich für Steuern und Zinsen[142], man wird totalüberwacht und auf »sinnvolle« Weise entmündigt.

---

[142] Anstatt dafür zu arbeiten, sich Produkte und Dienstleistungen zu gönnen. Für deren Austausch war Geld ursprünglich einmal gedacht und nicht dafür, damit weiteres Geld zu verdienen.

Ein Unfall, weil man nicht aus dem Service fliegen möchte, ist vielleicht ein wenig übertrieben, aber ich glaube, es ist sinnvoll, an solch übertriebenen Situationen zu erklären, in welche Richtung sich die Dinge entwickeln und warum es wichtig ist, sich damit zu beschäftigen. Dies ist deshalb so wichtig, weil sich die Qualität der Daten und welche Daten durchs Netz getrieben werden, zurzeit dramatisch verändert.

Die schon erwähnte Autoversicherung [Pendant zur Zahnzusatzversicherung] *würde sagen: »Wir messen, wie gut du fährst, und wenn du richtig gut fährst, dann bekommst du einen Rabatt.« Das Prinzip heißt »Pay as you drive« und ist in Deutschland noch nicht verbreitet. In Großbritannien und den USA ist hingegen sogar die »Pay as you drive auf Speed«-Variante modern.*

Wenn man ein Auto nicht kauft, sondern least, wird es per Fernsteuerung abgestellt, so dass man nicht weiterfahren kann, wenn man mit der Rate säumig ist.

Das hört sich ziemlich krass an, aber zumindest der nicht minder krasse Fall »Smart Car to go« ist in Deutschland Realität.

Folglich ist es nicht unrealistisch, anzunehmen, dass das, was in den USA oder Großbritannien üblich ist, schon bald zu uns hinüber schwappt. Schließlich wird bislang jeder Unfug aus den Vereinigten Staaten bei uns als »Fortschritt« gepriesen und praktisch kritiklos übernommen.

Kulturlosigkeit verdrängt Kultur.

Profit[143] verdrängt Lebensqualität.

Ein interessantes Phänomen.

Doch die Totalüberwachung zur Verhaltenskontrolle zeigt sich auch an weiteren Beispielen, die uns Sascha Lobo auftischt:

---

[143] Wozu, außer um seine Lebensqualität zu erhöhen, sollte jemand motiviert sein, Profit zu machen?

Das hier ist zum Beispiel die Apple-Uhr:

Abb. 2.9.3: Rückseite der Apple-Uhr mit Sensoren zur Messung verschiedener Gesundheitsdaten.

Sie wurde vor wenigen Wochen vorgestellt, und wenn es zufälliger Weise so ist, dass ihr das Aussehen dieser Uhr ganz anders in Erinnerung habt, dann liegt das daran, dass ihr die falsche Seite [der Uhr] *in den Medien vorgestellt bekommen habt. Die Vorderseite ist genau das, was man erwartet hat. Sie sieht toll aus und hat viele geile Features. Eigentlich ist die Uhr nur ein kleines Smartphone, das man sich um das Handgelenk wickelt. Die Rückseite hingegen ist wirklich interessant, weil sie eine neue Qualität der Datenvernetzung quasi standardisiert – und zwar weltweit. Das ist deshalb eine neue* [Vernetzungs-]*Qualität, weil die Apple-Uhr Gesundheitsdaten ins Netz sendet, und zwar auf breiter Fläche. An der Unterseite der Uhr sind nämlich einige Sensoren, die messen, wie man so drauf ist.*

Schrittzähler ist eh klar, d.h. das Gerät sagt einem »Du bist heute nur acht Schritte gelaufen, Du Idiot!« – auch da wird's, glaube ich, anders formuliert. [Messung der Herzfrequenz ist ebenfalls selbstverständlich]. *Aber das Ding kann durch direkten Hautkontakt eine ganze Reihe weiterer Daten auslesen.*

Diese Technologie ist also ein Eldorado für Krankenkassen, um uns allen bei für gut befundenem Verhalten »Rabatte« zu gewähren. Tatsächlich wird natürlich der Grundpreis angehoben und wir zahlen mit diesen »Rabatten« das gleiche wie vorher – nur, dass wir nicht mehr so frei sind, wie vorher. Lediglich die unbelehrbaren Quertreiber, die sich ihre Lebensgestaltung nicht vorschreiben lassen, zahlen mit dem unrabattierten Grundpreis entsprechend mehr. So ist das, liebe Leser, selbst für seine Freiheit wird man bezahlen müssen.

Was man heute durch die »Hautschnittstelle« alles auslesen kann, kann man ungefähr erahnen, wenn man mal ins Krankenhaus geht: z. B. die Körpertemperatur und den Fettgehalt des gesamten Körpers. Das geht so weit, dass man mithilfe der Schweißpartikel auch bestimmte andere Körperwerte ausmessen kann, zum Beispiel den Zuckerspiegel.

All dies kann man zu neuen, spannenden Daten zusammensetzen und entsprechendes Verhalten des Versicherten einfordern. Doch es geht noch weiter: Zum Beispiel ist heute [Ende Oktober 2014] *bekannt geworden, dass Google ein Armband entwickelt, das die Krebsfrühvorsorge erleichtern soll* [und Herzinfarkte bereits im Vorfeld erkennt][144]. *Das funktioniert so: Man schluckt eine Tablette, die kleine Nanopartikel im Blut freisetzt. Das Verhalten dieser Nanopartikel kann von dem Armband gemessen werden. Der Fantasie sind praktisch keine Grenzen gesetzt und es hört sich nach Science Fiction an.*

---

[144] http://www.bbc.com/news/technology-29802581

Wenn man jedoch schon seine Zahnbürste entscheiden lässt, wann man sich die Zähne putzt, warum soll dann nicht die Uhr entscheiden, wann man zur Krebsvorsorge gehen soll? Das alles hat ja auch positive Seiten und gleichzeitig fängt es dann an, wirklich Angst einflößend zu werden, weil irgendein Server eher weiß als ich selbst, ob ich an Krebs erkranke oder nicht. Falls Google diese Technologie fertig stellt, werden die das verantwortungsbewusst einsetzen? Ich bin mir unsicher.

Und wenn diese Daten schon einmal da sind, dann ist klar, dass eine bestimmte Gruppe von Leuten mit ziemlicher Sicherheit auf diese Daten zurückgreift. Gemeint sind jene Leute, die sich überhaupt nicht um das Grundgesetz kümmern, also jene, von denen wir vorher gesprochen haben.

Nun kann man sich natürlich fragen, was so schlimm daran sein soll, wenn die Geheimdienste auf Gesundheitsdaten zugreifen und so ziemlich genau wissen, wie es gesundheitlich um jeden einzelnen Bürger bestellt ist. Dass dieser Zugriff längst erfolgt und wir uns folglich ausmalen können, was passiert, wenn die zuvor beschriebenen Technologien weite Verbreitung finden, erklärt uns Sascha Lobo anhand eines tatsächlich stattgefundenen Vorfalls in den USA:

Der Zugriff der Behörden auf Gesundheitsdaten ist nicht nur eine Vermutung, das kann ich auch beweisen, denn folgendes ist im Jahre 2013 passiert: Eine querschnittsgelähmte Frau, eine Kanadierin, wollte durch die USA reisen. Sie wurde an der US-Grenze von einem ganz normalen Zollbeamten mit der folgenden Begründung abgewiesen:[145]

»Ich kann aus Ihrer Akte entnehmen, dass Sie mal klinisch depressiv waren. Deshalb dürfen Sie nicht in die Vereinigten Staaten einreisen.« Das war kein Zufall, sondern offenbar ein ganz normaler Prozess, der dazu geführt hat, dass ein Zollbe-

[145] http://www.thestar.com/news/canada/2013/11/29/border_refusal_for_depressed_paraplegic_shows_canadaus_security_cooperation_has_gone_too_far_walkom.html

amter der Vereinigten Staaten eine klinisch Depressive an der Grenze abgewiesen hat. Das ist natürlich in höchstem Maße gerechtfertigt, weil klinisch depressive, querschnittsgelähmte Frauen in Rollstühlen mit hoher Wahrscheinlichkeit Terroristen sind.

Damit sind wir bei dem nächsten Problem, das sich aus der Totalüberwachung ergibt: Die Daten gehen natürlich nicht an irgendwelche finsteren *Illuminaten*, die sich für die Psychotherapie von Lieschen Müller interessieren. Stattdessen gehen die Daten an das Heer von nicht gerade mit Intelligenz gesegneten Erfüllungsgehilfen, die – zumeist Versager auf der ganzen Linie und deshalb eine Schwachsinnsarbeit ausübend – nun endlich mit Macht ausgestattet sind und sich entsprechend aufspielen können. Sich vor derartigen Vollpfosten rechtfertigen zu müssen, trägt auch nicht unbedingt zur Steigerung der Lebensqualität bei.

2.10 Gibt es eine »politische Lösung« des Problems?

Die Frage, die ich mir nun stelle, ist die, wie man mit den digitalen Gräben umgeht, von denen ich zuvor sagte, dass sie bei der Überwachung nicht bestehen, aber sonst an allen Ecken und Enden [in Bezug auf die Nutzung des Internets]. *Einige Leute machen sehr viel im Internet, einige sehr wenig, und zwischen ihnen besteht der digitale Graben* [aber überwacht werden alle mithilfe des Internets gleichermaßen, wie wir gesehen haben]. *Ich glaube, dass wir diesen Graben zuschütten müssen, weil es um unsere digitale Freiheit geht, die wir uns nur gemeinsam erkämpfen können. Ich möchte nicht, dass die Leute, die auf der Seite* [des Grabens] *sind, wo ich bin, die also ein gewisses Verständnis für die digitale Welt haben, die einzigen sind, die dafür kämpfen. Ich glaube, das, was ich erzählt habe, müssen mehr Leute verstehen, diese Gräben müssen durch Verbreitung von Wissen zugeschüttet werden, damit wir gemeinsam als Gesellschaft dagegen etwas unternehmen können.*

Das sehe ich auch so, weshalb ich Sascha Lobo beim Wort genommen habe und seine Ausführungen hier verbreite (abgesehen davon glaubt der eine oder andere ihm vielleicht eher als einem Verschwörungstheoretiker wie mir). Freuen würde mich jedoch, wenn auch Leute wie Sascha Lobo den überfälligen nächsten Schritt gehen würden, indem sie die Ursache der Totalüberwachung, also die Terrorgefahr, die eine direkte Folge von undifferenzierter Zuwanderung ist, anprangern. Also auf, auf, lieber Sascha Lobo, zum nächsten Pediga-Spaziergang!

Ich möchte nicht alle Politiker über einen Kamm scheren, doch es ist für die Politik einfach, zu sagen: »Machen wir doch ein bisschen mehr Überwachung, dann passiert schon nichts.«

In diesem Zusammenhang spreche ich von »Sicherheitsesoterik«. Damit ist gemeint, dass Behörden einfach ihre Machtbereiche ausdehnen, indem sie behaupten: »Mehr Überwachung bedeutet mehr Sicherheit, und wer dagegen ist, ist schuld, wenn ein Anschlag passiert.« Mit diesem Narrativ, das bewusst in die Welt gesetzt wird, weil Leute damit Geld verdienen und Macht gewinnen, wird immer mehr und mehr Überwachung etabliert. So kam es dann schließlich zu jener radikalen Totalüberwachung, die wir durch Snowden bemerken konnten.

Folglich haben genau diese Leute, die »damit Geld verdienen und Macht gewinnen«, ein großes Interesse daran, dass ihre Begründung für die Totalüberwachung (Terrorgefahr) intakt bleibt. Dies wird erreicht durch die undifferenzierte Zuwanderung, weshalb sofort klar wird, dass die gleichen Leute, die durch Totalüberwachung »Macht gewinnen«, diejenigen sind, die letztlich die Politik bestimmen. Vor diesem Hintergrund wird das Gekreische von Politik und Mitläufer-Medien sofort verständlich, wenn jemand die Zuwanderungspolitik kritisiert. Nun ist es eigentlich nur noch ein kleiner Schritt, diesen »Leuten« einen Namen zu geben: *Illuminaten*. Dass diese Verschwörung existiert, spricht sogar der Mainstream-Mitläufer Lobo aus, er führt den Gedanken eben nur nicht weiter.

Diese Gräben zuzuschütten im Kampf um die digitale Freiheit, ist deshalb so wichtig, weil es nur eine politische Lösung des Problems gibt.

Die Frage ist allerdings, wie eine solche politische Lösung aussehen soll. Es ist offensichtlich, dass jene Leute, die durch Totalüberwachung »Macht gewinnen«, auch die Politik, also die Regierungen, beherrschen. Wie sie das tun, habe ich ausführlich in einem vorherigen Buch beschrieben[146], wobei die Totalüberwachung natürlich bestens dazu geeignet ist, Regierungen in Zukunft noch viel effizienter, totaler zu kontrollieren.

Die Quelle der Macht der *Bruderschaft* ist das Finanzsystem. Folglich kann eine politische Lösung nur so aussehen, dass man den Verschwörern die Grundlage entzieht, indem man die private Geldschöpfung abschafft und die »Geld mit Geld Verdienenden« enteignet. Vielleicht darf ich an dieser Stelle ein klein wenig Skepsis äußern, dass eine solch tiefgreifende Umwälzung durch »freie Wahlen« erreicht werden kann – ganz davon abgesehen, dass sich die Mehrheit mit den Gedanken, die hier ausgebreitet werden, wohl niemals beschäftigen wird. Schließlich erhält die Mehrheit ihr Weltbild aus der Tagesschau, von Spiegel Online (wobei ich Lobo als löbliche Ausnahme verstanden wissen will) und ähnlichen Regimemedien.

2.11 Videoüberwachung und die Verbrechensvorhersage

Doch schauen wir uns nun weitere Systeme an, die bereits in Betrieb sind und potenziell dazu in der Lage sind, jeden zu überwachen und zwar unabhängig davon, ob er ein fleißiger Internet-Nutzer ist oder nicht:

---

[146] von Salomon (2014b), S. 125-297

Das hier [siehe Abb. 2.11.1] *ist ein System der Firma Behavioral Recognition Systems (BRS), das nach den Anschlägen in Boston installiert wurde*[147]*. Boston war zuvor auch nicht gerade in geringem Maße überwacht. Doch nach den Anschlägen haben sich die Leute durchgesetzt, die glauben, dass die Terroristen nur aufgrund von zu wenig Überwachung den grauenhaften Bombenanschlag verüben konnten.*

Ich vertrete an dieser Stelle einen geringfügig anderen Standpunkt: Es haben sich die Leute durchgesetzt, die einen solchen Terroranschlag als **Vorwand** für mehr Überwachung heranziehen. Dieses mehr an Überwachung soll nicht primär zukünftige Terroranschläge verhindern, sondern dazu dienen, die gesamte Bevölkerung zu bespitzeln, Regimegegner frühzeitig zu identifizieren und ihr Verhalten zu sanktionieren. Wie ich bereits ausführte, steht der Aufwand, der mit der Totalüberwachung getrieben wird, in keinem Verhältnis zur tatsächlichen Bedrohung durch Terroranschläge.

Schauen wir uns mal ein solches System der Firma BRS näher an:

Abb. 2.11.1: Optische Komponente des BRS-Systems zur Verbrechensvorhersage.

[147] http://www.itproportal.com/2014/04/16/aisight-the-surveillance-network-completely-run-by-ai/

Das ist ein »Artificial Intelligence System«, das auf einer automatischen Gesichtserkennung von allen Leuten basiert, die durch die City laufen. Ist der Fußgänger erst einmal identifiziert, kann man sein »Pattern of Life« abrufen [das man durch all die bereits zuvor beschriebenen Verfahren gewonnen hat]. *Anhand der »Patterns of Life« wird dann entschieden, wann man Polizisten hinschicken sollte.*

Überwachungskameras sieht man heute fast überall in den Großstädten. Einen Bahnhof kann man überhaupt nicht mehr betreten, ohne gefilmt zu werden. Die meisten Menschen denken, dass diese Filmaufnahmen irgendwo abgespeichert werden und nur, wenn etwas passiert, zur Identifikation irgendwelcher Täter herangezogen werden. Diese Sicht der Dinge ist in den meisten Fällen heute noch korrekt.

Doch das wird nicht mehr lange so bleiben, wie uns Sascha Lobo anhand des BRS-Systems erklärt. Durch die automatische Gesichtserkennung und den darauf folgenden Abgleich mit den »Patterns of Life« werden eben nicht nur die »Filmchen« irgendwo abgespeichert, sondern der Name jeder Person, die an der Überwachungskamera vorbeigeht, inklusive sämtlicher Daten, die unter »Patterns of Life« zusammengefasst werden: Finanzdaten, Bewegungsprofile, Kommunikationsmetadaten und so weiter.

Das Ganze läuft also auf eine Zukunft hinaus, in der man nicht mehr vor die Türe gehen kann, ohne dass man auf Schritt und Tritt beobachtet wird und all dies in Datenbanken abgespeichert wird. Alles nicht so schlimm, wenn man nichts zu verbergen hat? Bedenken Sie, dass fehlerbehaftete Algorithmen berechnen, ob Sie, wenn Sie irgendwo langgehen, eine Bedrohung darstellen oder nicht. Derartige Fehler führen dazu, dass man schon mal Hochzeitsgesellschaften im Jemen über den Haufen schießt, also besteht kein Grund daran zu zweifeln, dass man auch Ihnen beim nachmittäglichen Spaziergang durch die Stadt ein paar Polizisten vorbeischickt, die Sie sicherheitshalber erst mal festnehmen. Genau diesen Punkt spricht auch Sascha Lobo an:

Wenn sich zwei Leute zu nahe kommen, von denen das System glaubt, dass die ein bisschen komisch sein könnten, dann schicken sie erst einmal ein paar Polizisten hin. Nun kann man denken, dass man in Boston nach den Anschlägen ein bisschen durchgedreht ist und das Ganze übertreibt, doch es gibt ein vergleichbares System inzwischen auch in München[148]*.*

Das Münchner System arbeitet nicht, oder nicht nur, auf Basis von Gesichtserkennung – über die genauen technischen Details ist nicht viel herauszufinden. Es heißt Precops und basiert auf einer sehr globalen Form der Überwachung.

Das System wurde zuerst in Amsterdam-Süd eingesetzt. Es kann mit einer ziemlich großen Wahrscheinlichkeit vorhersagen, ob es innerhalb eines Planquadrats von 125 mal 125 Metern in den nächsten Stunden zu einem Einbruch kommt. Und wie tut es das? Es überwacht sämtliche Autos, die durch das Planquadrat fahren, indem es die Nummernschilder erkennt. Zusätzlich überwacht das System die Handykommunikation, die im Planquadrat stattfindet. Wenn die falschen Handys die falschen Nummern anrufen und dazu Lieferwagen mit ausländischen Kennzeichen durch die Gegend fahren und eine erhöhte Kommunikationsaktivität stattfindet, dann ist es ziemlich sicher, dass dort demnächst ein Einbruch stattfindet.

Über die Implikation, dass man ausländischen Handyverkehr mit möglicher Kriminalität gleichsetzt, möchte ich gar nicht erst anfangen zu reden.

Warum eigentlich nicht, lieber Sascha Lobo?

Das System funktioniert schließlich nur deshalb so gut, weil statistisch gesehen die Einbruchrate tatsächlich steigt, wenn ein erhöhtes Kommunikationsaufkommen unter Ausländern in der Gegend stattfindet.

---

[148] http://www.heise.de/newsticker/meldung/Precrime-Bayerische-Polizei-setzt-Software-gegen-Einbrecher-ein-2287024.html

Das ist also nicht eine infame Verleumdung unserer ausländischen Mitbürger, sondern bewiesene Tatsache. Darf man darüber etwa nicht reden, weil man dadurch undifferenzierte Zuwanderung in Frage stellt und damit die Ursachen der Totalüberwachung, nämlich gesteigerte Kriminalität und Terrorgefahr?

Tut mir leid, aber sich den Kampf gegen die Totalüberwachung durch wöchentliche Artikel auf Spiegel Online quasi zum Lebensinhalt zu machen, aber dann über den Zusammenhang zur undifferenzierten Migration nicht reden zu wollen, zeugt entweder von Angst, gesellschaftlich geächtet zu werden und nicht mehr für SPON, FAZ usw. schreiben zu dürfen, oder von Dummheit. Da wir Letzteres bei Sascha Lobo wohl definitiv ausschließen dürfen, können wir natürlich interessante Rückschlüsse auf die Pressefreiheit in den »Qualitätsmedien« ziehen.

Aber tatsächlich funktioniert dieses System einigermaßen, und alleine weil es funktioniert, reicht dies aus, zu begründen, dass man wirklich alle Kommunikation, alle Nummernschilder und alle Bewegungen von allen Leuten in einem bestimmten Planquadrat überwacht. Dieses System funktioniert umso besser, je mehr Daten erhoben werden.

Mit diesem kleinen Ausblick in die Zukunft, denn das ist die Zukunft in Hannover [dort fand der Vortrag statt] *– in München ist es Gegenwart – möchte ich mich bei euch bedanken und die Diskussion einleiten. Vielen Dank!*

Derartige Systeme, die Verbrechen vorhersagen können, bevor sie überhaupt passiert sind, erinnern ein wenig an den Film »Minority Report« mit Tom Cruise. Den Rahmen der Handlung bildet eine Zukunft, in der es keine Verbrechen mehr gibt, weil sie vereitelt werden, bevor sie geschehen.

In die gleiche Kerbe schlägt die Fernsehserie »Person of Interest«, in deren Mittelpunkt eine Software steht, die »Überwachungsdaten auswertet, um aus den sich ergebenden Mustern bevorstehende Terroranschläge vorauszusagen«[149]. Das sind exakt die von Lobo diskutierten »Patterns of Life«.

Ganz so unrealistisch scheint die Film- bzw. Serienhandlung angesichts von Precops nicht zu sein. Doch spinnen wir den Gedanken weiter: Wenn man beispielsweise einen Einbruch verhindern kann, indem man ihn korrekt vorhersagt, stellt sich natürlich folgende Frage: Was macht man mit den Tätern, die die Tat noch gar nicht begangen haben? Wenn man sie nicht bestraft, versuchen sie es an einem weniger gut überwachten Ort erneut, könnte eine Argumentation lauten. Doch wenn man die potenziellen Täter für ihre noch nicht begangene Tat bestraft, so ergeben sich drei gewaltige Problemfelder (Unvorhersagbarkeit, Programmierfehler und Nachprüfbarkeit).

Das exakte, also 100 %ige Vorhersagen der Zukunft würde A einen strengen Determinismus der Natur voraussetzen, der nach unserem Wissen über Physik nicht existiert[150]. Die Voraussetzung B wäre, dass der für die Berechnung der Zukunft zugrundeliegende Algorithmus eine exakte Simulation der Umwelt der Täter inklusive der Täter selbst und ihrer Gehirne sein müsste. Von einer solchen exakten Simulation sind wir trotz des Moore'schen Gesetzes noch viele Jahrzehnte – eher Jahrhunderte – technisch entfernt. Aus A und B folgt, dass der für die Berechnung der Zukunft zugrunde liegende Algorithmus ein mehr oder weniger grobes Model der Wirklichkeit ist. Wie stark welche Details der Wirklichkeit berücksichtigt werden, ist deshalb Geschmacksache der Entwickler des entsprechenden Algorithmus. Hinzu kommt, dass sich C mit sehr hoher Wahrscheinlichkeit Fehler in der den Algorithmus abbildenden Software eingeschlichen haben.

---

149 Wörtlich übernommen aus der Produktbeschreibung bei Amazon.

150 Die Begründung dafür ist ziemlich komplex und würde uns von der Vielwelteninterpretation der Quantenmechanik zum Indeterminismus der relativistischen Quantenmechanik führen. Diese Diskussion würde von Thema abweichen.

Fazit: Man würde Menschen auf Basis eines Algorithmus bestrafen, der nur eine grobe Beschreibung der Realität sein kann und der durch eine Software abgebildet wird, die mit an Sicherheit grenzender Wahrscheinlichkeit an der einen oder anderen Stelle Programmierfehler aufweist. Dies würde dem gängigen Verfahren der Verurteilung aufgrund von Indizien eine ganz neue Qualität zu Ungunsten des Angeklagten verleihen. Gewisse Hochzeitsgäste im Jemen können ein Lied davon singen – bzw. jetzt nicht mehr.

Wenn man den Irrglauben erfolgreich verbreitet hat[151], die Zukunft ließe sich per Algorithmus 100 %ig exakt vorhersagen, ergäbe sich die folgende Situation: Die Aussage derjenigen, die im Besitz des Systems zur Vorhersage wären, würde als 100 %ige Wahrheit gelten und ihre Aussagen würden sich jeglicher Nachprüfbarkeit durch die Öffentlichkeit, die schließlich nicht im Besitz des Systems und des darauf laufenden Algorithmus ist, entziehen.

Dieser Umstand verleiht den Besitzern des Algorithmus die Macht, einfach zu behaupten, jemand hätte dieses oder jenes Verbrechen geplant. Diese Lüge wäre dann Grundlage für eine Verurteilung, wobei eine Widerlegung der Lüge durch die Konstruktion des Systems prinzipiell unmöglich ist. Damit haben wir einen direkten Bezug zur Religion: Es wird die Existenz eines außerhalb der von ihm geschaffenen Natur stehenden Gottes, eines Teufels usw. einfach behauptet, wobei die Behauptung selbst deren Nachprüfbarkeit ausschließt. Diesen Punkt habe ich bereits ausführlich im Zusammenhang mit »Russels Teekanne« diskutiert[152]. Die gleiche Systemkonstruktion liegt übrigens auch bei der Überwachung selbst vor: Sobald die Menschen glauben, dass alles überwacht wird, gilt die

---

[151] In der Verbreitung von Irrglauben hat die *Bruderschaft* schließlich eine jahrtausendelange Erfahrung. Entschuldigung, diese Bemerkung konnte ich mir einfach nicht verkneifen.
[152] von Salomon (2014a), S. 21

Aussage der Überwacher, jemand habe dies oder jenes (in der Vergangenheit) getan, als absolute Wahrheit, wobei es der Öffentlichkeit unmöglich ist, die Quelle der Daten zu überprüfen. Somit wird durch die Totalüberwachung ein echter Ersatz für Religion geschaffen: Was von der Obrigkeit behauptet wird, gilt als unumstößliche Wahrheit, die sich jeglicher Nachprüfbarkeit entzieht.

Fazit: Der Glaube der Öffentlichkeit, jemand sei im Besitz eines Algorithmus zur sicheren Vorhersage von Straftaten, verleiht Letzterem die Macht, jedem Regimegegner eine beliebige Straftat anzuhängen. Man braucht beispielsweise einfach nur zu behaupten, die Überwachungsdaten und die daraus konstruierten »Patterns of Life« würden eindeutig darauf hinweisen, dass eine (dem Regime missliebige) Person jemanden vergewaltigen wolle (indem man z. B. die zugrundeliegenden Überwachungsdaten fälscht, indem man der Person das Anschauen von Gewaltpornos im Internet unterschiebt oder ähnliches), und schon gilt die Person als Vergewaltiger.

Wieder den Irrglauben an die sichere Vorhersagbarkeit von Straftaten vorausgesetzt, stellt sich die folgende Frage: Wie weit darf man gehen, um eine laut Algorithmus geplante Straftat zu verhindern? Diese Frage ist im Prinzip schon beantwortet: Auf Basis der Algorithmen, die die »Patterns of Life« berechnen und daraus die Wahrscheinlichkeit ableiten, dass jemand Terrorist ist, wurden bis heute bereits Tausende Menschen hingerichtet. Warum sollte man dann in Zukunft nicht eine Drohne von der Größe einer Mücke dem dringend Tatverdächtigen Vergewaltiger auf den Hals hetzen, die ihm ein kastrierendes Gift verabreicht?

Nun gleite ich aber in den Bereich der Science Fiction ab, mag der eine oder andere Leser denken. Nein, das tue ich nicht! Im nächsten Kapitel werde ich aufzeigen, dass derartige Technologien keine »Fiction« sind, sondern aktuelle »Science«, d. h. sie befinden sich heute bereits in der Planung und zum Teil im Prototypenstadium. Kombinieren Sie dies mit dem aufgeführten Argument der glaubwürdigen Lüge (Nachprüfbarkeit), und Sie beginnen zu ahnen, was gottgleiche Macht bedeutet. Und wenn Sie bei diesen Überlegungen nicht linear, sondern exponentiell denken, dann wissen Sie, dass diese Dinge nicht in ferner Zukunft liegen.

Genau diesen Dingen möchte ich mich nun zuwenden.

Schon bald werden wir jeden Baumwolle pflückenden Sklaven um seine vergleichsweise großzügig bemessene Freiheit beneiden, wenn wir nichts gegen das Establishment unternehmen.

Teil 3: Die nahe Zukunft – Wie der allwissende Rachegott der Bibel Realität wird

Vergleichen wir zunächst einmal die Konzepte »Religion« und »Totalüberwachung«. Dieser Vergleich dient dazu, aufzuzeigen, dass Totalüberwachung in Verbindung mit der zu jedem Zeitpunkt möglichen Bestrafung im Prinzip nichts anderes als die technische Realisierung des Konzeptes Religion ist. Dieses Wahrwerden des alten Traums der totalen Kontrolle – zu nichts anderem dient Religion – wird aus Sicht der *Illuminaten* nun endlich durch die rasanten, weil exponentiellen, Fortschritte in der Computer- und Kommunikationstechnologie möglich. Wie wir aus der Neurobiologie wissen, beeinflusst das Fühlen das Denken und das Denken das Handeln des Menschen. Deshalb läuft dieser Vergleich der Konzepte darauf hinaus, wie die Gefühlszentren angeregt werden, indem der Glaube erzeugt wird, was, ganz primitiv, »gut« und »böse« ist. »Gut« ist das, was von Gott (den Totalüberwachern) belohnt wird, und »schlecht« ist das, was von ihnen bestraft wird. Mit anderen Worten, mit der Macht, jeden jederzeit belohnen und bestrafen zu können, geht die Macht einher, festzulegen, was »gut« und was »böse« ist.

1. Die Grundlagen: Die (drei abrahamitischen) Religionen basieren auf dem Glauben, es existiere ein außerhalb der Naturgesetze stehender Gott, der das Universum geschaffen hat. Damit entzieht sich dieser Gott jeglicher Nachprüfbarkeit, weil der Skeptiker Teil dieses Universums inklusive seiner Gesetze ist und somit keine Möglichkeit hat, über dessen Rand hinaus den außerhalb stehenden Gott beobachten zu können.

Auf diese Weise erhalten die Erfinder des Konzepts einen Freibrief, den sie sich selbst ausgestellt haben, in dem sie im Prinzip behaupten können, was sie wollen, ohne dass man ihnen das Gegenteil nachweisen kann.

Deshalb hören wir aus dem Munde von Religiösen so oft, was Gott eigentlich vorhat, was er denkt und was sein Wille ist. Was für eine ungeheure Anmaßung! Die meisten Menschen wissen noch nicht einmal, was sie selbst wollen, geschweige denn, was ein Mitmensch will, aber was Gott will, das wissen sie genau. Tatsächlich wissen sie rein gar nichts, aber weil nichts in dem ganzen Konstrukt nachprüfbar ist, meinen sie, behaupten zu können, was immer sie wollen.

Diesen Umstand verdeutlichte der britische Mathematiker und Philosoph Bertrand Russell sehr schön durch seine Analogie der Teekanne, die in einer Umlaufbahn zwischen Erde und Mars um die Sonne fliegt, aber zu klein ist, um mit den besten Teleskopen gesehen zu werden. Auf diese Weise verdeutlichte Russell, dass es nicht Sache des Skeptikers ist, eine Behauptung zu widerlegen, sondern dass es Sache desjenigen ist, der die Behauptung aufstellt, diese auch zu beweisen.

Wenn man sich nicht an diese Regel hält, führt dies zu müßigen Diskussionen über jeglichen denkbaren Unsinn. Wenn ich beispielsweise behaupten würde, es gäbe eine »feinstoffliche« Welt, dann wäre es an mir, genau zu definieren, was darunter zu verstehen ist und dann ein Experiment zu präsentieren, mit dem jedermann (zumindest im Prinzip) diese »Feinstofflichkeit« nachweisen könnte.

Umgekehrt kann man anhand des Abweichens von dieser Regel Scharlatane entlarven. Wer etwas behauptet und dann von Skeptikern den Gegenbeweis fordert, kann ziemlich unbedenklich in diese Kategorie eingeordnet werden.

Bei den Religionen ist genau dies Methode: Man soll glauben, statt zu wissen, d. h. sein Hirn abschalten, egal wie unglaubwürdig das Dargebotene ist, und wer Skepsis äußert, wird darauf hingewiesen, dass er schließlich das Gegenteil auch nicht beweisen kann. Die Methode ist also, Glauben statt Denken zu fordern und dem Skeptiker die Beweislast für dessen Skepsis aufzubürden.

Die Absichten dieses *per definitionem* unbeweisbaren Gottes (»übernatürlich«, außerhalb der Naturgesetze stehend) und somit die seiner Diener auf Erden, die natürlich seine Erfinder sind, sind ebenfalls *per definitionem* »gut«, Zuwiderhandlungen sind entsprechend »böse«. Tatsächlich dient dieses Konzept einzig dazu, das Fühlen, Denken und Handeln der Menschen zu beherrschen und so die Macht der selbsternannten »Diener Gottes« zu ihrer persönlichen Bereicherung und zur Durchsetzung ihrer persönlichen Interessen zu festigen.

Wer von diesem Glaubensvirus erst einmal infiziert ist, fühlt sich in jeder Sekunde seines Lebens von diesem Rachegott überwacht. Deshalb richtet sich der Gläubige brav nach den Vorgaben der Religionsfürsten und verteidigt diesen Glauben mit großem Eifer, weil er ewige Bestrafung durch den allwissenden Rachegott vermeiden und stattdessen ins Paradies kommen möchte.

Totalüberwachung basiert auf dem Glauben, dass die Ergebnisse, die von den zugrunde liegenden Bespitzelungssystemen geliefert werden, immer »wahr« sind und dass das Ganze einer guten und gerechten Sache dient.

Sascha Lobo verwendete statt »Glauben« die Bezeichnungen »Philosophie« und »Haltung«. Die Durchführung der Totalüberwachung erfordert jedoch praktisch unbegrenzte Ressourcen in Form von Geld und qualifiziertem Personal. Ein Skeptiker, der die Ergebnisse der Totalüberwachung anzweifelt, verfügt natürlich nicht über diese Ressourcen, was die Nachprüfbarkeit der Behauptungen der Totalüberwacher unmöglich macht.

Auf diese Weise erhalten die »Betreiber« des Konzepts einen Freibrief, den sie sich selbst ausgestellt haben, in dem sie im Prinzip behaupten können, was sie wollen, ohne dass man ihnen das Gegenteil nachweisen kann (ich benutze bewusst die gleiche Formulierung wie beim Thema Religion).

Folglich handelt es sich beim Konzept »Totalüberwachung« um eine weitere Version einer Russell'schen Teekanne. Der Glaube, die Totalüberwacher würden die Wahrheit kennen, verschiebt die Beweislast auf den Skeptiker oder den Beschuldigten. Dies ist die gleiche Methodik wie beim Konzept »Religion« und sie widerspricht allem, was ein Mensch klaren Verstandes unter »Rechtstaatlichkeit« versteht.

Die Absichten der Regierung sind *per definitionem* »gut«, folglich sind Regimegegner »böse«. Dieser Glaube wird häufig ein wenig verallgemeinert durch die Behauptung, die parlamentarische Demokratie sei die beste aller denkbaren Gesellschaftsformen, weshalb man über ihre »kleinen« Schwächen hinwegsehen müsse. Folglich ist Totalüberwachung in den Händen der »demokratisch legitimierten« Regierung etwas »Gutes«[153]. Wer dagegen ist, spielt den »bösen« Terroristen, den Aufrührern und den Feinden von »Freiheit und Demokratie« in die Karten und ist somit ebenfalls »böse«.

Tatsächlich dient dieses Konzept einzig dazu, das Fühlen, Denken und Handeln der Menschen zu beherrschen und so die Macht der »Diener des Regimes« zu ihrer persönlichen Bereicherung und zur Durchsetzung ihrer persönlichen Interessen zu festigen (ich habe wiederum nicht unabsichtlich exakt die gleiche Formulierung wie bei den »Dienern Gottes« weiter oben gewählt).

Hinzu kommt: Allein der Glaube, dass das Establishment über alles Bescheid weiß, was man sagt, tut und vielleicht sogar denkt, übt erheblichen Einfluss auf das Handeln der Men-

---

[153] Gewisse Hochzeitsgäste im Jemen, die von den ausführenden Organen westlicher »demokratisch legitimierter« Regierungen unschuldig und ohne Gerichtsverfahren hingerichtet wurden, dürften dies anders sehen.

schen aus. Wer sich ständig überwacht fühlt, wird natürlich vorsichtig. Anders gesagt, führt allein der Glaube an Totalüberwachung, sei es mithilfe einer missbrauchten Technologie oder durch einen erfundenen Rachegott, zu erheblichen Einschränkungen der persönlichen Entscheidungsfreiheit.

2. Die Eigenschaften: Dem erfundenen Gott wird unter anderem die Eigenschaft angedichtet, er wäre allwissend. Das bedeutet, er ist darüber informiert, was jeder Mensch zu jeder Zeit denkt und tut. Damit ist der biblische Gott der perfekte Totalüberwacher. Er beobachtet uns laut diesem Aberglauben also permanent, führt eine Liste über unser Fehlverhalten (Sünden) und unsere »guten Taten«, rechnet beides gegeneinander auf, und belohnt oder bestraft uns – je nach Auslegung des jeweiligen Aberglaubens – noch im Diesseits oder erst im Jenseits für unsere Worte, Taten und Gedanken[154].

Allein der Glaube daran, dass ein derartiger kosmischer Erbsenzähler existiert, lässt einfach gestrickte Gemüter streng nach den von den Erfindern dieses Gottes vorgegebenen Regeln leben.

Mit dem Ende des 2. Weltkriegs begann das Computerzeitalter. Die *Bruderschaft* wusste aufgrund des ihr von den Dragonen vermittelten okkulten Wissens, dass diese technische Entwicklung exponentiell verlaufen würde. Folglich war klar, dass die Eigenschaft des biblischen Gottes, alles über jeden Menschen zu wissen, Fehlverhalten umgehend zu bestrafen und opportunes Verhalten zu belohnen, in absehbarer Zeit, d. h. innerhalb eines Jahrhunderts, technisch realisiert werden kann. Wir befinden uns zurzeit bereits in der zweiten Hälfte dieser Entwicklung.

---

[154] Die wohl ekelhafteste Sorte unserer Spezies, die vorauseilend Gehorsamen, fühlen sich sogar berufen, Bestrafungen an Gottes Stelle durchzuführen. Und für ein Todesurteil reicht das »Vergehen«, den religiösen Unfug nicht ernst zu nehmen bzw. zu karikieren.

Im Vortrag von Sascha Lobo, der in dieser Form erst durch die Enthüllungen von Edward Snowden möglich wurde, erkennen wir, dass die Grundlagen für die totale Überwachung bereits gelegt sind. Die Frage, die sich nun stellt, ist die, wie weit die Überwachung in Zukunft gehen wird. Ist es denkbar, dass die Überwacher wirklich alles über jeden Menschen wissen, selbst das, was jeder von uns denkt?

Die Antwort auf diese alles entscheidende Frage lautet: Die technologischen Grundlagen für diese Form der Totalüberwachung, die dem kosmischen Erbsenzähler in nichts nachsteht, existieren bereits. Ob es beispielsweise möglich ist, unser aller Gedanken zu lesen, ist folglich keine technologische, sondern eine rein gesellschaftspolitische Frage. Wenn wir es zulassen, dass sich die Überwachung weiterentwickelt wie bisher, ist die obige Frage eindeutig mit »Ja« zu beantworten.

Den Beweis für diese Behauptung werde ich nicht schuldig bleiben. Ich werde außerdem zeigen, dass auch das Fundament für die Bestrafung von Fehlverhalten bereits existiert[155]. Je nach Schwere des Vergehens kann diese Strafe von wirtschaftlichem Ruin und gesellschaftlichem Ausschluss bis zu einem äußerst qualvollen Tod reichen. Stellen Sie sich für den zuletzt genannten Fall einfach Drohnen vor, die nicht etwa mehrere Meter messen, sondern die Größe eines Flohs haben. Stellen Sie sich eine solche Mikro- oder sogar eine Nanodrohne mit einem Stachel vor, um mehr oder weniger tödliche Krankheiten oder Gifte zu übertragen (oder von der Größe eines Virus, der in den Körper eindringt, sich dort vermehrt und den von seinen Herstellern programmierten Schaden anrichtet). An derartigen Systemen, die übrigens auch die Kriegsführung grundlegend verändern werden, wird heute bereits gearbeitet.

---

[155] Im Prinzip wurde dies bereits von Sascha Lobo gezeigt, indem er die Funktionsweise von vollautomatisierten Drohnen erklärte. Doch dies ist erst der Anfang einer furchteinflößenden Entwicklung, wie ich zeigen werde.

3. Die Unterschiede: Das Leben in unaufgeklärten Gesellschaften ist um einige Größenordnungen stärker von Aberglauben durchdrungen als bei uns, die wir in den Genuss des von der Aufklärung vermittelten rationalen, positivistischen Weltbildes gekommen sind. Deshalb ist in diesen archaischen Gesellschaften natürlich die Religion das Konzept der Wahl, um den Glauben an die Totalüberwachung zu etablieren. Dabei ist zu bedenken, dass es sich bei diesem religiösen Glauben um reine Kopfgeburten ihrer Erfinder handelt. Mit der Realität haben diese Märchen, Legenden und Schauergeschichten nichts zu tun. Dies ist auch nicht nötig, um den gewünschten Effekt bei unaufgeklärten Menschen zu erzielen, nämlich die Kontrolle über ihr Fühlen, Denken und Handeln zu erlangen.

Die Aufklärung brachte wissenschaftlichen, technologischen, philosophischen und kulturellen Fortschritt mit sich, was zu einem erheblichen Machtverlust speziell der christlichen Religion in Europa führte. Heute werden »Ungläubige« in Europa nicht mehr verfolgt, gefoltert und hingerichtet[156]. Die Macht der Kirche beschränkt sich im Wesentlichen auf die heute noch gewährten, der Säkularisierung widersprechenden Vergünstigungen durch den Staat und die Diskriminierungen gegen Geschiedene, Homosexuelle usw., die sich jedoch auf die kircheneigenen Institute beschränken.

Man könnte nun meinen, der mit der Aufklärung verbundene Machtverlust der Religionen sei für die *Bruderschaft* ein schwerer Schlag gewesen. Wie ich ausführlich in »Der geheime Weltkrieg« darlegte, machten sie diesen Machtverlust durch das Finanzsystem und den Sozialismus wieder wett. Seit einigen Jahrzehnten sind unsere »Freunde« nun dabei, ihr Werk durch die Realisierung der Totalüberwachung zu krönen.

Der Unterschied zur Religion besteht darin, dass es sich nicht um ein Fantasiegebilde handelt. Die Überwachung jedes

---

[156] Außer von Migranten aus archaischen Kulturkreisen.

Details der Privatsphäre der Menschen ist nicht länger ein religiöses Hirngespinst, sondern stetig anwachsende Realität. Die Ergebnisse der Totalüberwachung entsprechen zwar nicht, wie man uns glauben machen möchte, 100 %ig der Wahrheit, doch die Systeme nähern sich mit dem technologischen Fortschritt immer weiter diesem Wert an (ohne ihn jemals zu erreichen). Aus diesem Grunde wird das Konzept »Totalüberwachung« immer glaubwürdiger, womit das Ziel, das Fühlen, Denken und Handeln der Menschen zu kontrollieren, erreicht ist.

Dies ist ein schönes Beispiel dafür, wie es der *Bruderschaft* gelingt, aus der Not (Machtverlust der Religionen durch wissenschaftlichen Fortschritt) eine Tugend zu machen (Nutzung des wissenschaftlichen Fortschritts zur Realisierung der Totalüberwachung).

Doch schauen wir uns nun an, welches Ausmaß die Totalüberwachung auf Basis der gegenwärtig laufenden Forschungen und/oder bereits entwickelten Prototypen in den nächsten Jahren erreichen wird. Sie werden sehen, liebe Leser, dass zum allwissenden Rachegott der Bibel kaum ein Unterschied bestehen wird.

3.1 Das Internet der Dinge

Das Internet ist nichts anderes als ein Kommunikationsnetz, über das informationsverarbeitende Systeme Daten austauschen. Bei diesen Systemen handelte es sich zu Beginn des Internets ausschließlich um die Großrechner von Behörden, Instituten und Konzernen, sowie den zu jener Zeit noch klobigen Personal Computern (PC), die auch heute noch auf und unter unseren Schreibtischen stehen. Als Folge des Moore'schen Gesetzes wurde Rechenleistung nicht nur immer billiger – und zwar in exponentiellem Tempo –, sondern die Daten verarbeitenden Systeme wurden auch noch immer kleiner. Der Laptop, auf dem ich diese Zeilen schreibe, hat beispielsweise mehr Rechenleistung, mehr Arbeitsspeicher und mehr Festplattenkapazität als der mehrere hundert Quadratmeter füllende Großrechner des Forschungsinstituts, an dem ich vor 25 Jahren arbeitete.

Heute kann man Weihnachtskarten kaufen, die, wenn man sie aufklappt, »Oh, du Fröhliche« oder ein anderes Liedchen trällern. Der Computerchip in der Karte hat mehr Rechenleistung als alle Computer der Welt in den 40er Jahren zusammengenommen. Können sie sich vorstellen, was die Regierungen der Alliierten oder der Achsenmächte bereit gewesen wären, für diesen Chip zu zahlen? Mit seiner Hilfe hätte man sämtliche Codes des Gegners im Handumdrehen entschlüsseln können. Wir hingegen schmeißen ihn einfach weg, wenn Weihnachten vorbei ist.

In wenigen Jahren wird der Preis für bestimmte Chips als Folge des Moore'schen Gesetzes auf weniger als einen Cent fallen – sie kosten dann in etwa so viel wie ein Blatt Papier. Aus diesem Grunde wird es keine wirtschaftlichen Hürden geben, alles Mögliche mit einem solchen Minicomputer auszustatten. Während Chips bislang immer kleiner werdenden Rechnern wie Desktop-PCs und Laptops vorbehalten waren, halten sie seit einigen Jahren in einer Vielzahl von Geräten Einzug, die auf den ersten Blick wenig mit »Computern« zu tun haben.

Durch den Einbau von Chips wurden Telefone zu Smartphones, Kassettenrekorder zu iPods, Flipper zu Videospielkonsolen, Bücher zu eReadern, Fotoapparate zu Digitalkameras, und aus Kampfflugzeugen mit tollkühnen Piloten wurden ferngesteuerte Drohnen, gelenkt von Soldaten, die tausende Kilometer vom Geschehen entfernt mit den Füßen auf dem Schreibtisch und der von Sascha Lobo zitierten Tasse Kaffee in der Linken, mit der Rechten Ziele auswählen und per Knopfdruck töten. Ob diese Entwicklungen gut oder schlecht sind – darüber lässt sich natürlich streiten[157] –, Fakt ist aber nun mal, dass durch den Einbau von Chips jedes Mal eine kleine Revolution in der jeweiligen »Branche« eingeleitet wurde.

Wichtig für das Thema dieses Buches ist die Tatsache, dass all diese zu Computern mutierten Dinge über das Internet miteinander Daten austauschen – und dass es die Strategie der Geheimdienste ist, all die »Netzwerke«, die diese Daten sammeln, zu infiltrieren.

Schauen wir uns nun an, was passiert, wenn Chips so billig werden wie Papier (was unausweichlich ist und garantiert in rund fünf Jahren der Fall sein wird): Dann gibt es praktisch keine Hemmnisse, jeden beliebigen Gegenstand mit einem solchen Chip auszustatten: Möbel, Küchengeräte, Bilder, Zimmerwände und so weiter. Warum sollte man dies tun?

Da wäre zunächst einmal der Grund, Dinge vollautomatisch zu identifizieren und zu lokalisieren. Dies ist schon heute bei den meisten Logistikanbietern der Fall, die es ihren Kunden ermöglichen, ihre Pakete online zu verfolgen. Heute benutzt man dazu Strichcodes oder 2D-Codes, die bei jeder Zwischenstation vom Versender bis zum Empfänger eingelesen und auf einem Server zusammen mit dem jeweiligen Standort abgespeichert werden. Durch Zugriff auf diesen Server, mithilfe einer mehr oder weniger schicken Weboberfläche, wird so dem Empfänger ermöglicht, nachzuschauen, wo sein Paket gerade ist.

Diese 2D- oder Strichcodes sind natürlich noch keine Chips. Doch genau dies ist die nächste Entwicklungsstufe. Die aufgedruckten Codes haben nämlich einen gewaltigen Nachteil: Man muss ein Barcodelesegerät (Scanner) in Sichtkontakt mit dem Code bringen. Das bedeutet, man muss mit dem Lesegerät ein mit einem Code beklebtes Teil nach dem anderen einscannen, was mit Arbeit verbunden ist. Diese Arbeit kann man beim

[157] Weil Technologie weder gut noch schlecht ist, sondern nur dass, was Menschen damit anstellen.

Einkaufen beobachten: Jedes Produkt ist mit einem Barcode versehen worden und muss von der Kassiererin über das Lesegerät geschoben werden. Das funktioniert nicht immer, weil der Code nicht schön mittig über die Optik des Geräts geschoben wurde, weil der Vorgang für die Optik des Geräts zu schnell war, weil der Barcode geknickt war und so weiter. Folglich muss das Einscannen gelegentlich von der Kassiererin wiederholt werden.

Wie würde es an der Supermarktkasse zugehen, um bei dem Beispiel zu bleiben, wenn Chips praktisch nichts mehr kosten, weshalb man jedes Produkt mit einem solchen versehen könnte? Um dieses in sehr naher Zukunft liegende Szenario zu beschreiben, möchte ich zunächst eine spezielle Sorte von Computerchips näher erklären: die sogenannten RFIDs. Bitte machen Sie, liebe Leser, die Reise in die nahe Zukunft der Supermärkte mit, denn der Bezug zur Totalüberwachung wird danach ziemlich schnell deutlich.

Doch zunächst zu den RFIDs: Die Abkürzung steht für »Radio-Frequency Identification«. Die Geschichte dieser speziellen Chips reicht bis in die Zeit des 2. Weltkriegs zurück – es handelt sich also um keine prinzipiell neue Technologie. Der Grund, warum sie heute erst für die Allgemeinheit relevant wird, ist das Moore'sche Gesetz. Die Chips werden so billig wie fließendes Wasser.

RFIDs lösen ein ziemlich banales Problem der Computertechnik: Chips benötigen Strom, also muss man sie mit einer Stromquelle, seien es Batterien oder eine Steckdose, verbinden. RFIDs hingegen beziehen ihren Strom aus Radiowellen. Das bedeutet, dass ein Lesegerät über Radiowellen nicht nur Daten an den RFID schickt, sondern auch die Energie, die er zum Arbeiten benötigt. Aus diesem Grund kann man auf Batterien verzichten, die jede Kostenkalkulation für die Anwendung dieser Chips als Identifikatoren beliebiger Gegenstände zunichte gemacht hätten; außerdem wäre die Lebensdauer von Batterien begrenzt. Ein RFID lässt sich jedoch auch noch nach Jahrzehnten, die er an ein Produkt geheftet in einem Lagerhaus zugebracht hat, problemlos auslesen. Im Gegensatz zu einem Strichcode, kann man den RFID zusätzlich auch mit neuen Informationen versehen und alte löschen.

Ein weiterer Vorteil von RFIDs ist die Reichweite der Signale. Sie beträgt bei niedrigen Frequenzen aufgrund der geringen Sendeleistung des RFID zwar nur rund einen Meter, was aber einen großen Fortschritt gegenüber Strichcode-Lesegeräten darstellt.

Nun sind wir bereit für unser Supermarkt-Szenario der nahen Zukunft. Sobald alle Produkte mit RFIDs versehen sind, braucht die Kassiererin nicht mehr jedes einzeln vor ein Lesegerät zu halten, sondern man schiebt den Einkaufswagen einfach an der Kasse vorbei. Das darin installierte Lesegerät aktiviert durch die Aussendung von Radiowellen sämtliche RFIDs auf allen Produkten im Einkaufswagen. Dann senden die RFIDs die Produktnummern zurück, zu denen die Kasse die entsprechenden Preise kennt und die Kassiererin hat nur noch die Aufgabe, die Gesamtsumme für den Einkauf zu kassieren.

Natürlich gibt es noch beliebig viele weitere Anwendungen von RFIDs, die heute schon Realität sind, wie die Wegfahrsperren von Autos, zusätzliche Sicherheit des Personalausweises, Müllentsorgung und Zutrittskontrolle. Der Fantasie sind praktisch keine Grenzen gesetzt – besonders nicht der Fantasie der Totalüberwacher.

Bereits heute können RFIDs aus Polymeren hergestellt werden, was den Preis pro Stück bereits auf wenige Cent gedrückt hat. Zusätzlich schrumpfen die Geräte immer weiter, weshalb sie praktisch überall eingesetzt und entsprechend unauffällig ausgelesen werden können.

Der Vorteil, dass man die Daten des RFID (im Gegensatz zum Barcode) nicht nur auslesen, sondern auch verändern und ergänzen kann, wird beispielsweise bei der elektronischen

Gesundheitskarte ausgenutzt. Auf diese Weise kann die Geschichte der Erkrankungen eines Menschen lückenlos dokumentiert werden, ohne eine zentrale Datenbank für diesen Zweck zur Verfügung stellen zu müssen.

Stellen Sie sich nun vor, man würde Menschen, wie bei Haustieren heute schon üblich, einen solchen RFID unter der Haut implementieren. Dieser kleine Chip könnte dann alle möglichen Informationen über seinen Träger sammeln, z. B. indem jedes Mal, wenn er an einem Lesegerät vorbeiläuft, seine aktuelle Position auf dem Chip vermerkt wird. Das Ergebnis wären Bewegungsprofile aller Menschen. Es könnten jedoch auch seine Kreditwürdigkeit, seine Krankheiten, seine Verkehrsvergehen oder Vorstrafen auf dem Chip dokumentiert werden. Sie sehen, ein RFID-Chip unter der Haut eines jeden Menschen implementiert, wäre der feuchte Traum eines jeden Totalüberwachers.

Doch stellen Sie sich einmal vor, eine Regierung würde heute von der Bevölkerung verlangen, sich winzige RFIDs unter die Haut implantieren zu lassen. Das Geschrei wäre natürlich groß. Die Gesellschaft ist noch nicht so weit. Aber das kann sich leicht ändern.

Zu jener Zeit, als ich mein Abitur machte, gingen wir gegen die damalige Volkszählung auf die Straße – eine vergleichsweise primitive Form staatlicher Datenerfassung. Heute regt sich kaum noch jemand über die Vorratsdatenspeicherung auf, geschweige denn über die durch Snowden nun offiziell gewordenen Fortschritte in der Totalüberwachung. Heutige Zustände hätten vor 30 Jahren zu einer Revolution geführt. Deshalb sollten wir vorsichtig sein mit der Behauptung, die Bevölkerung würde es niemals mit sich machen lassen, sich RFIDs implementieren zu lassen.

Was unsere Freunde von der Totalüberwachungs-Fraktion dazu brauchen, ist eine Mischung aus Zuckerbrot und Peitsche. Zunächst einmal könnten auf dem implantierten RFID auch die

Bankdaten seines Trägers abgespeichert sein. Auf unser Supermarkt-Szenario bezogen bedeutet dies, dass nicht nur der Wert der Produkte im Einkaufswagen automatisch angezeigt wird, sondern auch, dass die Abbuchung vom Konto oder der Kreditkarte automatisch erfolgen kann. Man bräuchte also keine Karten mehr aus dem Portemonnaie zu fummeln und man müsste sich auch keine lästigen Geheimzahlen merken. Die Abfertigung an den Kassen ginge erheblich schneller.

Wer sich allerdings standhaft weigert, sich einen RFID implementieren zu lassen und so den Verkehr aufhält, weil er »traditionell« bezahlt, würde von den hinter ihm wartenden Kunden mit ziemlichem Unwillen bedacht. Wäre es nicht schöner, wenn Einkäufe auf diese Weise viel schneller und einfacher gemacht werden würden? Weiterer positiver Nebeneffekt für die Totalüberwacher wäre natürlich, dass das Bargeld, das ihnen ohnehin ein Dorn im Auge ist, noch weiter zurückgedrängt würde.

Doch der zuvor beschriebene Komfort beim Einkaufen (Zuckerbrot) mag noch nicht ausreichen, dass sich die Menschen bereiterklären, sich RFIDs implantieren zu lassen. Es gibt noch weitere, unmittelbarere Vorteile. Dann braucht man, zumindest im Prinzip, keinen Schlüssel mehr. Schließlich identifiziert der Chip seinen Träger eindeutig.

Wenn eine Tür mit einem Lesegerät ausgestattet ist, braucht man sich nur noch davor zu stellen und sie öffnet sich automatisch. Wenn man zusätzlich den eigenen PC mit einem Lesegerät ausstattet, erübrigen sich Passwörter. Man braucht nur noch die Hand mit dem implantierten Chip vor das Gerät zu halten, um Homebanking zu machen oder bei Amazon einzukaufen. Toll, nicht?

Genau das dachte auch Emilott Lantz aus Schweden. Sie machte Schlagzeilen damit, weil sie sich genau so einen RFID-Chip hat implementieren lassen. Die Mainstream-Medien müssen eine solche Vorreiterin dieser zukunftsweisenden Technologie natürlich entsprechend würdigen[158]. Lantz ließ sich den Chip tatsächlich in den Handrücken einbauen, um auf Schlüssel und Passwörter verzichten zu können. Sie findet es »seltsam, dass es so etwas nicht schon früher gegeben hat«. Auch viele Bekannte finden die Idee »cool«.

Schade, dass es noch keine Chips gibt, die man sich zur Steigerung der Intelligenz implantieren lassen kann. Am Beispiel Lantz und ihrer Bekannten wird deutlich, dass die Nachfrage gigantisch sein müsste. Ich würde wetten, sie wählt sogar eine Partei, die sich für die Migration aus muslimischen Ländern einsetzt.

Reicht all dieser Komfort an der Supermarktkasse der Zukunft, den überflüssigen Schlüsseln zum Öffnen von Türen, der automatischen Deaktivierung der Wegfahrsperre Ihres Autos, dem Wegfallen lästiger Passwörter und so weiter immer noch nicht, um sich den kleinen Minispion implementieren zu lassen? Nein? Also versuchen wir es nach dem Zuckerbrot nun mit ein wenig Peitsche.

Ein paar schicke Terroranschläge sind natürlich schnell organisiert. Man braucht lediglich die richtigen Schwachköpfe mit Waffen zu versorgen und ihnen irgendwelchen religiös verbrämten Unsinn zu erzählen. Doch diesmal hetzt man sie nicht auf Beleidiger des Propheten, wie die Redaktionen von Satiremagazinen, sondern auf staatliche Behörden. Man erfindet zum Beispiel das Gerücht, dass die Sozialämter Muslime bei der Umverteilung von Steuermitteln, d. h. bei der Vergabe von Sozialhilfe, diskriminieren oder dass Muslime aus »rassistischen« Gründen öfter bei der Fahrprüfung durchfallen. Die Mainstream-Medien werden solch ein die rassistische Gesinnung der autochthonen Bevölkerung dokumentierendes Gerücht natürlich bereitwillig verbreiten.

Nach ein paar feinen Terroranschlägen auf derartige Behör-

---

[158] http://www.spiegel.de/netzwelt/web/schwedin-laesst-sich-microchip-als-schluessel-implantieren-a-1003803.html

den, die natürlich todsicher von (entsprechend selektierten!) muslimischen Schwachköpfen[159] als Antwort auf das Gerücht ausgeführt werden, müssen wir alle natürlich Verständnis dafür haben, dass man zukünftig eine solche Behörde nur mit implantiertem RFID betreten kann. Uns wird dann erzählt, dass man auf diese Weise potenzielle Terroristen bereits beim Betreten des Gebäudes erkennen und so weitere Anschläge verhindern könne. Das ist natürlich Quatsch, aber ich bin sicher, der Bürger wird es glauben.

Wer sich dann immer noch standhaft weigert, sich einen RFID implantieren zu lassen, kann dann eben beispielsweise das Sozialamt, Straßenverkehrsamt oder das Einwohnermeldeamt nicht mehr betreten. Dann kann ein Chip-Verweigerer seinen Pass oder Führerschein, den er ja noch braucht, weil er keinen implementierten RFID[160] mit sich herumträgt, nicht mehr verlängern? Pech gehabt, Querulant!

Jemand, der unter diesen paradiesischen Bedingungen für Chipträger bzw. unter den extrem nachteiligen Bedingungen für Verweigerer immer noch nicht bereit ist, sich ein solches Gerät implantieren zu lassen, muss doch ganz ohne Zweifel etwas zu verbergen haben. Das muss doch jemand sein, der etwas ganz Fürchterliches plant, wobei er natürlich nicht beobachtet werden will. Es muss sich bei den Verweigerern also um Terroristen handeln. So oder ähnlich wird man es der Bevölkerung zumindest erzählen.

---

[159] Darf man eigentlich Leute als »Schwachköpfe« beleidigen, die Terroranschläge aus religiösen Gründen durchführen und sich dafür instrumentalisieren lassen? Wollen wir mal hoffen, dass das nicht unter »Beleidigung religiöser Gefühle« fällt. Wundern würde mich das in diesem unserem Lande allerdings nicht.

[160] Leute mit implantiertem Chip kommen selbstverständlich in den Genuss des Komforts, sämtliche Daten über sich selbst mit sich herumzutragen, wozu auch die Führerscheinklasse und ein elektronischer Personalausweis gehören. Entsprechende Dokumente mit sich zu führen, entfällt also.

Wer keinen Chip tragen möchte, ist entweder ein Terrorist oder ein unverbesserlicher Idealist, der durch seine Haltung dem Terror zumindest Vorschub leistet. Die datenschutzrechtlichen Bedenken des Idealisten sind natürlich völlig unbegründet, weil die auf dem RFID gespeicherten Daten selbstverständlich völlig sicher und durch »kryptografische Verfahren« hundertprozentig vor Missbrauch geschützt sind.

Die Netze, die jene Daten dann wie vorgesehen verarbeiten, sind selbstredend ebenfalls vollkommen sicher, also praktisch »unhackbar«. Das liegt daran, dass die besten Experten der Welt für Datensicherheit für Einwohnermeldeämter, Straßenverkehrsämter und Krankenkassen arbeiten. Die Stümper bei den Geheimdiensten haben also keine Chance, jemals darauf zuzugreifen.

Wer sich dem Chip verweigert, wird als gefährlich und/oder Spinner diskriminiert und gesellschaftlich ausgegrenzt. Wenn die öffentliche Meinung dann weit genug gebildet[161] wurde, wird flugs ein Gesetz zur Chip-Pflicht verabschiedet. Dieses Gesetz kann natürlich leichter durchgebracht werden, wenn man (also gewisse staatliche Behörden) mal wieder religiöse Spinner mit Kriegswaffen versorgt und sie auf entsprechende Ziele hetzt.

Um die Bevölkerung von der Chip-Pflicht zu überzeugen, wären beispielsweise nette Anschläge auf Massendemonstrationen für »Vielfalt und eine bunte Republik«[162] denkbar oder – ebenfalls sehr wirkungsvoll – der Anschlag auf die Wasserver-

---

[161] Dieser Hinweis auf eine gewisse »Tageszeitung« erfolgt natürlich nicht zufällig.

[162] Ein solcher Anschlag wäre deshalb so wirkungsvoll, weil diese Menschen ja schließlich für eine »gute« Sache auf die Straße gehen. Ein Anschlag auf eine Demonstration gegen Asylmissbrauch und die Zuwanderung Unqualifizierter hätte hingegen einen weit geringeren Effekt, weil diese bösen Demonstranten es ja schließlich aus Sicht der hirngewaschenen Mehrheit nicht besser verdient haben.

sorgung einer Stadt mit ein paar tausend Toten. Letzteres hat dann sogar noch den Vorteil, dass »Geheimdienstberichte« eindeutig belegen werden, dass das Gift aus einem den Terror unterstützenden »Schurkenstaat« stammt, also einem Land, in das man gerne einmarschieren möchte.

Bei diesem Einarmarsch sterben dann wieder ein paar hunderttausend Zivilisten, was die Überlebenden nicht besonders lustig finden, weshalb sich eine Reihe von ihnen dem religiösen Fanatismus und dem heiligen Krieg gegen den Westen zuwenden wird.

Nachdem man sich wieder aus diesem Land zurückgezogen hat, herrscht dort selbstverständlich das blanke Chaos, und man gewährt den armen Menschen Asyl im Westen, wovon ein gewisser Prozentsatz hervorragend für den nächsten Terroranschlag geeignet ist – nur für den Fall, dass sich trotz aller »Segnungen« des uns alle schützenden, reglementierenden und alimentierenden »Sozial«staates Stimmen erheben, die Totalüberwachung sei doch nicht so toll.

Abschließend sei darauf hingewiesen, dass selbstverständlich auch Mobiltelefone Lesegeräte für RFID-Chips sein werden. So kann sichergestellt werden, dass nur der Besitzer das Telefon auch benutzen kann.

So ganz nebenbei kann man dann natürlich die aus dem Auslesen des Chips in Supermärkten, Behörden usw. erstellten Bewegungsprofile mit denen abgleichen, die aus dem Mobilfunk gewonnen werden. Und siehe da, dann wird auch gleich der unsägliche Missstand behoben, dass die CIA heute noch nicht einmal die Namen derer kennt, die per Drohne getötet werden …

3.2 Straßenverkehr

Die Wirkung von Religion beruht im Prinzip auf dem Fundament »Überwachung« (der allwissende Gott) und den darauf errichteten beiden Säulen »Bevormundung« (Regeln für die private Lebensgestaltung) und Bestrafung (Hölle).

Wie bereits ausgeführt, ist es das Ziel der *Bruderschaft*, genau dieses Konstrukt in unserer »modernen« Welt zu etablieren. Dabei lässt man den Aberglauben an den allwissenden Rachegott natürlich weg, weil man mit derartigem Unfug nach der Aufklärung nur noch wenige Menschen erreichen kann.

JHWH wird durch die technische Totalüberwachung mithilfe des Internets realisiert, die Bevormundung geschieht statt durch religiöse Gebote durch die sozialistische Ideologie, die Allgemeinheit habe für die Wertvorstellungen der von den Herrschenden manipulierten Mehrheit zu zahlen, und die angedrohten Strafen im Jenseits werden durch reale Strafen im Diesseits ersetzt.

Letztere reichen von gesellschaftlicher Ausgrenzung über wirtschaftlichen Ruin bis zur Hinrichtung des »Übeltäters«. Die Säule »Bevormundung« habe ich ausführlich in »Der geheime Weltkrieg« beschrieben. Diesmal kümmern wir uns um das Fundament.

Wichtig ist hierbei, zu verstehen, dass die beiden Säulen »Bevormundung« und »Bestrafung« ohne das Fundament »Überwachung« nicht tragfähig wären. Wer würde sich schon in die private Lebensführung hineinreden lassen, wenn ein Verstoß gegen die Regeln der Obrigkeit von niemandem bemerkt würde und wenn man somit keinerlei Strafe zu erwarten hätte?

Schauen wir uns dieses Konzept an einem zunächst relativ harmlos erscheinenden Beispiel an: dem Straßenverkehr.

Wenn sich irgendwelche Bürokraten überlegen würden, an einem bestimmten Streckenabschnitt ein Tempo-70-Schild aufstellen zu lassen, so würde doch jeder so schnell fahren, wie er es für richtig hält, wenn man die Geschwindigkeit nicht überwachen würde. Dann könnte man sich das Verkehrsschild auch gleich sparen. Leute, die verantwortungsbewusst fahren, täten dies auch ohne Schild, und verhinderte Rennfahrer würden auf Teufel komm raus Gas geben.

Folglich dient Überwachung in Form von sporadischen Radarkontrollen dazu, die Sicherheit zu erhöhen. Schließlich gibt es immer wieder eine Minderheit von Vollidioten, die durch eine unangemessen hohe Geschwindigkeit nicht nur das eigene Leben, sondern auch das anderer gefährden.

Erinnert das nicht verdächtig an die Minderheit von Vollidioten, die zwangsläufig auch unter den Einwanderern aus muslimischen Ländern zu finden sind, und die bereit sind, beispielsweise für die Beleidigung ihres Propheten derart frevlerische Mitmenschen etwas früher zu Allah zu schicken? Sie sind zwar ebenso wie verantwortungslose Raser nur einige wenige im Vergleich zu den integrationswilligen Migranten beziehungsweise den vernünftigen Verkehrsteilnehmern. Aber trotzdem rechtfertigen einige wenige Bekloppte in beiden Fällen die Überwachung. Das wissen natürlich auch diejenigen, die ihre Macht mittels Totalüberwachung zementieren wollen, weshalb sie genau diese Bedingungen durch undifferenzierte Migration fördern. Dann kann man beispielsweise die Vorratsdatenspeicherung im Prinzip mit dem gleichen Argument verkaufen wie regelmäßige Radarkontrollen.

Auch beim Missbrauch der Überwachung gibt es Parallelen: Während Radarkontrollen nicht selten an Stellen durchgeführt werden, die keineswegs Unfallschwerpunkte sind, ganz einfach, um Geld in die Staatskasse zu spülen, wird Überwachung nicht (nur) zur Terrorbekämpfung eingesetzt, sondern um jeden Widerstand gegen das Regime im Keim ersticken zu können, wenn's kritisch für die Herrschaftselite werden sollte.

Doch bleiben wir beim Straßenverkehr: Die Bevormundung und Bestrafung, die ohne Überwachung nicht funktionieren würde, wird damit begründet, die Verkehrssicherheit zu erhöhen. Mehr Sicherheit führt zu weniger Toten im Straßenverkehr und natürlich zu weniger Verletzten, die unser Gesundheitssystem finanziell belasten. Diese Argumentation ist im Gegensatz zu Helm- und Gurtpflicht sogar verständlich, weil beispielsweise ein Raser nicht nur sich selbst, sondern eben auch andere durch sein Tun direkt gefährdet.

Doch schauen wir uns den Effekt der Bevormundung hinsichtlich der Verkehrssicherheit einmal näher am Beispiel Geschwindigkeitsbegrenzungen an.

Wohlgemerkt: Ich will im Folgenden nicht in Abrede stellen, dass ein solcher Effekt existiert. Stattdessen geht es mir darum, zu analysieren, welche Maßnahmen tatsächlich in welchem Maße zur Verkehrssicherheit beitragen. Diese Betrachtungen sind deshalb so interessant, weil sie verdeutlichen, dass Bevormundung einen eher marginalen Effekt hat.

Im Jahre 1912 starben je 10.000 vorhandenen Kraftfahrzeugen 632 Menschen im Straßenverkehr[163]. Zu jener Zeit galt innerorts ein Tempolimit von 15 km/h für PKW und 12 km/h für LKW.

Bis zum Jahr 1938 sank die Zahl der Verkehrstoten je 10.000 Fahrzeugen auf 230, obwohl im Mai 1934 alle Bestimmungen über Geschwindigkeitsbegrenzungen aufgehoben worden waren.

Ab Oktober 1939 führte man 40 km/h Innerorts und 80 km/h (60 km/h für LKW) außerorts ein. Für die Kriegsjahre liegen mir keine Zahlen über Verkehrstote vor, doch die 39er Bestimmungen galten bis 1953. Trotz der ziemlich rigiden Geschwindigkeitsbeschränkungen stieg die Zahl der Verkehrstoten im Jahre 1950 auf 308 je 10.000 Fahrzeugen.

Im Jahre 1953 wurden sämtliche Geschwindigkeitsbeschränkungen wieder aufgehoben. Im Jahre 1957 wurden lediglich 50 km/h innerorts wieder eingeführt. Trotzdem sank die Zahl der Toten im Jahre 1953 auf 265 und bis 1960 sogar auf 180.

---

[163] http://de.wikipedia.org/wiki/Verkehrstod#Deutschland

Aufgrund der »stetig steigenden Zahl der Verkehrstoten« (da kann man mal sehen, wie unverblümt gelogen wird, um Bevormundung durchzusetzen) wurde Anfang der 70er ein Tempolimit von 100 km/h außerorts auf Landstraßen verordnet. Tatsächlich war die Zahl der Toten von 14.000 (1960) auf 19.000 (1970) gestiegen, was jedoch nicht auf die fehlende Geschwindigkeitsbeschränkung zurückzuführen war, sondern einfach auf die wachsende Zahl der am Straßenverkehr teilnehmenden Fahrzeuge.

Relativiert man die Zahlen, so sank die Zahl der Verkehrstoten je 10.000 Fahrzeugen zwischen 1960 und 1970 von besagten 180 auf 114.

Das Tempolimit war also nur ein vorgeschobener Grund bevormundungswütiger Bürokraten. Deshalb nutzen sie die Ölkrise Anfang der 70er als ausschlaggebendes Argument für das Ausleben ihrer Regulierungswut. Nach dem Ende der Krise wurde das Tempolimit selbstverständlich nicht wieder rückgängig gemacht.

Wie dem auch sei, mit diesen Geschwindigkeitsbeschränkungen (50 km/h innerorts, 100 km/h außerorts und freie Fahrt auf Autobahnen) leben wir nun schon seit rund 40 Jahren. In dieser Zeit sank die Zahl der Verkehrstoten von 114 (1970) auf 6 (2013), wie immer auf 10.000 Fahrzeuge bezogen. Dieser drastische Rückgang auf ein Zwanzigstel steht offensichtlich in keinem Zusammenhang mit den Geschwindigkeitsbegrenzungen, die sich in diesem Zeitraum nicht geändert haben.

Es stellt sich natürlich die Frage, ob es zu anderen Zeiten einen Effekt der Geschwindigkeitsvorschriften gab.

Abb. 3.2.1 zeigt die Zahl der Verkehrstoten je 10.000 Fahrzeugen in den letzten hundert Jahren. Gleich darunter befindet sich die Grafik mit der jeweils gültigen Geschwindigkeitsbegrenzung.

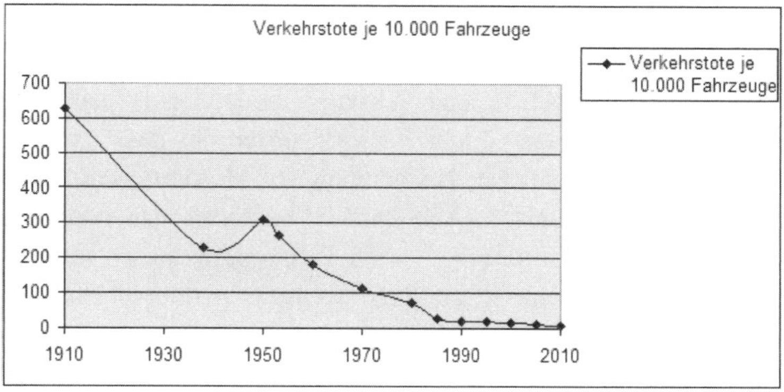

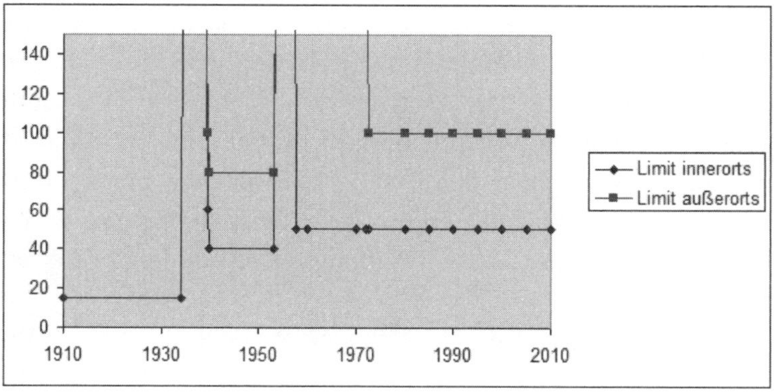

Abb. 3.2.1: Anzahl der Verkehrstoten je 10.000 Fahrzeuge im Vergleich zur jeweils gültigen Geschwindigkeitsbegrenzung.

Eine Korrelation zwischen der Zahl der Verkehrstoten und dem Tempolimit ist auch mit gutem Willen nicht zu erkennen.

Ich möchte trotzdem nicht abstreiten, dass ein solcher Effekt des Tempolimits auf die Zahl der Verkehrstoten existiert, es ist jedoch offensichtlich, dass dieser möglicherweise vorhandene

Zusammenhang von einem viel stärkeren Effekt überlagert wird. Worum es sich dabei handelt, dürfte ziemlich klar sein: Während es sich bis in die 60er Jahre bei Autos noch mehr oder weniger um rollende Särge handelte, kamen immer neue sicherheitsrelevante Neuerungen hinzu: Kopfstützen, die einen Genickbruch beim Zurückschleudern des Körpers nach einem Aufprall verhinderten, Sicherheitsgurte und schließlich Antiblockiersysteme (ABS) und Airbags. Hinzu kam, dass die Fahrwerke der Autos immer besser wurden, so dass extreme Fahrsituationen (wie das Ausweichen vor Hindernissen) nicht zum Schleudern führten. ABS und verbessertes Fahrverhalten führten nicht nur zu weniger toten Fahrzeuginsassen, sondern durch Unfallvermeidung auch zu weniger getöteten Fußgängern und Radfahrern.

Der wesentliche Effekt bei der Reduzierung der Verkehrstoten war also nicht die Bevormundungswut von Bürokraten (auch wenn sie das gerne so darstellen), sondern technologischer Fortschritt. Das erinnert mich ein wenig an unsere jeweilige Regierung, die den relativen Wohlstand der Deutschen gerne auf eine kluge Wirtschaftpolitik zurückführt. In Wahrheit wird dieser Wohlstand durch den Fleiß und die Innovationskraft der deutschen Unternehmen *trotz* der Inkompetenz, Regulierungswut und der Verschwendungssucht der Regierung erwirtschaftet.

Doch zurück zur Bevormundungswut – der Bogen zur Totalüberwachung wird weiter unten klar werden. Obwohl die Zahl der Verkehrstoten (bezogen auf die Zahl der Fahrzeuge) in den letzten 40 Jahren auf ein Zwanzigstel zurückging – und das bei konstanten Tempolimits –, schlugen der »Verkehrssicherheitsrat und andere Fachleute« im Januar 2015 vor, auf Landstraßen Tempo 80 einzuführen[164]. Ich vermute, dass der Hauptgrund für diesen Vorschlag die Befürchtung dieser

---

[164] http://www.spiegel.de/auto/aktuell/verkehrssicherheitsrat-fordert-tempo-80-auf-landstrassen-a-1014987.html

»Fachleute« ist, es könnten Zweifel an der Existenzberechtigung derartiger Gremien aufkommen, wenn diese nicht hin und wieder irgendetwas vorschlagen. Seltsamerweise laufen derartige Vorschläge immer auf eine weitere Beschneidung persönlicher Freiheiten hinaus, womit impliziert wird, dass die Bevölkerung zu dumm oder verantwortungslos ist, mit angemessener Geschwindigkeit zu fahren.

Wahrscheinlich würden wir tatsächlich noch weniger Verkehrstote haben, wenn 80 auf Landstraßen verbindlich wäre. Noch weniger Tote hätten wir jedoch bei Tempo 60 und noch weniger bei Tempo 40. Dieser Effekt wird jedoch vollkommen überlagert von der Reduzierung der tödlichen Unfälle durch Technologie. Folglich stellt sich die Frage, ob wir uns tatsächlich für eine minimale, kaum bis gar nicht nachweisbare Reduzierung der Zahl der Verkehrstoten immer mehr bevormunden und – ganz wichtig – als Folge dessen überwachen lassen sollten. Natürlich ist jeder Tote einer zu viel. Also warum dann Tempo 80 und nicht 60 oder am besten Tempo null, dann haben wir überhaupt keine Verkehrstoten mehr. Das wäre in der Tat ein nachweisbarer Effekt.

Aber ohne Bevormundung macht Überwachung natürlich keinen Sinn, weshalb die immer neuen Vorschriften und Gesetze den Totalüberwachern hervorragend in den Kram passen. Diesen geht es nicht primär darum, dass wir alle bei Geschwindigkeitsüberschreitungen Strafen bezahlen müssen[165], sondern dass sie die dazu notwendige Überwachungsmaschinerie für ihre Zwecke missbrauchen können. Ein Beispiel, dass ein solcher Missbrauch in Verkehrsüberwachungssysteme von vornherein eingebaut wurde (»Surveillance by Design«), liefer-

165 Es geht ihnen nicht primär, aber sekundär um die Geldstrafen. Denn auch diese Zahlungen reduzieren zusammen mit vielen anderen »kleinen« Beträgen das frei verfügbare Einkommen, was die Bereitschaft erhöht, Kredite aufzunehmen, an denen unsere Freunde von der *Bruderschaft* natürlich prächtig verdienen.

te uns Sascha Lobo am Beispiel des Mautsystems auf deutschen Autobahnen. Deshalb wäre Tempo 80 auf Landstraßen ärgerlich, weil sinnlos, aber nicht weiter tragisch, wenn es denn nur bei der Bevormundung bleiben würde. Wenn man jedoch »jeder Verkehrstote ist einer zuviel« als Argument gelten lässt, ist weiterer Bevormundung mit Überwachung im Schlepptau natürlich Tür und Tor geöffnet.

Schauen wir uns nun an, welche Trends sich bereits heute abzeichnen und extrapolieren wir diese ein wenig in die Zukunft. Da wäre zunächst einmal das von Sascha Lobo geschilderte Smart-to-Go-Konzept. Wenn man so fährt, wie sich die Verleihfirma das vorstellt, sind die Bäume auf dem Bildschirm der Onbord-Unit schön grün, Eichhörnchen tummeln sich und so weiter. Wenn man jedoch nicht so fährt, wie es den Autoverleihern genehm ist, verlieren die Bäume ihr Grün und irgendwann wird man aus dem Service ausgeschlossen.

Würde es nicht die Zahl der Verkehrstoten merklich reduzieren, wenn jedes Fahrzeug ein solches System an Bord hätte, nur dass es nicht eine Firma, sondern den Verkehrsbehörden über den Stil des Fahrers unterrichtet? Das könnte man natürlich auch wunderschön mit dem Klimawandel rechtfertigen, weil irgendwelche »Experten« vorrechnen, wie stark durch ein solches System der CO2-Ausstoß gesenkt würde.

Wer dann häufig stark bremst und schnell in den Kurven fährt, bekommt zunächst eine Abmahnung, ab einer bestimmten Minuspunktzahl wird er mit Geldstrafen belegt und irgendwann, wenn die Bäume ihr Laub verloren und sich die Eichhörnchen verduftet haben, wird ihm die Fahrerlaubnis entzogen. Weniger Verkehrstote gäbe es bestimmt, wenn wir alle aus Angst vor Strafen nur noch wie auf rohen Eiern fahren würden. Und ein Toter ist schließlich einer zu viel.

Wenn ein solches System unser Bremsverhalten und die Querbeschleunigung in Kurven an die Polizei meldet, warum dann nicht auch gleich GPS-Informationen? Letztere könnte man mit den Geschwindigkeitsbeschränkungen auf den jeweiligen Strecken abgleichen. Radarkontrollen würden überflüssig und man bekäme ein Knöllchen nicht nur, wenn man zufällig erwischt wird, sondern wirklich jedes Mal, wenn man irgendwo ein wenig zu schnell gefahren ist.

Somit würde sich jedermann jederzeit an die Geschwindigkeitsbeschränkungen halten. Irgendwelche »Fachleute« können sicher leicht vorrechnen, wie viel Verkehrstote durch die Nichteinhaltung dieser Beschränkungen jedes Jahr zu beklagen sind.

Die Zahl dieser Toten könnte man durch diese Permanentüberwachung praktisch auf null reduzieren. Überflüssig zu erwähnen, dass diese GPS-Daten natürlich hervorragend zur Verbrechens- und Terrorbekämpfung eingesetzt werden könnten. Und was ein Terrorist ist, wissen wir von David Cameron: im Prinzip jeder, der nicht nach der Pfeife des Regimes tanzt.

Wir stehen, liebe Leser, an einem Scheideweg. Entweder wir lassen das Argument des einen Toten, der einer zu viel ist, gelten und lassen uns aus Sicherheitsgründen auf Schritt und Tritt überwachen. Dabei sollten wir uns jedoch dessen bewusst sein, dass all diese Überwachungsmaßnahmen nicht nur unserer Sicherheit dienen, sondern auch von Geheimdiensten genutzt werden, um Systemfeinde zu bekämpfen. Im letzten Jahr waren es 85.000 von den angloamerikanischen Geheimdiensten infiltrierte Netzwerke, heute dürften es schon mehr als 100.000 sein.

Oder wir akzeptieren das Faktum, dass Sicherheit und somit eine Reduzierung der Toten, speziell im Straßenverkehr, durch technologischen Fortschritt erreicht wird – ein Effekt, der so stark ist, dass er sämtliche Bevormundungs- und Überwachungsmaßnahmen deutlich überlagert.

In diesem Fall entscheiden wir, dass uns die Freiheit, unbeobachtet und nicht ständig reglementiert durchs Leben zu schreiten, ein gesteigertes Risiko, nämlich in der Größenordnung von 1 zu etwa 1.000.000, im Straßenverkehr getötet zu werden, wert ist. Zusätzlich würden wir durch diese Haltung dem Regime die Möglichkeit nehmen, die Überwachungssysteme zu missbrauchen. Der Straßenverkehr ist nur ein Thema, bei dem wir an diesem Scheideweg stehen. Das Gesundheitssystem ist ein anderes. Darauf komme ich im nächsten Abschnitt zurück. Nun könnte man meinen, dass sich erheblicher Widerstand regen würde, wenn man nun irgendwelche On-Board-Units in Autos einbauen würde, die permanent Geschwindigkeit, Querbeschleunigung, Bremsverhalten und die Positionsdaten an die Behörden übermitteln würden. Das stimmt. Selbst das Killerargument des einen Toten, der einer zu viel ist, würde wahrscheinlich nicht reichen, kritische Stimmen gegen eine derart umfassende Überwachung verstummen zu lassen. Das wissen natürlich auch unsere lieben Überwachungsfetischisten, die mit ihrem Tun ihre Daseinsberechtigung dokumentieren und dazu von unseren lieben Politikern angehalten werden. Letztere wiederum haben keine Ahnung, was wirklich vorgeht und befolgen lediglich die Anweisungen der Akkreditierten 1. und 2. Ordnung, dass man ganz doll für Sicherheit in allen Bereichen sorgen muss.

Aber weil man natürlich nicht alles auf einmal durchbekommt, wagt man nicht gleich den ganz großen Wurf. Man beginnt stattdessen relativ harmlos und schafft schon mal alle technischen Voraussetzungen für das obige Szenario. Und, noch wichtiger: Man schafft einen Präzedenzfall dafür, dass sich der Staat herausnehmen darf, auf Kosten der Bürger Überwachungstechnik in Fahrzeuge einbauen zu dürfen. Wenn das erst einmal in den Köpfen der Menschen verankert ist, kann man schließlich fröhlich weitermachen.

Wird also bereits an einem solchen Präzedenzfall gearbeitet? Nein, er ist schon fertig, die entsprechenden Gesetze wurden bereits verabschiedet und müssen nur noch vom EU-Parlament angenommen werden (woran nicht der geringste Zweifel besteht). Gemeint ist das eCall-System[166]. Es soll nach dem Willen der EU-Kommission ab dem 31.03.2018 verpflichtend in alle neuen Autos eingebaut werden. Der vorgegebene Sinn – den tatsächlichen habe ich oben erläutert – ist der folgende:

Die On-Board-Unit eCall ist mit einem GSM-Modul ausgerüstet und mit verschiedenen Systemen im Kraftfahrzeug verbunden. Wenn beispielsweise die Airbags bei einem Unfall ausgelöst werden, wählt das eCall-System automatisch die Notrufnummer und meldet einen »Minimaldatensatz«, der aus Unfallzeitpunkt, den genauen Koordinaten des Unfallorts, der Fahrtrichtung (wichtig auf Autobahnen und in Tunneln), Fahrzeug-ID, Service Provider-ID und dem eCall-Qualifier besteht (siehe Wikipedia). Auf diese Weise soll die Zeit, die Rettungskräfte zu einem Unfallort benötigen, deutlich reduziert werden.

Das ist doch eine gute Sache, oder? Schließlich würden sicherlich ein paar Unfallopfer weniger sterben, wenn der Notarzt früher vor Ort wäre. Und wenn die Daten wirklich nur bei einem Unfall übermittelt werden, kann das System vom Regime doch kaum für unsere Überwachung eingesetzt werden.

Diese Überlegung wäre richtig, wenn das System tatsächlich nur für den Zweck der Unfallmeldung konzipiert worden wäre. Stattdessen handelt es sich mal wieder um einen Fall von »Surveillance by Design«. Wer also daran zweifelt, dass eine Totalüberwachung überhaupt gewünscht ist, sollte nun gut aufpassen.

Wikipedia: *Denn die Verordnung sieht vor, dass parallel oder aufbauend auf dem bordeigenen eCall-System umfangreiche Zusatzdienste angeboten werden können*[167]. Warum wird so etwas in einer Verordnung der EU-Kommission explizit vorgesehen, wenn es doch nur um die Unfallmeldung und die damit verbundenen kürzeren Anfahrtszeiten der Rettungskräfte ginge? Oder könnte es vielleicht sein, dass Unfallmeldung und

---

[166] http://de.wikipedia.org/wiki/ECall

[167] Lüdemann (2014)

Anfahrtszeiten vorgeschobene Gründe sind? Ich finde, dass die wahren Absichten, nämlich den bereits erwähnten Präzedenzfall zu schaffen, mehr als offensichtlich auf der Hand liegen.

Von Zusatzdiensten scheint zumindest die mit dem Thema betraute SPD-Europaparlamentsabgeordnete Evelyne Gebhardt noch nie was gehört zu haben. Entweder liest sie die Verordnungen der EU-Kommission nicht, oder sie ist intellektuell nicht in der Lage, diese zu verstehen, oder sie will die Bürger bewusst in die Irre führen, wenn sie sagt:

Um den Schutz persönlicher Daten zu garantieren, »haben wir sichergestellt, dass übermittelte Daten nur zur Rettung verwendet werden«[168].

Natürlich ist es nur eine infame Behauptung von mir, wenn ich behaupte, Frau Gebhardt habe die Verordnung zwar gelesen, versteht aber nicht, was dieses seltsame IT-Kauderwelsch wohl zu bedeuten hat. Schließlich kann man von einer studierten Sprachwissenschaftlerin mit den Nebenfächern Politikwissenschaft und Volkswirtschaftslehre nicht unbedingt fundierte Kenntnisse in Informations- und Kommunikationstechnik erwarten.

Interessant ist aber die Struktur des Regimes, das solchen »Spitzenkräften« fürstliche Gehälter und Pensionen auf Kosten des Steuerzahlers garantiert. Oder liegt hier neben »Surveillance by Design« noch ein anderes Konzept vor, nämlich »Incompetence by Design«? Dies nährt natürlich den Verdacht, dass solche Leute nur etwas entscheiden sollen, was längst entschieden ist.

Doch zurück zum eigentlichen Thema. Um welche »Zusatzdienste« könnte es sich wohl handeln, die laut Verordnung ermöglicht werden sollen? Da wäre zunächst einmal die SIM-Karte, die für den eigentlichen Zweck, die Unfallmeldung, nur im Ernstfall aktiv werden müsste. Wenn sie jedoch permanent

---

[168] http://www.spiegel.de/auto/aktuell/ecall-eu-parlament-beschliesst-pflicht-zu-automatischem-notrufsystem-a-955731.html

aktiv ist, kann man ihre Position permanent bestimmen, wie ich bereits ausführlich darlegte.

Für die Mobilfunk-Anbieter ergibt sich ein neues Geschäftsfeld: Wenn sie messen, welche SIM-Karte sich wo mit welcher Geschwindigkeit bewegt, so können kostenpflichtige Telematik-Dienste angeboten werden. Das bedeutet, dass wir alle durch unser Navigationssystem an Stellen vorbeigelotst werden können, an denen der Verkehr zäh fließt oder sogar zum Stillstand kommt.

Also auch wieder eine gute Sache – wenn da nicht die lästige Kleinigkeit von den mehr als 100.000 von den Geheimdiensten infiltrierten Netzwerken wäre, zu denen mit Sicherheit auch jene der Mobilfunkanbieter gehören. Dann dient das Telematik-System nicht mehr nur der Förderung des Verkehrsflusses, sondern plötzlich wissen die Geheimdienste, also das Regime, wer wann wo hingefahren ist. Wenn es beispielsweise in Zukunft zu Demonstrationen gegen das Regime kommt, weiß es, welche seiner wohl doch nicht so braven Bürger hingefahren sind. Dann kann man die Verleumdungsmaschinerie sogleich anlaufen lassen.

Falls jemand tatsächlich nur zum Einkaufen in die entsprechende Stadt gefahren ist oder lediglich Freunde besuchen wollte und mit der Demonstration überhaupt nichts am Hut hatte, ist das dann halt ein Kollateralschaden, so ähnlich wie die Hochzeitsgäste im Jemen, nur nicht ganz so schlimm. Dass das Regime es mit dem Schuldnachweis nicht so genau nimmt, davon können all die Unschuldigen zeugen, die durch Drohnenangriffe ums Leben kamen – beziehungsweise können sie das jetzt nicht mehr.

War's das mit den »Zusatzdiensten«, die von unseren frei gewählten EU-Volksvertretern, die natürlich allesamt begnadete IT-Spezialisten sind (man verzeihe mir den doppelten Sarkasmus), vorgesehen wurden? Nein, natürlich gibt es noch weitere tolle Anwendungen. Wikipedia: *Eingebettet in die mo-*

dernen Bordsysteme ist bei entsprechender Gestaltung praktisch die gesamte automobile Wertschöpfungskette in der Lage, unbegrenzt Daten über das Fahrzeug und das Fahrverhalten zu gewinnen[169].

Damit hätten wir dann das zuvor bereits skizzierte Szenario der an die Behörden gesendeten Geschwindigkeits- und Positionsdaten, die uns zur Einhaltung der Verkehrsregeln zwingen, was sicherlich den einen oder anderen Verkehrstoten weniger bedeuten würde.

Wenn schon die Plattform für diese umfassende Überwachung durch das Argument der kürzeren Anfahrtszeit von Rettungsfahrzeugen durchgesetzt werden kann, dann sicher auch noch die Datenübertragung an die Behörden, die für noch weniger Tote sorgen würde – zumindest wird dies mit Sicherheit von einigen »Experten« und »Fachleuten« vorgerechnet werden. Darauf würde ich meine Testiculi verwetten – und in dieser Hinsicht bin ich eher vorsichtig.

Doch andere sind den Behörden bereits zuvorgekommen und haben entsprechende Ansprüche angemeldet. Wikipedia: *Der europaweite Versichererverband Insurance Europe hat offiziell Interesse daran geäußert, dass Versicherungsunternehmen Zugriff auf eCall-Daten ihrer Kunden erhalten.*

Das bedeutet, man bekommt einen Rabatt von der Autoversicherung, wenn man erstens der Übertragung der Fahrdaten zustimmt und zweitens dann so fährt, wie die Versicherung es für richtig hält. Damit haben wir das Szenario der »intelligenten« Zahnbürste aus dem Vortrag Sascha Lobos, die unsere Zahnputzdaten an die Versicherung übermittelt, und wenn wir das so machen, wie Letztere sich das vorstellt, bekommen wir einen Rabatt.

Nur zur Klarstellung: Die Sache mit dem Rabatt ist natürlich Volksverarsche. Versicherungsnehmer, die sich der Überwa-

[169] Ebenfalls nachzulesen bei Lüdemann (2014).

chung nicht unterwerfen, müssen den »Standardtarif« bezahlen, der deutlich teuerer ist als heute, und diejenigen, die sich die Spitzelsoftware auf ihre On-Bord-Unit implementieren lassen, bekommen einen Rabatt, sodass sie dann soviel zahlen wie heute. Nur, dass wir dann eben fahren müssen, wie irgendwelche Bürokraten es für richtig halten.

Schöne neue Welt!

Möglicherweise erübrigt sich die Überwachung des Fahrstils durch die Behörden sogar, wenn die Versicherungen ins Spiel kommen. Strafmandate für zu schnelles Fahren an irgendeiner Stelle könnten sich erübrigen, wenn diese allgegenwärtige Strafverfolgung an die Versicherungen delegiert wird. Wenn man fürs Gasgeben auf einer freien Landstraße entsprechend höhere Versicherungsprämien bezahlen muss, so hat das schließlich den gleichen Effekt wie ein Strafmandat, das umgehend ins Haus flattern würde.

Das Regime wäre sogar fein raus, weil es sich nicht vorwerfen lassen müsste, die Bürger auf Schritt und Tritt zu bespitzeln. Und auch die Versicherungen wären nicht die Bösen, weil schließlich jeder die »freie« Wahl hätte, auf die permanente Übermittlung seiner Fahrdaten an die Versicherung zu verzichten.

Hinauslaufen wird das Ganze dann wohl darauf, dass nur noch die wirklich Reichen, also hauptsächlich die Geld-mit-Geld-Verdienenden[170], den Anti-Überwachungsbonus zahlen und ein selbstbestimmtes Leben führen können.

Das wäre jedoch keine große Änderung zu heutigen Zuständen, denn den produktiven Mitgliedern unserer Gesellschaft wird der Großteil ihres Geldes ohnehin abgenommen, was ein selbstbestimmtes Leben signifikant erschwert, um es vorsichtig auszudrücken.

---

[170] Von den vergleichsweise Wenigen, die ihren Reichtum mit ehrlicher Arbeit und kreativen Ideen zum Wohle der Gesellschaft verdient haben, einmal abgesehen.

Eine wesentliche Änderung des Status Quo ergäbe sich also durch »Pay-as-you-drive«[171] Versicherungsprämien nicht. Tatsächlich müssten derartige Beitragskonzepte eher »Pay-more-if-you-don't-want-to-be-supervised-by-us« heißen. Also, wenn schon englisch, dann bitte zutreffend.

Aber selbstverständlich sind diese Daten, wann wir wo wie entlangfahren, bei den Versicherungen oder Behörden total sicher. Schließlich verfügen beide Parteien über derart hervorragende IT-Spezialisten, dass die Geheimdienste absolut chancenlos sind, an diese Daten heranzukommen. Wer meinen zarten Sarkasmus erkannt hat, hat dann auch verstanden, warum derartige Systeme mit aller Kraft eingeführt werden. Selbstverständlich ist die Nutzung dieser Daten durch die Geheimdienste Sinn der ganzen Übung.

Darüber hinaus bringt die Vernetzung des Autos mit seiner Umwelt eine ganze Reihe weiterer »Vorteile« mit sich, die begeistert von den Käufern aufgegriffen werden. Da wäre zum Beispiel die automatische Parkplatzsuche. Ein anderes Beispiel wäre die Suche nach Restaurants mit freien Plätzen in der Nähe und so weiter – also kurz: sogenannte »Location based services«.

Um bei dem Beispiel »freie Parkplätze« zu bleiben: Wenn Letztere mit Sensoren ausgestattet werden, können sie an eine Zentrale melden, ob sie besetzt oder frei sind. Diese Daten könnten dann von den On-Board-Systemen eines Autos genutzt werden, um den nächsten freien Parkplatz zu finden. Wenn die

---

[171] Natürlich muss jeder Schwachsinn einen englischen Namen bekommen, weil speziell wir Deutschen dazu neigen, mit derartigen fremdsprachlichen Begriffen etwas besonders Tolles, Wertvolles oder Zukunftsweisendes zu verbinden. Entsprechend gibt es heute kaum noch eine Werbung für ein Produkt, die ohne Anglizismen auskommt. Dies ist ein interessantes Phänomen, für das ich außer »kollektiver geistiger Verwirrung« keine plausible Erklärung anbieten kann.

Fahrzeuge untereinander kommunizieren, können sie sich sogar absprechen, damit nicht zwei oder mehr PKW den gleichen freien Parkplatz ansteuern.

Ein solches System kann auf zwei Arten realisiert werden: Entweder das Onboard-System fordert die entsprechenden Daten von einem zentralen Server an, kommuniziert mit den Autos in der Nähe und berechnet dann selbst, welcher Parkplatz am schnellsten zu erreichen ist. Das ist die überwachungsfeindliche Methode. Oder das System meldet seine Positionsdaten permanent an einen zentralen Server, und dieser dirigiert dann die Fahrzeuge zu den freien Parkplätzen. Dann könnte man sich sogar die PKW-zu-PKW-Kommunikation sparen. Das wird wahrscheinlich auch das Argument sein. Denn dies ist die überwachungsfreundliche Variante. Die aktuellen Positionsdaten, die todsicher zusammen mit einer eindeutigen Fahrzeugkennung übertragen werden, sind also permanent auf einem zentralen Server[172] vorhanden und somit ein Eldorado für unsere Totalüberwachungsfanatiker von den Geheimdiensten und folglich vom Regime. Deshalb ist schon jetzt klar, welche der beiden Varianten realisiert werden wird.

Schade, dass wir diesen Komfort nicht sorgenfrei nutzen können, sondern immer den Missbrauch unserer Daten befürchten müssen. Und der Grund dafür ist die »Terrorgefahr« durch den von den Planern der Totalüberwachung zur Sicherung ihrer Herrschaft forcierten Zuzug aus islamischen Ländern. Was für eine Bereicherung für unsere Kultur!

Schauen wir uns zum Abschluss dieses Abschnitts noch an, wie sich die technischen Entwicklungen im Straßenverkehr für die Totalüberwacher nutzen lassen, um Fehlverhalten sanktionieren zu können. Ich meine hier nicht Strafen für zu schnelles Fahren, die unmittelbar verhängt werden können, wenn man weiß, wer wo wie schnell fährt, sondern ich meine die Bestra-

[172] Es wird wohl weniger ein Server, als vielmehr die »Cloud« verwendet werden.

fung von Regimegegnern. Schließlich macht Überwachung nur in Verbindung mit der Fähigkeit zur Bestrafung Sinn.

Diese technischen Möglichkeiten möchte ich anhand eines aktuellen Beispiels erläutern[173]: Am 30.01.2015 teilte der Allgemeine Deutsche Automobilclub (ADAC) der Öffentlichkeit mit, dass es mit relativ wenig Aufwand gelungen war, dass ConnectedDrive-System des Automobilherstellers BMW zu knacken. Dieses System ermöglicht das Öffnen der Türen sowie die Regelung von Heizung und Klimaanlage via Smartphone-App. Zusätzlich wird die Mobilfunkeinheit des ConnectedDrive-Systems für die Übertragung von Servicedaten genutzt.

Den ADAC-Technikern gelang es durch die Kompromittierung des Systems, beispielsweise die Türen der betroffenen Fahrzeuge zu öffnen. Das bedeutet, den Technikern wäre es möglich gewesen, unerlaubt in 2,2 Millionen Fahrzeuge einzusteigen. SpiegelOnline berichtete noch am gleichen Tag über den Vorfall[174].

Aufgeschreckt durch den geringen technischen Aufwand, mit dem es den Technikern gelungen war, das BMW-System zu hacken (die benötigte Hardware kostet weniger als 1.000 € und die Software ist frei verfügbar), interviewte SpiegelOnline den Sicherheitsexperten für Fahrzeugsysteme, Ralf Philipp Weinmann. Das Interview wurde am Tag darauf, also am 31.01.2015, online gestellt[175]. Weinmann ist Geschäftsführer der Firma Comsecuris, die sich darauf spezialisiert hat, die Hard- und Software von Automobilherstellern auf Schwachstellen zu testen.

---

[173] Schließlich möchte ich mich lediglich auf für jeden nachvollziehbare Fakten beschränken.

[174] http://www.spiegel.de/auto/aktuell/adac-entdeckt-it-sicherheitsluecke-bei-bmw-connected-drive-a-1015819.html

[175] http://www.spiegel.de/auto/aktuell/sicherheitsluecke-bei-bmw-experteninterview-zur-hacker-gefahr-a-1015908.html

Für uns ist in diesem Zusammenhang eine Frage besonders wichtig, die SpiegelOnline dem Experten stellte:

Wenn sich so einfach die Türen öffnen lassen, kann man dann auch einfach während der Fahrt auf Bremsen oder Gaspedal zugreifen?

Die Antwort Weinmanns lässt tief blicken:

Es gibt Vorkehrungen, die das verhindern sollten. Zum Beispiel wird die Authentizität der Betriebssoftware mancher Steuergeräte durch kryptografische Signaturen abgesichert; nur der Hersteller ist dann in der Lage, diese Betriebssoftware zu ändern. Auf diese Problematik hin sind die Autobauer schon durch die Tuner-Szene sensibilisiert – sie wollen nicht, dass der Motor von jedem frisiert werden kann, ohne dass es später nachvollziehbar ist. Aber ob wirklich in alle Steuerelemente solche Sicherheitsvorkehrungen implementiert sind und sie durch eine Art Firewall voneinander getrennt sind, ist fraglich.

Lassen Sie mich diese Ausführungen Weinmanns ein wenig konkretisieren:

1. »Sichere Systeme« sind eine Illusion, die von den Herstellern gerne erzeugt wird. Selbst wenn die beschriebenen Sicherheitssysteme implementiert sind, heißt das noch lange nicht, dass diese Systeme nicht ebenfalls Sicherheitslücken aufweisen, die genutzt werden können.

2. Die Authentizität der Betriebssoftware von Steuerelementen wird durch kryptografische Signaturen abgesichert. Das hält eine Bande IT-technisch begabter Autodiebe oder nichtautorisierter Tuner sicherlich davon ab, die Betriebssoftware zu ändern. Wem es jedoch gelingt, die zentralen Server des Automobilherstellers zu infiltrieren, der gelangt an genau diese kryptografischen Signaturen.

Das Infiltrieren von Systemen, was bereits bei mehr als 100.000 Netzwerken geschehen ist, bildet jedoch genau die

Grundlage der Überwachungsstrategie der Geheimdienste (siehe Vortrag Sascha Lobo).

3. Wem ausreichend Rechenleistung zur Verfügung steht, was bei den Geheimdiensten der Fall ist, dem ist es möglich, jede kryptografische Signatur zu knacken. Selbst wenn es aus irgendwelchen Gründen nicht gelingen sollte, die zentralen Server eines Automobilherstellers zu hacken, so reicht pure Rechenleistung aus, um in der Lage zu sein, die Betriebssoftware der automobilen Steuerungskomponenten zu verändern. Dazu ist noch nicht einmal ein direkter Kontakt mit dem Fahrzeug notwendig, wenn Letzteres über eine Mobilfunkschnittstelle verfügt, was bei immer mehr neuen Autos der Fall ist.

Zum Abschluss des Interviews fragt SpiegelOnline:

Wie kann ich als Besitzer dafür sorgen, dass mein Auto in dieser Hinsicht sicher ist?

Die Antwort Weinmanns ist denkbar einfach:

Das ist gar nicht so einfach. Um wirklich sicher zu gehen, muss man eigentlich ein richtig altes Auto kaufen. Abschalten lassen sich die Systeme nämlich spätestens dann nicht mehr, wenn das eCall-System Pflicht wird, das bei einem Unfall automatisch den Zeitpunkt und die genaue Ortsangabe an eine Notrufzentrale sendet. Denn dazu muss ein Mobilfunkmodul in allen Neuwagen verbaut sein. Man muss heutzutage damit leben, dass es in solchen neuen Komponenten Sicherheitslücken gibt.

Ist es nicht schön, wie sich der Kreis schließt? Wer jetzt noch glaubt, die EU-Kommission hätte mit der Einführung des eCall-Systems tatsächlich nur kürzere Reaktionszeiten der Rettungskräfte im Sinn, sollte den Zustand seiner geistigen Gesundheit dringend untersuchen lassen. Aber was rede ich da – wer an übers Wasser wandelnde Söhne gebärende Jungfrauen glaubt, der glaubt auch sicher der EU-Kommission.

Wir können also festhalten, dass die Totalüberwacher, gemessen an den ihnen zur Verfügung stehenden Mitteln, relativ leicht die Betriebssoftware der Steuerungskomponenten von Fahrzeugen kompromittieren können. Damit ist heute schon folgendes Szenario realistisch:

Stellen wir uns einen Regimegegner vor, also aus Sicht der herrschenden Klasse einen »Terroristen«, der gemütlich mit seinem Auto eine Allee befährt. Wo er sich gerade befindet, ist unseren Freunden von der NSA, GCHQ und wie sie alle heißen natürlich über die von mir geschilderten Systeme exakt zu jedem Zeitpunkt bekannt.

Bevor der »Terrorist« eine Kurve erreicht, laden ihm die Geheimdienstler über die Mobilfunkschnittstelle seines Autos eine geänderte Betriebssoftware hoch. Die Änderung besteht darin, dass nun Befehle von außen zugelassen werden. Nachdem der Upload abgeschlossen ist, gibt der Geheimdienstler Vollgas und deaktiviert gleichzeitig die Bremsen.

Plötzlich ist die Fahrt über die Allee nicht mehr ganz so gemütlich. Die Bäume rasen immer schneller vorbei und die Kurve fliegt förmlich auf unseren Regimegegner zu. Er versucht noch einzulenken, doch das Auto ist bereits viel zu schnell. Es beginnt zu schleudern, der Wagen rutscht mit quietschenden Reifen von der Straße und wickelt sich formschön um einen der Bäume, die die Allee begrenzen.

Am nächsten Tag lesen und hören wir dann in den Mainstream-Medien, dass der gegen die Islamisierung hetzende Rassist (oder der einen Anschlag planende Salafist oder der Verschwörungstheorien verbreitende Autor), also ein Asozialer, entsprechend seiner asozialen Natur asozial schnell gefahren ist und dementsprechend von einem gerechten Schicksal heimgesucht wurde. Selbstverständlich ist die Sache klar und niemand wird sich die Mühe machen, aus den mehr oder weniger zerstörten Komponenten des Wracks die Betriebssoftware auszulesen (sofern das überhaupt noch möglich ist) und diese auf Manipulationen zu untersuchen. Letzteres wäre natürlich auch absurd, weil die Systeme der Automobilhersteller schließlich absolut sicher sind.

Und jetzt, liebe Leser, überlegen Sie sich einfach mal, welche »fantastischen« Möglichkeiten der »Bestrafung« sich für unsere Herren von der Totalüberwachungsfraktion ergeben, wenn autonom fahrende Autos auf den Markt kommen. Schließlich ist jede Aktion eines solchen Fahrzeugs das Ergebnis seiner Programmierung – die man natürlich ändern kann.

3.3 Gesundheitswesen

Ein Beispiel für die Überwachung im Gesundheitswesen haben wir schon im Vortrag Sascha Lobos kennen gelernt: die »intelligente« Zahnbürste, die unser Zahnputzverhalten an die Zahnzusatzversicherung meldet. Wenn wir unsere Zähne so putzen, wie die Herren der Versicherung es für richtig halten, bekommen wir einen Rabatt.

Das ist, objektiv betrachtet, nicht weiter dramatisch. Schließlich können wir diese Überwachung ganz einfach vermeiden, indem wir eine andere Zahnzusatzversicherung wählen, und wenn alle auf diesen Überwachungszug aufspringen, schließen wir halt keine ab und bezahlen die schicken Kronen eben selbst. Letzteres ist im statistischen Mittel ohnehin billiger, als den bürokratischen Apparat einer Versicherung mit zu finanzieren. Und außerdem: Inwiefern sollte es die Herrschaft der *Illuminaten* festigen, wenn sie unser Zahnputzverhalten kennen? Das ist natürlich lächerlich! Oder doch nicht?

Nein, ist es nicht. Bei solchen Dingen geht es nicht um den primären Effekt, also Machtgewinn durch Überwachung, sondern um die Einführung eines zunächst einmal sowohl harmlos als auch sinnvoll erscheinenden Konzepts. Vergleichen Sie dies mit der Einführung der Gurtpflicht im Auto. Das Tragen eines Gurtes ist nicht nur sinnvoll, die Verordnung ist auch relativ harmlos. Was soll's? Dann legen wir eben alle bei Fahrtantritt einen Gurt um.

Es geht jedoch um etwas anderes: Mit dem Akzeptieren der Gurtpflicht haben wir alle dem Staat erlaubt, uns in unsere Privatangelegenheit hineinzureden. Ja, da ist auch noch das Argument, dass die Allgemeinheit die Kosten aufbringen muss, wenn jemand ohne Gurt bei einem Unfall schwer verletzt wird. Dieses Argument habe ich ausführlich diskutiert[176], weil es für so ziemlich jeden Eingriff in die Privatsphäre missbraucht werden kann.

Diese durch eine harmlose (zunächst sinnvolle Verordnung) implizit erteilte Zustimmung der Bürger, dass die Bürokraten des Regimes besser wissen, was für uns gut ist, als wir selbst, öffnet dann die Büchse der Pandora. Mit dem so erteilten Freibrief können die Bevormundungsfetischisten dann so richtig loslegen – zur Freude der Überwachungsfetischisten, weil Überwachung nur durch Bevormundung erst Sinn macht.

Ebenso verhält es sich mit der »intelligenten« Zahnbürste. Sie ist viel mehr als die Kontrolle unseres Zahnputzverhaltens. Es geht um die Einführung eines neuen Konzepts: Wer sich nicht so verhält, wie die Überwacher es wollen, muss eben mehr zahlen. Dieses »Mehr« kann man dann später natürlich so justieren, dass es sich kaum noch jemand leisten kann, sich der Überwachung zu entziehen. Und schon entsteht wieder eine neue Datenquelle für die Totalüberwacher des Regimes. All jene Datenquellen (Internet der Dinge, Straßenverkehr, Internetverhalten, (Mobil)kommunikationsverhalten und so weiter zusammengenommen ergeben dann die »Patterns of Life«, die wir im Vortrag Sascha Lobos kennengelernt haben.

Schauen wir uns nun an, welche Daten das sind, wenn wir Krankenversicherungsbeiträge zulassen, die sich nach unserem Verhalten bemessen, je nachdem, ob es den Versicherern ge-

---

[176] von Salomon (2014b), S. 188f

nehm ist oder nicht. Dazu brauchen wir zunächst einen Überblick über die aktuellen Entwicklungen auf dem Gebiet der medizinischen Diagnostik. Zwei wichtige dieser Entwicklungen nannte Sascha Lobo in seinem Vortrag:

Erstens: Apples »iWatch«, die neben einem Schrittzähler die Herzfrequenz misst und aus dem Schweiß am Handgelenk Gesundheitsdaten bestimmt. Welche Daten sind das, die man aus dem Schweiß eines Menschen prinzipiell, also in Zukunft garantiert möglich, bestimmen kann? Neben Stoffwechselerkrankungen wie Diabetes wird es auch möglich sein, das Ernährungsverhalten aus dem Schweiß zu bestimmen. Ernähren Sie sich zu fett? Trinken Sie zu viel Limonade oder Cola? Essen sie zu viele Süßigkeiten? Was »zu viel« ist, bestimmt dann natürlich die Krankenkasse.

Ach, Sie wollen nicht, dass Ihre iWatch (oder ein ähnliches Produkt) ihre Gesundheitsdaten an die Krankenkasse überträgt? Vielleicht sind Sie sogar so renitent, dass Sie noch nicht einmal ein solches Messgerät tragen wollen? Kein Problem, Sie werden natürlich zu nichts gezwungen. Dann zahlen Sie eben den Standardtarif ohne Rabatte. Ach, den können Sie nicht bezahlen, weil er astronomisch hoch festgelegt wurde? Entschuldigen Sie, aber dafür müssen Sie Verständnis haben, denn ungesunde Lebensweise belastet das Gesundheitssystem, also ist es asozial, sich nicht überwachen zu lassen, und muss daher bestraft werden. Also regen Sie sich nicht auf, schließlich ist das nichts Neues. Schließlich ist es seit Jahrzehnten gängige Praxis, dass sich Menschen in ihr privates Verhalten hineinreden lassen müssen, um die Gesundheitskosten zu senken (Helmpflicht, Gurtpflicht, astronomische Steuern auf gesundheitsschädliches Verhalten wie Rauchen, Bevormundung von Wirten, wie sie ihr Unternehmen zu führen haben, usw.).

Die sich zwangsläufig ergebende Bevormundung durch die Krankenkassen, wie viel Sport wir zu treiben haben und wie wir uns zu ernähren haben, ob wir rauchen oder nicht, wie viel

Alkohol wir konsumieren usw. wird stattfinden, sobald all diese Daten messbar sind, und zwar von einem Gerät, das permanent mit dem Internet verbunden ist. Das ist zwar das Ende einer selbstbestimmten Lebensführung, doch was haben unsere Freunde von der *Bruderschaft* davon?

Selbstverständlich sind diese Daten auf den Krankenkassen-Servern alles andere als sicher und selbstverständlich werden diese Systeme von den Überwachungsbehörden infiltriert. Warum? Stellen Sie sich einen Politiker vor, der ziemlich unartig ist und die Überwachung zurückfahren möchte oder sogar am Finanzsystem rüttelt. Dann ändert man doch einfach die Daten des Politikers auf den infiltrierten Krankenkassen-Systemen. Und schon wird aus ihm ein hemmungsloser Alkoholiker, ein sich ungesund ernährender Asozialer, der Wasser predigt, aber Wein säuft. Über die kontrollierten Mainstream-Medien ließe sich so etwas leicht verbreiten, und wenn man sich die Körperform von Leuten wie Steinmeier, Gabriel, Merkel und Co. anschaut, ist es sogar glaubwürdig.

In Zukunft braucht man, um einen Politiker ins Abseits zu stellen, wahrscheinlich noch nicht einmal die Karte »Alkoholiker« ziehen. Ungesund ernähren wird reichen – alles eine Frage des Zeitgeistes. Letzteren manipuliert die *Bruderschaft* natürlich virtuos durch die Kontrolle besagter Mainstream-Medien. Dazu ein Beispiel:

Was nun folgt, ist sicherlich kein Plädoyer für das Rauchen. Ich selbst bin Nichtraucher (ich dampfe seit vielen Jahren E-Zigarette; einfach, weil es mir schmeckt) und würde es noch nicht einmal Helmut Schmidt gestatten, meine Bude vollzustinken. Trotzdem ist meine Meinung dazu völlig irrelevant für die Entscheidung eines anderen, ob er (außerhalb meiner Hütte) rauchen möchte oder nicht.

Nun zum Zeitgeist: Wenn man sich Filme anschaut, die ein paar Jahrzehnte alt sind, so fällt auf, dass jeder praktisch überall raucht. Der Kommissar läuft qualmend durch die Flure des

Polizeireviers, auf Partys raucht praktisch jeder, und wenn der Filmheld nach Hause kommt, zündet er sich erst einmal eine an. Rauchen galt als Ausdruck eines irgendwie weltgewandten Lebensstils. Das ist natürlich blödsinnig, aber darum geht es nicht, es geht um den Zeitgeist. Damals galt das Rauchen auf jeden Fall nicht als asoziales Verhalten. Vor dreißig Jahren hätte sich kein Mensch vorstellen können, dass praktisch überall außerhalb der eigenen vier Wände ein Rauchverbot gilt (in einigen Staaten der USA darf man sogar auf der Straße nicht mehr rauchen).

Heute ist das anders. Man sieht kaum noch einen Filmhelden mit Zigarette im Mund (ich behaupte nicht, dass das schlecht ist, sondern führe dies lediglich als ein Beispiel an, wie schnell sich der Zeitgeist ändern kann), es sei denn, der Regisseur möchte ihm das Image eines kaputten Typen verpassen, dem alles scheißegal ist. Rauchen gilt heute als asozial.

Extrapolieren wir diesen »gesundheitsbewussten« Zeitgeist doch ein wenig in die Zukunft. Wer sich ungesund ernährt und keinen Sport treibt, belastet das Gesundheitssystem in ganz ähnlicher Weise wie ein Raucher, das heißt, er verhält sich nach gängiger Logik asozial. Früher war es undenkbar, dass jemand wegen des Rauchens gesellschaftlich ausgegrenzt wurde, heute ist es undenkbar, dass dies aufgrund seiner Ernährung oder seiner fehlenden Bereitschaft, Sport zu treiben, geschieht. Alles nur eine Frage des Zeitgeistes.

Deshalb ist es keineswegs abwegig, dass in naher Zukunft die Karriere eines Politikers zumindest schweren Schaden nimmt, wenn er sich »asozial« ernährt. Und bis es soweit ist, kann man ihm immer noch den besagten Konsum von Alkohol oder anderen Drogen unterschieben. Wer die Daten kontrolliert – und genau das ist Sinn der Überwachung –, dem sind praktisch keine Grenzen gesetzt.

Aussagekräftigere Daten bekommt man durch das zweite von Sascha Lobo genannte Beispiel. Nanopartikel im Blutkreislauf, deren Verhalten dann beispielsweise von Googles Armband gemessen wird, können nicht nur Auskunft darüber geben, ob sich irgendwo im Körper Krebszellen bilden oder ob ein Herzinfarkt droht. Bei entsprechender Verfeinerung der Technik kann man so auch bestimmen, ob jemand Hühnchen oder Fisch gegessen hat, um welchen Fisch es sich handelt und wo er gefangen wurde.

In Zukunft werden Kleidungsstücke, ihr Badezimmerspiegel, die Toilette und so weiter mit Sensoren ausgestattet sein, die uns sofort melden, wenn sich beispielsweise Krebszellen bilden – lange bevor ein Tumor entsteht. Eine gute Sache also. Die Schattenseite ist, dass all diese Sensoren über das Internet kommunizieren und der Krankenkasse diese Daten melden. Falls der aus diesen ableitbare Lebensstil der Kasse nicht genehm ist oder wir uns weigern, diese Daten an die Versicherung weiterzuleiten, dann müssen wir halt (viel) mehr zahlen. Und sicher ist nur, dass diese Daten vor den Totalüberwachern alles andere als sicher sind.

Bitte haben Sie, liebe Leser, immer die »Patterns of Life« im Hinterkopf, die Sascha Lobo ausführlich in seinem Vortrag schilderte. Je mehr Daten aus unterschiedlichen Quellen da zusammenkommen, umso genauer lässt sich das Leben eines jeden Menschen rekonstruieren. Dementsprechend kann ein den Überwachern genehmes Verhalten belohnt und abweichendes Verhalten sanktioniert werden. Damit meine ich nicht einen gesunden oder ungesunden Lebensstil, sondern ob man im Sinne des Regimes ein guter Bürger ist – oder eben ein Terrorist. Wie gesagt, es geht darum, die totale Kontrolle über das Handeln der Menschen zu erlangen.

Schauen wir uns nun an, was die nahe Zukunft an segensreichen Fortschritten in der Medizin für uns bereithält. Dabei ist »segensreich« nicht ironisch gemeint. Diese Entwicklungen werden tatsächlich unser Leben verlängern – und zwar auf eine lebenswerte Art und Weise. Doch, ich kann es nicht oft genug wiederholen, Technologie ist nicht gut oder böse, sondern nur das, was Menschen damit anstellen. Uns interessieren an dieser Stelle die Gefahren, die sich daraus ergeben, wobei unser Augenmerk speziell auf dem Verlust jeglicher persönlicher Freiheit als Folge der Totalüberwachung liegt. Um diese Gefahren tiefer zu verstehen, müssen wir uns zunächst einmal mit dem Wesen der Medizin und ihrer Historie beschäftigen.

Über einen Jahrzehntausende messenden Zeitraum bestand Medizin aus einer Mischung aus Versuch und Irrtum, kombiniert mit einer gehörigen Portion Aberglaube. Zauberei und Hexerei galten als Mittel der Wahl, Kranke oder Verwundete zu heilen. Dementsprechend lag die mittlere Lebenserwartung über diesen sich über den Großteil der Menschheitsgeschichte erstreckenden Zeitraum bei weniger als 20 Jahren. Der Grund dafür war nicht zuletzt die hohe Kindersterblichkeit – die meisten starben bei ihrer Geburt.

Erst im 19. Jahrhundert, also vor einem Augenblick, gemessen an den 100.000 Jahren, in denen es den modernen Menschen gibt, entwickelte man eine bahnbrechende Theorie: die Keimtheorie. Man ging korrekterweise davon aus, dass sich winzig kleine Lebewesen über unsere körperlichen Schwachstellen hermachen, z. B. über Wunden als Folge eines Unfalls oder eines medizinischen Eingriffs. Vor diesem Hintergrund ging man dazu über, Operationsbesteck zu sterilisieren, und man sorgte für mehr Hygiene und saubere sanitäre Einrichtungen. Infolge dessen stieg die durchschnittliche Lebenserwartung in der westlichen Welt bis zum Beginn des 20. Jahrhunderts auf knapp 50 Jahre.

Nicht zuletzt durch das Massensterben auf den Schlachtfeldern des 1. Weltkriegs systematisierte man die Medizin weiter. Es wurden reproduzierbare Experimente durchgeführt, die in wissenschaftlichen Fachzeitschriften veröffentlicht wurden, statt als streng gehütetes Berufsgeheimnis praktizierender Ärzte der Öffentlichkeit vorenthalten zu werden.

Mit der Entwicklung der Quantentheorie brach auch für die Medizin ein neues Zeitalter an. Einer der maßgeblichen Mitbegründer dieser neuen Sicht auf die grundlegenden Gesetze des Universums, Erwin Schrödinger, schrieb ein wegweisendes Buch zum Thema Biologie/Medizin. Es trug den Titel: Was ist Leben?[177]

In diesem Werk wandte er sich bereits Anfang der 40er Jahre gegen jeglichen Hokuspokus, wie einer »Lebenskraft«, die, von etlichen Zeitgenossen propagiert, angeblich jedes Lebewesen durchdringen sollte. Stattdessen führte er Leben auf nun mithilfe der Quantenmechanik verständliche molekulare Prozesse zurück. Er ging sogar so weit, die Vermutung zu äußern, dass Leben auf einer Art Code basiere, der in einem speziellen Molekül verschlüsselt sei.

Dies ist ein deutliches Beispiel für die von mir in »Der geheime Weltkrieg« geschilderten Zusammenhänge zwischen Intuition und Rationalität. Durch rationale Überlegungen hätte Schrödinger diese Vermutung allein auf Basis der damaligen Faktenlage niemals haben können. Soviel zum von der *Bruderschaft* verbreiteten Irrglauben, nach baphomet'schem Muster die Dinge auf den Kopf zu stellen, Wissenschaft sei »materialistisch« oder »gefühllos«.

Nicht zuletzt durch Schrödingers Buch inspiriert, gelangen dem Physiker Francis Crick und dem Genetiker James Watson, genau dieses vorhergesagte Molekül zu entdecken und seine Doppelhelix-Struktur zu entschlüsseln. Wir nennen es heute Desoxyribonukleinsäure (DNS). Es besteht aus lediglich vier Bausteinen, den Nukleinsäuren: Adenin, Thymin, Guanin und Cytosin (abgekürzt durch die Anfangsbuchstaben A, T, G und C).

Sie bilden das Alphabet, in dem das Buch des Lebens geschrieben ist. Es handelt sich mathematisch um ein Quater-

[177] Schrödinger (1989)

närsystem, weil es aus vier Zeichen besteht und lässt sich einfach in ein Binärsystem umrechnen (zwei Zeichen, z. B. 0 und 1, das von Computern benutzt wird) oder in ein Dezimalsystem (das von Menschen aufgrund der zehn Finger gebräuchliche). Worauf ich hinaus will:

Die DNS ist eine Bauanleitung für den jeweiligen Organismus, die aus nichts anderem als Information besteht. Auch hier schließt sich wieder ein Kreis: Das Immaterielle (Information) ist alles, das Materielle ist nur eine von den Interpretationsmechanismen unseres Gehirns erzeugte Illusion.

Vor diesem Hintergrund offenbart sich die geradezu triviale Erkenntnis, dass die Entschlüsselung dieser in der DNS gespeicherten Information in den Bereich der Informationsverarbeitung fällt. Moderne Medizin ist demnach eine Wissenschaft, die sich aus der Verschmelzung von Informatik und Physik ergibt.

Es gibt einen sehr gewichtigen Grund, warum ich auf diesen Dingen herumreite. Da die Entschlüsselung des Genoms nichts anderes als Informationserfassung- und Verarbeitung ist, unterliegt der Fortschritt auf diesem Gebiet dem Moore'schen Gesetz. Man sollte also nicht linear, sondern exponentiell denken, wenn man Vorhersagen treffen will.

Das Human Genomprojekt, das im Jahre 2003 mit der Entschlüsselung des vollständigen Genoms eines Menschen abgeschlossen wurde, kostete rund drei Milliarden US-Dollar.

Nur sieben Jahre später, Ende 2010, bot der Stanford-Ingenieur Stephen Quake eine vollständige Gensequenzierung für $ 50.000 an.

Die Kosten sind in diesem Zeitraum um den Faktor 100.000 gefallen. Mittlerweile muss man weniger als $ 1.000 für die Sequenzierung des eigenen Genoms ausgeben. Schon in sehr naher Zukunft wird dieser »Service« für weniger als $ 100 zu haben sein und damit so teuer sein, wie ein herkömmlicher Bluttest.

Die positiven Auswirkungen dieser Technologie auf unser aller Gesundheit sind äußerst vielfältig. Eine Diskussion der sich bietenden Möglichkeiten würde den roten Faden dieses Buches zerreißen. Daher nun die Frage: Was bedeutet diese Entwicklung im Zusammenhang mit Totalüberwachung?

Zunächst einmal ist das Erbgut (die DNS) eines jeden Menschen absolut einzigartig. Selbst Zwillinge können anhand winziger Mutationen voneinander unterschieden werden[178]. Des Weiteren enthält jede Körperzelle die vollständige DNS. Da jeder Mensch automatisch organische Spuren hinterlässt, sei es in Form von kleinsten Härchen, Hautpartikeln, Speichel oder sogar Blut, kann man jedermann anhand dieser Rückstände sofort identifizieren – sofern seine DNS in einer Datenbank abgespeichert ist. Wenn man also wissen möchte, ob eine bestimmte Person an einem speziellen Ort war, braucht man dort nur nach derartigen organischen Rückständen zu suchen.

Dazu ist es noch nicht einmal notwendig, die gesamte DNS zu speichern, weil sich Menschen in nur 0,1 % ihres Erbguts unterscheiden.

Doch wie soll man jemanden anhand seines Erbgutes identifizieren, dessen DNS noch nicht bekannt ist? Schließlich gibt es zumindest heute und wahrscheinlich auch in naher Zukunft keine Datenbank, die sämtliche Erbinformationen aller Menschen enthält.

Das ist richtig. Eine solche Datenbank wird es so schnell nicht geben – zumindest nicht offiziell. Wie ich bereits mehrfach erwähnte, besteht jedoch der Trick der Totalüberwacher darin, Informationen aus allen möglichen Quellen zu kombinieren, um daraus immer genauere »Patterns of Life« zu generieren. Heute schon sind Gerichtsmediziner in der Lage, das Gesicht eines Toten alleine anhand der Schädelform zu rekonstruieren.

---

178 http://www.welt.de/wissenschaft/article123213400/Der-kleine-Unterschied-von-eineiigen-Zwillingen.html

Da die DNS nichts anderes als der Bauplan des Körpers ist, wird es in naher Zukunft möglich sein, das Gesicht inklusive Augen- und Haarfarbe aus der DNS zu rekonstruieren. Wenn man dann Zugriff auf die Datenbank hat, die beispielsweise die Passfotos, Führerscheinfotos oder die der Gesundheitskarte enthält, so kann man mithilfe einer Gesichtserkennungssoftware die Identität der Person bestimmen, zu der das aus der DNS rekonstruierte Gesicht gehört. Auf diese Weise kann man sich klammheimlich eine DNS-Datenbank sämtlicher Menschen aufbauen.

Wenn die Herren Totalüberwacher jedoch keinen Zugriff auf ein Haarfollikel, ein Tröpfchen Speichel oder ähnliches haben, so können sie sich auch das komplette Genom der Zielperson vom Hausarzt besorgen. Letzterer wird die Erbinformation zukünftig auf seinem Rechner gespeichert haben. Dadurch wird es ihm möglich, bei einer Behandlung mögliche genetisch bedingte Risikofaktoren auszuschließen und individuelle Besonderheiten zu berücksichtigen. Dies wird einen großen Fortschritt bei der Bekämpfung von Krankheiten darstellen, weshalb Einwände gegen die Speicherung des Genoms im Keim ersticken. Es ist jedoch naiv zu glauben, diese Daten wären auf dem Rechner einer Arztpraxis vor dem Zugriff der Totalüberwacher in Sicherheit.

Welche Methode angewandt wird, um eine vollständige DNS-Datenbank der Bevölkerung aufzubauen, spielt keine Rolle. Sicher ist jedoch, dass die Geheimdienste die Mittel dazu haben, diese auch nutzen werden, und dann mühelos nachvollziehen können, wer beispielsweise in welcher Bar, in welchem Auto oder an welchem Computer gesessen und wer aus Sicht des Regimes an einem konspirativen Treffen teilgenommen hat. **Schließlich wissen die Verschwörer, dass Verschwörungen alltäglich sind.**

3.4 Erweiterte Realität

Was ist Realität? Dieser Frage habe ich mich ausführlich im »Geheimen Weltkrieg« gewidmet[179]. Deshalb hier nur eine Kurzfassung: Unsere fünf Sinnesorgane sind im Prinzip nichts anderes als Messinstrumente für Schallwellen (hören), Lichtwellen (sehen), Kräfte, Temperatur (Tastsinn) und zur chemischen Analyse (riechen, schmecken). Die Messergebnisse werden über Nervenleitungen an das Gehirn übertragen. Der wesentliche Punkt dabei: Diese Übertragung erfolgt digital. Eine höhere Intensität resultiert nicht etwa in einer größeren Signalstärke, sondern in einer höheren Frequenz der Nervenimpulse.

Alles, was wir über die Realität wissen, besteht demnach aus Nullen und Einsen, den elementaren Einheiten von Information. Die gigantische Informationsflut – viel zu groß, um vom Gehirn verarbeitet werden zu können, wird dann von speziellen Filtersystemen zunächst interpretiert und gelangt erst dann in den Bereich unseres bewussten Denkens. Eigenschaften, wie »hell« oder »dunkel«, »blau« oder »rot, »heiß« oder »kalt«, der Duft von Rosenblüten oder von faulen Eiern, das Gefühl von »hart« oder »weich« sind demnach nichts anderes als Interpretationen der unserem bewussten Denken vorgeschalteten Filter. Sie haben den Sinn, unser Gehirn überhaupt in die Lage zu versetzen, die riesigen Informationsmengen verarbeiten zu können. Aus diesem Grunde sind auch Interpretationen – ein anderes Wort dafür ist »Anschauungen« – wie »Masse, Materie« lediglich ein Resultat dieser vorgeschalteten Filter. Auf diese Weise wird die Illusion erzeugt, wir würden beispielsweise einen Baum wahrnehmen. In Wirklichkeit nehmen wir jedoch nur Informationen *über* etwas wahr, das wir »Baum« nennen. Da die Realität also aus nichts anderem als Informationen besteht, können wir die Realität erweitern, wenn wir über

---

[179] von Salomon (2014b), S. 25ff

die Informationen hinaus, die unsere Sinne liefern, uns noch zusätzliche Daten über die Dinge beschaffen. Im Prinzip sind physikalische Messinstrumente eine Erweiterung unserer Sinnesorgane, um uns zusätzliche Informationen zu beschaffen. Wenn man beispielsweise mit einem guten Teleskop in den klaren Nachthimmel schaut, kann man einige Monde des Jupiters sehen, was mit dem bloßen Auge unmöglich ist.

Mithilfe einer Erweiterung unserer Sinnesorgane durch physikalische Messinstrumente wie z. B. Teleskope oder Mikroskope, können wir unsere Realität erweitern, indem wir Informationen über Dinge wahrnehmen, die uns ansonsten verborgen bleiben würden.

Doch es gibt noch eine andere Ebene der Erweiterung unserer Realität: Wir können uns Informationen über die Informationen besorgen. Das sind die im Vortrag von Sascha Lobo erwähnten Metadaten, also Daten *über* Daten. Während wir beispielsweise einen Baum betrachten, so können wir ein Buch *über* Bäume zur Hand nehmen und darin die Abbildung eines Baums suchen, der weitgehend mit dem von uns betrachteten übereinstimmt. Dann erfahren wir, wie dieser Baum genannt wird, welche Früchte er trägt, ob sie genießbar sind und so weiter.

Das Durchblättern eines Buches, um bei dem Beispiel zu bleiben, ist natürlich eine aufwendige Sache. Komfortabler wäre es, wir würden mit unserem Mobiltelefon ein Foto des Baumes schießen, eine entsprechende »Baum-App« würde im Internet eine botanische Datenbank durchforsten und uns dann sämtliche Informationen über diesen Baum auf das Smartphone schicken.

Ich weiß nicht, ob es eine solche »Baum-App« bereits gibt. Wahrscheinlich nicht. Für Musik jedoch schon. Diese App haben wir bereits bei Lobo kennengelernt. Sie wird von der Firma Shazam angeboten. Wenn man irgendwo ein Musikstück hört und gerne wissen möchte, wie es heißt und wer die Interpreten sind, so kann man einfach die Shazam-App aktivieren und man erhält postwendend die gewünschten Informationen *über* das Musikstück. Das ist eine praktische Sache, speziell, wenn einem die im Radio oder in der Bar gespielte Musik so gut gefällt, dass man sie kaufen möchte, um sie permanent verfügbar zu haben. Shazam ist also ein System zur Erweiterung der Realität.

Damit sind wir auch schon beim Thema Totalüberwachung. Wenn man die »Auto-Shazam«-Funktion einschaltet, werden die Geräusche, die man tagsüber so hört, automatisch an die Shazam-Server weitergeleitet. Die analysieren den Audio-Datenstrom und wenn sie dabei auf ein Musikstück stoßen, schicken sie die Metadaten dazu zurück an das Smartphone. Auf diese Weise erhält man eine Liste der Musik, die man den ganzen Tag so gehört hat.

Selbstverständlich enthält der vom Smartphone an die Server gesandte Audiodatenstrom nicht nur Musik, sondern auch sämtliche Gespräche, die in der Nähe dieses kleinen Smartphone-Spions geführt wurden. Daher sind die Shazam-Server ein lohnendes Ziel für die Totalüberwacher, weshalb man seinen Hintern darauf verwetten kann, dass diese Systeme bereits kompromittiert sind.

In diesem Zusammenhang ist noch ein weiterer Aspekt wichtig: Es wird nicht nur aufgezeichnet, was der Idiot redet, der die Auto-Shazam-Funktion eingeschaltet hat, sondern auch die Gespräche der Leute in der Umgebung, die mit hoher Wahrscheinlichkeit nicht wissen, dass sich ein naiver Schwachkopf in ihrer Nähe befindet. Man kann sich vor diesem System also nicht schützen, indem man selbst einfach auf Dienste wie Auto-Shazam verzichtet.

Nun können Sie, liebe Leser, einwenden, dass die Wahrscheinlichkeit, dass auf diese Weise ein Gespräch zwischen Ihnen und einem Freund vom Geheimdienst abgehört wird, eher gering ist. Schließlich müsste dazu jemand in Ihrer unmittelbaren Nähe sitzen, der erstens ein Musikfan ist, zweitens ein Smartphone bei sich trägt, auf dem Shazam installiert ist, drittens müsste er die Auto-Shazam-Funktion eingeschaltet haben, d. h. er müsste der besagte naive Schwachkopf sein. Es wäre schon ein ziemliches Pech, wenn diese drei Bedingungen gleichzeitig erfüllt wären.

Dieser Gedankengang wäre richtig, wenn es nur diese eine Quelle gäbe, aus der die Totalüberwacher ihre Informationen erhalten. Der Trick ist jedoch, ich kann es nicht oft genug wiederholen, sich aus einer großen Zahl von Quellen die Informationen zu besorgen. Nicht umsonst sind bereits heute mehr als 100.000 Netzwerke kompromittiert und Shazam ist nur eines davon.

Es gibt auch noch einen weiteren Punkt, der gegen eine Verharmlosung mittels des obigen Gedankengangs spricht: Shazam ist nur die Spitze des Eisbergs, was »Erweiterte Realität«-Anwendungen anbelangt. Schauen wir uns nun an, was in dieser Richtung in Zukunft so alles auf uns zukommt.

Stellen Sie sich eine Brille vor, die einen Computer mit Internetverbindung und eine Kamera enthält. Stellen Sie sich des Weiteren vor, Sie gehen mit dieser Brille auf der Nase in ein Kunstmuseum. Der Computer in der Brille erkennt die von Ihnen betrachteten Kunstwerke und lässt die dazu gehörigen Metadaten direkt neben dem Kunstwerk, wie von Geisterhand geschaffen, erscheinen. Plötzlich sind Sie durch die Brille zum Kunstkenner geworden. Sie wissen natürlich, wer der Künstler war, wann er lebte, in welcher Schaffensperiode er das Werk schuf und was er sich dabei gedacht hat.

Oder denken Sie an den Baum, den ich vorhin erwähnte. Sie brauchen nun nicht mehr mühevoll in einem Buch nachzuschlagen, Sie brauchen ihn nicht einmal mit Ihrem Smartphone zu fotografieren, Sie signalisieren Ihrer Computerbrille einfach mit einer Augenbewegung, dass Sie Metadaten über das betrachtete Objekt wünschen, und schon erscheint alles, was Sie in einem Speziallexikon finden würden, sofort neben dem Baum in Ihrem Blickfeld.

Noch nicht davon überzeugt, sich eine solche Brille zuzulegen? Dann denken Sie an Ihre letzte Städtetour, z. B. nach Rom. Die alten, zerfallenen Bauwerke würden auf Ihren Wunsch hin wieder wie zu Zeiten der Cäsaren aussehen. Sie bekämen mehr als einen Eindruck davon, wie das Colosseum während der Gladiatorenkämpfe ausgesehen hat. Der Geruch des Schweißes und des Blutes der Kämpfer würde Ihnen fast um die Nase wehen.

Interessiert Sie auch nicht? Dann ist es Ihnen vielleicht schon einmal passiert, dass Sie auf der Straße, am Arbeitsplatz oder auf einer Party jemandem begegnet sind, der Sie mit Ihrem Namen ansprach, Sie aber nicht wissen, wer das ist. Die Person kam Ihnen bekannt vor, aber Sie konnten sich einfach nicht erinnern, wo Sie diesen Menschen das erste Mal trafen und wie er heißt. Das ist eine peinliche Situation. Mit unserer Superbrille kann Ihnen das nicht passieren. Auf einen Wink Ihrer Augäpfel hin durchforstet der Brillenrechner das Internet, nutzt einen Gesichtserkennungsservice, um die Person zu identifizieren, und schickt Ihnen nicht nur den Namen, sondern auch den Lebenslauf Ihres Gegenübers. Besonders bei beruflichen Treffen ist es sehr nützlich, zu wissen, mit wem man es zu tun hat.

Falls Sie jetzt immer noch nicht davon überzeugt sind, dass Sie eine solche Brille unbedingt brauchen, so können Sie mir vielleicht zustimmen, dass Sie dann einer von Tausend sein werden, der auf eine solche Segnung der Technik verzichten will.

Was sich dann ergibt, ist sehr ähnlich zum weiter oben skizzierten Shazam-Service, nur eben nicht auf Musik und somit auf Audiodaten beschränkt, sondern auf alles, was wir sehen und hören. Es wird nicht der Rechner in der Brille sein, der über eine umfassende Datenbank verfügt, um uns alle Fragen über antike Gebäude, Kunstwerke, unser Gegenüber und so weiter zu beantworten. Das, was wir sehen, wird als Videostream an zentrale Server übertragen und dort ausgewertet. Der Betreiber eines derartigen Dienstes – ich nehme an, dass Google dabei eine entscheidende Rolle spielen wird – weiß dann so ziemlich alles, was wir sehen und hören.

Als ob das nicht schon kritisch genug wäre, können wir absolut sicher sein, dass sich eben auch die Totalüberwacher für diese Daten interessieren und dass es für sie kein Problem sein wird, sich diese zu beschaffen. Die Geheimdienste können die Server des Anbieters infiltrieren oder sie zwingen ihn zur Zusammenarbeit bei gleichzeitigem Stillschweigen. Genau das hat die NSA bereits mit einer ganzen Reihe von IT-Firmen gemacht: sie wurden per Gerichtsbeschluss zur Herausgabe von Nutzerdaten gezwungen, durften darüber aber nicht reden. Oder es kam schlicht zu einer Verschwörung zwischen diesen Konzernen und der Regierung. Ich berichtete darüber[180]. Dass diese Praktiken tatsächlich Realität sind, wissen wir schließlich seit Snowden.

Hinzu kommt noch ein weiterer Effekt: Viele Menschen sind so blöd, alles Mögliche über ihr Privatleben und ihre Meinung zu bestimmten Dingen nicht etwa anonym, nein, unter ihrer wirklichen Identität auf sozialen Netzwerken der ganzen Welt kund zu tun. Ich persönlich war kurz davor, einem Lachanfall zu erliegen, als ich zum ersten Mal davon hörte, dass jemandem gekündigt worden sei, weil er auf Facebook über die Scheißfirma lästerte, in der er arbeitete. Wäre ich der Personalchef dieser Firma gewesen, hätte ich ihn nicht wegen seiner Lästereien, sondern wegen seiner Blödheit entlassen.

Vor dem Hintergrund der uns bald heimsuchenden Computerbrillen ist die Idiotie unserer Mitmenschen, die sich für so wichtig halten, dass sie jeden Furz der Öffentlichkeit mitteilen

---

[180] von Salomon (2014a), S. 40

müssen, natürlich weit weniger lustig. Wenn Ihr Chef Sie in einem Video auf der Facebook-Seite irgendeines Vollhonks sieht, wie Sie am Nachbartisch mit dem Personalchef eines Konkurrenzunternehmens verhandeln, werden Sie sicherlich nicht erfreut sein.

Und wenn Sie mit einem alten Studienkollegen aus dem Irak irgendwo ein Käffchen trinken, was natürlich von irgendeinem Spacken gefilmt wird, und dieser alte Studienfreund mittlerweile ohne Ihr Wissen seine »muslimischen Wurzeln« entdeckt hat und in Kontakt mit radikalen Islamisten steht, dann wird das zukünftig den Totalüberwachern nicht verborgen bleiben. Damit haben Sie auf einen Schlag ein paar Millionen Plätze auf der Hitliste der Terrorverdächtigen gut gemacht. Somit rücken auch Ihre E-Mails, Telefonate und so weiter in den Fokus des Interesses der geheimdienstlichen Handlanger des Regimes. Herzlichen Glückwunsch!

Aber es braucht noch nicht einmal der Kontakt zu einem Islamisten sein. Wenn Sie bei einer regimekritischen Demonstration wie Pegida mit spazieren, so wird das, sobald die Computerbrillen Massenware sind, von irgendeinem gefilmt und ins Internet gestellt. Wie dann entsprechende Verleumdungskampagnen z. B. bei Ihrem Arbeitgeber laufen, habe ich bereits ausführlich geschildert.

Aber gibt es derartige Brillen nicht schon? Was ist mit der mit großem Tamtam angekündigten »Google Glass«? Nun, das war ein erster Versuch – und der ist weitgehend schiefgegangen. Die Brille sieht nicht besonders schick aus und ihre Funktionalität lässt im Vergleich zu dem, was ich weiter oben geschildert habe, eher zu wünschen übrig. Hinzu kommt, dass das Teil ziemlich auffällig ist.

Jedermann sieht sofort, wenn jemand eine Google Glass trägt. Und es gibt tatsächlich noch Menschen, die es nicht witzig finden, in ihrer Privatsphäre von Idioten gefilmt zu werden, was dann mit hoher Wahrscheinlichkeit im Internet landet.

Deshalb ist es an mehreren Orten bereits zu handgreiflichen Auseinandersetzungen von diesen Privatsphärefetischisten und GoogleGlass-Trägern gekommen.

Ich kann Erstere gut verstehen. Mich würde auch interessieren, wie es mit der mechanischen Deformierbarkeit des Google-Produktes aussieht, und dies im Gesicht des Trägers zu testen, spiegelt natürlich sehr lebensnahe Versuchsbedingungen wieder. (Der Scherz muss erlaubt sein …)

Aber Gott sei Dank (damit meine ich nicht den Totalüberwachungsfanatiker JHWH) ist Google Glass ein Flop und es regt sich nicht unerheblicher Widerstand gegen diese Geräte. Doch was passiert, wenn diese Dinger schicker werden und wenn man ihnen ihre Funktionalität, die meinen weiter oben beschriebenen Szenarien immer näher kommt, kaum bis überhaupt nicht mehr ansieht?

Spätestens dann, wenn man die Technologie in Kontaktlinsen unterbringen kann, ist es unmöglich, den Träger eines solchen Geräts zur Erweiterung der Realität zu erkennen, das für die Totalüberwacher der perfekte Spion ist.

Es stellt sich nun natürlich die Frage, ob es möglich ist, die für die volle Funktionalität einer Internet-Brille notwendige Elektronik in eine Kontaktlinse zu packen. Es ist möglich. Das Problem ist die Miniaturisierung der Komponenten – doch genau diese unterliegen dem Moore'schen Gesetz. Deshalb arbeiten weltweit bereits mehrere Gruppen an der Konstruktion derartiger Kontaktlinsen.

Dabei ist ihnen natürlich bewusst, dass es erst einmal nur um das Konstruktionsprinzip geht. Selbstverständlich erwarten die Forscher nicht, sofort eine Linse bauen zu können, die dem Träger ermöglicht, einen Spielfilm in High-Definition zu sehen, die Namen und Lebensläufe sämtlicher Gesprächspartner auf einer Fachkonferenz eingeblendet zu bekommen, oder die Ruinen des römischen Imperiums wiederauferstehen zu lassen. Diese Anwendungen hängen lediglich von der Dichte der verbauten Komponenten ab – und diese Dichte wird man in Zukunft todsicher realisieren können.

Man ist bei dieser Entwicklung schon recht weit und die prinzipiellen Probleme sind heute schon gelöst. Babak A. Parviz ist Leiter einer der Gruppen, die daran arbeiten, die Konzepte immer weiter zu verfeinern. Er ist an der University of Washington tätig, arbeitete für Google an der Datenbrille Glass und wechselte kürzlich zu Amazon[181]. Ich hatte Gelegenheit, ihn persönlich kennenzulernen. Er führte mir einen Chip vor, den er in der Polymerschicht einer Kontaktlinse installiert hat. Damit konnte er eine ebenfalls in die Kontaktlinse implementierte Leuchtdiode (LED) steuern. Die Befehle erhielt der Chip drahtlos von einem Computer. So gelang es ihm, zu zeigen, dass die Technologie grundsätzlich funktioniert.

Mittlerweile arbeitet er an einer Linse mit 8 x 8 LEDs. Das ist natürlich noch weit von der Auflösung entfernt, die man für echte »erweiterte« Realität braucht – aber es ist ein wichtiger nächster Schritt[182] zu seinem Ziel, eine Kontaktlinse mit 3.600 LEDs zu bauen.

Die umgekehrte Richtung funktioniert auch schon: Google hat auf Basis der Arbeiten Parviz' ein Patent auf eine in eine Kontaktlinse integrierte Kamera angemeldet, womit der allgegenwärtige Hightech-Spion in greifbare Nähe rückt.

Derartige Kontaktlinsen haben gegenüber Internetbrillen sogar einen weiteren, wichtigen Vorteil (neben ihrer Eigenschaft, dass ihre Träger nicht als solche erkannt werden): Sie benötigen lediglich einige Millionstel Watt – und die lassen sich problemlos drahtlos übertragen. Man kann also auf Batterien verzichten.

Möglicherweise ist die Technik, extrem kleine LEDs zur Projektion zu verwenden, bereits heute schon veraltet. Man

---

[181] http://www.golem.de/news/babak-parviz-glass-miterfinder-wechselt-zu-amazon-1407-107867.html
[182] Parviz (2009)

benötigt dazu nämlich Mikrolinsen, die das Licht der LEDs auf die Retina (Netzhaut) fokussieren. Das ist eine ziemlich aufwendige Technik. Deshalb arbeitet Parviz bereits an einer Alternative: man kann nämlich nicht nur Transistoren aus dem Halbleitermaterial ätzen, sondern auch Minilaser. Damit kann man dann ein gestochen scharfes Bild direkt auf die Retina werfen. Und ähnlich wie ein Chip mit Millionen Transistoren, kann ein solches Bauelement Millionen dieser Minilaser enthalten und so ein Bild erzeugen, dass von der »echten« Realität nicht mehr zu unterscheiden ist.

Derartige Kontaktlinsen werden es Ihnen ermöglichen, über die Oberfläche des Mars zu schreiten, in Fantasy-Welten einzutauchen und das, was Sie auf ihrer Urlaubsreise sehen, mit Ihren zu Hause gebliebenen Lieben zu teilen oder mit tausenden Menschen auf sozialen Netzwerken – und natürlich mit den Totalüberwachern.

3.5 Gedanken lesen und übertragen

Die Königsdisziplin im Rennsport ist wohl die Formel 1. Der Stellenwert des Gedankenlesens ist für die Totalüberwachung sogar noch ein wenig höher. Dies ist dann wirklich die Gottesdisziplin in dem Sinne, dass die Totalüberwacher, mit dieser Fähigkeit ausgestattet, jede »Sünde«, d. h. jeden regimekritischen Gedanken, wahrnehmen und sofort bestrafen könnten. In dieser Hinsicht würden sie also tatsächlich in der gleichen Liga spielen wie der Rachegott des Alten Testaments – nur, dass die Totalüberwacher im Gegensatz zu JHWH real wären.

Wenn der *Bruderschaft* die Kontrolle über eine solche Technologie gelingt, so würde sie erheblich stärker als zuvor aus der Aufklärung hervorgehen, die ihr Religionssystem zumindest im Westen teilweise entmachtet hat.

Aber ist das realistisch? Ist es technisch möglich, die Gedanken einer anderen Person zu lesen? Und kann man dann in umgekehrter Richtung Gedanken auf eine andere Person übertragen?

Doch bevor wir uns der Frage zuwenden, ob dies technisch möglich ist, möchte ich paar Worte zu der Frage verlieren, ob es nicht vielleicht »paranormal« begabte Menschen gibt, die ohne technische Hilfe Gedanken lesen können.

Selbstverständlich kann man nicht beweisen, dass es etwas *nicht* gibt. Ich kann Ihnen beispielsweise nicht beweisen, dass es keinen Menschen gibt, der aus dem Stand auf den Mond springen kann. Allerdings hat noch nie ein Mensch ein solches Kunststück vorführen können. Und es gibt auch eine ganze Reihe gewichtiger physikalischer Gründe, warum ein Mensch nicht auf den Mond springen kann. Der Mensch müsste beispielsweise von der Hocke in die gestreckte Lage die Fluchtgeschwindigkeit der Erde erreichen, d. h. auf einer Beschleunigungsstrecke von rund einem Meter. Während dieser Beschleunigungsphase würde das Millionenfache seines Gewichtes auf diesem Menschen lasten. Selbst die härtesten Materialien würden bei erheblich geringerer Belastung zerquetscht. Abgesehen davon würde ein solcher Sprung mehr Kalorien verbrauchen, als eine Million menschliche Körper enthalten.

Aber trotzdem: Aus der Tatsache, dass noch niemand zum Mond gesprungen ist und aus den zuvor erwähnten physikalischen Überlegungen können wir lediglich davon ausgehen, dass es keine Menschen gibt, die zu so etwas fähig sind – ein Beweis im streng wissenschaftlichen Sinne ist das jedoch nicht. Wie gesagt, es ist prinzipiell unmöglich, die Nichtexistenz von irgendetwas zu beweisen.

Kommen wir nun zum Gedankenlesen, auch Telepathie genannt. Bislang hat noch niemand eine solche Fähigkeit unter Laborbedingungen vorführen können. Es ist nicht etwa so, dass es nicht versucht wurde. An mehreren Universitäten werden Anstrengungen zur Untersuchung »parapsychologischer Phänomene« unternommen. Eins der beliebtesten Experimente, um

Telepathie nachzuweisen, ist die Verwendung von sogenannten »Zenerkarten«.

Abb. 3.5.1: Zenerkarten

Fünf verschiedene Symbole befinden sich auf den Karten. Die zu testende Person muss dann per Telepathie herausfinden, welches Symbol sich auf einer Karte befindet, die sich der Experimentator anschaut. Die Wahrscheinlichkeit, zufällig das richtige Symbol zu erraten, liegt bei 1:5, also 20 %. Deshalb lässt man die Testperson nicht nur einmal »raten«, sondern sehr oft. Vereinfacht gesagt, gilt der Beweis für die Existenz von Telepathie als erbracht, wenn die Trefferquote der Versuchsperson deutlich über 20 % liegt. Was dabei »deutlich« ist, hängt von der Anzahl der Versuche ab, die wiederum in statistische Größen wie Varianz und Standardabweichung eingeht. Generell gilt: Je mehr Versuche, umso geringer muss die Abweichung der Trefferquote von 20 % sein, um als Nachweis für Telepathie gelten zu können.

Allerdings hat noch nie jemand unter Laborbedingungen, das heißt unter Ausschluss jedweder Täuschungsmöglichkeit, einen solchen Test bestanden. Rund zwei Dutzend Organisationen haben Preisgelder für den Nachweis von Telepathie ausgeschrieben. Allein die *James Randi Educational Foundation* bietet jedem, der einen solchen Test besteht, ein Preisgeld in Höhe von einer Million US-$. Doch wie es aussieht, werden diese Organisationen ihr Geld wohl für immer behalten können.

Wir haben hier also die gleiche Situation bei der Telepathie wie bei unserem Mondspringer: Kein Mensch kann ein solches Kunststück vorführen.

Gibt es, analog zum Springer, gewichtige physikalische Gründe, die gegen die Existenz von Telepathie im parapsychologischen Sinne sprechen? Die gibt es in der Tat. Um Informationen von einem Sender auf einen Empfänger zu übertragen, müssen von Ersterem Kräfte auf Letzteren einwirken. Wenn Sie beispielsweise Radio hören, müssen von Radiosender Elektronen in der Antenne Ihres Empfangsgeräts angeregt werden.

Es existiert kein einziges reproduzierbares Experiment, mit dem man eine andere Kraft als die fünf bekannten Grundkräfte der Natur nachweisen kann: Gravitation (Schwerkraft), Elektromagnetismus (elektrische und magnetische Kraft), Starke und Schwache Wechselwirkung (wirken nur über geringe Distanzen und sind daher nur für die Kernphysik relevant).

Natürlich ist das wieder einmal kein Beweis, dass keine weitere, noch unbekannte Kraft existiert. Aber weil in zig Millionen Experimenten niemand eine solche hypothetische Kraft beobachten konnte, gibt es einfach keinen vernünftigen Grund, ihre Existenz anzunehmen.

Die einzige dieser Kräfte, die zur Übertragung von Gedanken dienen könnte, ist die elektromagnetische. Gedanken verursachen elektrische Ströme im Gehirn, wodurch elektrische und magnetische Felder entstehen. Die entsprechenden Feldstärken sind jedoch viel zu gering, um eine Nervenzelle anregen zu können – erst recht nicht, wenn der Empfänger (der angebliche Telepath) mehrere Meter vom Sender (dem Experimentator) entfernt ist. Wenn aber keine Neuronen beim Empfänger angeregt werden, führt das bei ihm auch zu keinem Gedanken. Würde der Telepath jedoch die Gedanken eines anderen Menschen lesen, so würde er sie bewusst wahrnehmen, was Neuronenaktivität in seinem Gehirn bedeuten würde. Doch, wie gesagt, sind die elektromagnetischen Felder des Gehirns des Experimentators viel zu gering, um irgendwelche Neuronentätigkeit bei unserem Möchtegern-Telepathen anzuregen.

Wir halten fest: Kein Mensch konnte bislang einen Telepathie-Test unter Laborbedingungen bestehen. Kein Mensch konnte bislang vorführen, auf den Mond zu springen. Es gibt gewichtige physikalische Gründe dafür, dass ein Mensch weder die Gedanken eines anderen Menschen lesen, noch auf den Mond springen kann. Folglich ist der »Glaube« an telepathisch begabte Menschen vergleichbar mit dem »Glauben« an Mondspringer.

Es ist nicht auszuschließen, dass es so etwas gibt, weil die Nicht-Existenz von etwas grundsätzlich nicht bewiesen werden kann, aber es ist eben extrem unwahrscheinlich.

An anderer Stelle habe ich bereits darauf hingewiesen, dass Technologie viel mehr kann als die Magie in der Fantasie unserer Vorfahren. Anders gesagt, ist Technologie die reale Magie.

Schauen wir uns nun an, ob Technologie nicht vielleicht das kann, was einige Leute gerne als »übernatürliche«, »paranormale« oder »parapsychologische« Phänomene sehen würden.

Ein Mensch kann nicht zum Mond springen, aber mit einer Apollo-Rakete kann er dorthin gelangen (und erst recht mit einer Vril-Flugscheibe). Die Neuronen eines Menschen können nicht durch die elektromagnetischen Felder, die durch die Gedanken eines anderen Menschen erzeugt werden, angeregt werden. Aber vielleicht gibt es ein Analogon zur Mondrakete beziehungsweise Vril-Flugscheibe.

Übertragen auf das Gedankenlesen wäre das ein technisches Gerät, das empfindlich genug ist, die elektromagnetischen Felder, die durch die Gedanken eines Menschen entstehen, nicht nur zu messen, sondern auch richtig zu interpretieren. Und vielleicht gibt es ja auch ein Gerät, das mittels elektromagnetischer Felder Neuronen im Kopf eines Menschen anregen, also Gedanken erzeugen kann.

Die Antwort lautet eindeutig: Ja, es gibt diese Geräte, und zwar für beide Kommunikationsrichtungen: Gedankenlesen und -übertragung. Diese Technologien stecken – zumindest offiziell – noch in den Kinderschuhen. Lediglich einfache Gedanken können von den heutigen Systemen gemessen und interpretiert werden.

Doch eins ist sicher: Die Technologie funktioniert prinzipiell. Eine Verbesserung hin zum Lesen und Verstehen komplexer Gedankengänge ist nur noch eine Frage der Messempfindlichkeit und der Rechenleistung zur Interpretation der Signale. Beide Probleme sind lösbar, und der Fortschritt, speziell im Punkt Rechenleistung, schreitet sogar exponentiell voran.

3.5.1 Technologien zum Gedankenlesen

Heute existieren zwei grundsätzlich voneinander verschiedene Technologien, um die Gedanken eines Mensch zu erfassen: das Elektroenzephalogramm (EEG) und die funktionelle Magnetresonanztomografie (fMRT).

Zur Messung eines EEGs werden der Versuchsperson Elektroden auf den Kopf geklebt. Diese messen die von den Gedanken der Person erzeugten elektrischen Felder, die dann als Gehirnwellen aufgezeichnet werden.

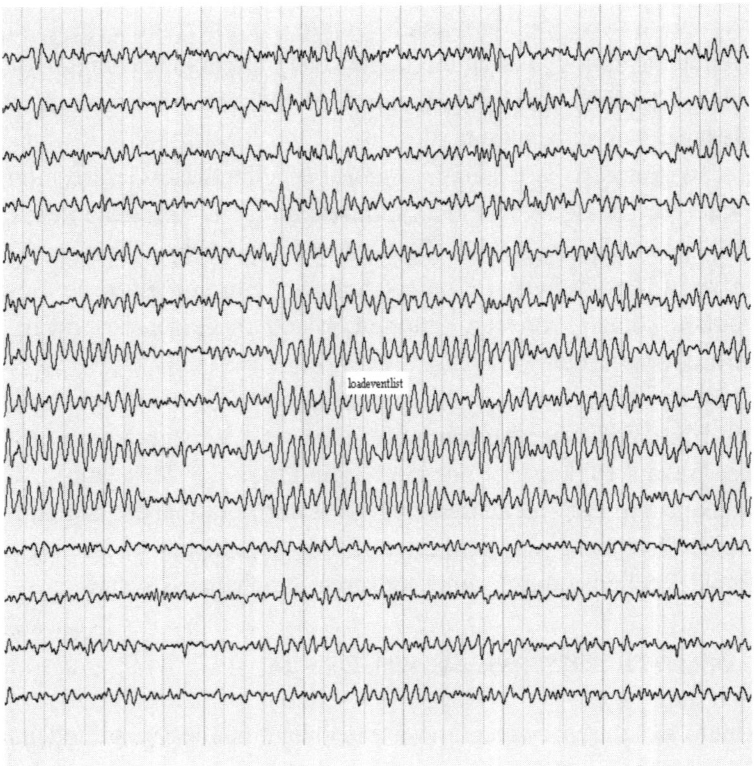

Abb. 3.5.2 14-kanaliges Elektroenzephalogramm mit Alpha-Wellen. Quelle: Wikipedia.

Bis vor einigen Jahren konnte diese Methode lediglich dazu benutzt werden, grobe Veränderungen des Gehirnzustandes zu messen. So konnte man lediglich zwischen Schlafzustand und Wachheit unterscheiden, aber auch heftige Gefühle wie Wut, Freude, sexuelle Erregung und so weiter nachweisen.

Heute ist man da schon ein ganzes Stück weiter. Mit ein bisschen Training können heute Menschen mit einer EEG-Haube auf dem Kopf erlernen, den Mauscursor eines an das EEG-Gerät angeschlossenen Computers auf dem Bildschirm lediglich durch ihre Gedanken zu bewegen. Niels Birbaumer von der Universität Tübingen hat das Verfahren bereits soweit verfeinert, dass gelähmte Personen auf diese Weise am Computer ganze Sätze schreiben können.

Seit ein paar Jahren gibt es sogar EEG-Hauben für den Heimgebrauch. Marktführer ist die Firma NeuroSky. Mit diesen Geräten kann man bereits mehr oder weniger gut Spiele und per Biofeedback die eigene Gemütslage steuern. Die Begeisterung vieler Benutzer dieser für rund 100 € erhältlichen Messinstrumente hält sich noch in Grenzen. Wichtig für unser Thema an dieser Stelle ist jedoch, dass sie prinzipiell funktionieren.

Damit wären wir auch schon beim großen Vorteil von EEG gegenüber fMRT, zu dessen Funktionsweise ich gleich noch komme: EEG verlangt keine teure Ausrüstung. Der Nachteil: Diese »Billigvariante« des EEG ermöglicht es nicht, die Quelle der elektrischen Felder, also die Gedanken, einem bestimmten Ort im Gehirn zuzuordnen. Letzteres ist aber für die Interpretation der Daten, d. h. für das Verstehen der Gedanken, von großer Hilfe.

Wenn man die Quelle der elektrischen Felder im Extremfall bis zum einzelnen Neuron zurückführen könnte, so hätte man das komplette neuronale Muster, das bei einem Gedanken im Gehirn entsteht. Dann wäre es nur noch eine Frage der Entschlüsselung, diesen Gedanken auch zu lesen und zu verstehen.

Genau in diese Richtung, also dem Verfolgen der neuronalen Anregung von Gedanken im Gehirn, geht die funktionelle Magnetresonanztomografie (fMRT).

Auch wenn ich sonst nicht darauf verzichte, die Funktionsweise der Technologien, über die ich in meinen Büchern berichte, im Detail zu schildern, so möchte ich in diesem Fall davon absehen. Der Grund dafür ist, dass es sich bei fMRT um ein Standardverfahren handelt. Wer sich näher dafür interessiert, findet in der Literatur und im Internet reichlich Informationen dazu.

Es geht im Prinzip darum, mithilfe von Magnetfeldern und Radiowellen Echos zu erzeugen, die es ermöglichen, viel genauer als mit Röntgentechniken die Struktur von lebendem Gewebe zu erfassen. Dabei kann der Entstehungsort dieser Echos mit heutiger offizieller Technik auf rund 0,1 mm genau bestimmt werden. Im Vergleich zur Größe eines einzelnen Neurons ist das immer noch ziemlich grob, aber die Verbesserung der Messgenauigkeit schreitet schließlich stetig voran. Immerhin kann man mit dieser Genauigkeit schon ziemlich spektakuläre 3-D-Bilder vom Gehirn (und auch anderen Körperregionen) herstellen, wobei die jeweils aktiven Gewebeteile deutlich zu erkennen sind. Man kann also sehr genau verfolgen, über welche Bereiche des Gehirns sich ein Gedanke ausbreitet, was erheblich dazu beiträgt, ihn interpretieren zu können.

Dabei wird der Umstand genutzt, dass das Hämoglobin, also der Sauerstoffträger des Blutes, unterschiedliche magnetische Eigenschaften aufweist, je nachdem, ob es mit Sauerstoff gesättigt ist, oder nicht. Wenn man einatmet, wird das Hämoglobin in der Lunge mit Sauerstoff angereichert – es ist diamagnetisch. Dann wird dieses angereicherte Hämoglobin vom Blutkreislauf an jene Stellen im Körper transportiert, die Energie benötigen. Dort gibt das Molekül den Sauerstoff ab und wird dadurch paramagnetisch.

Diese unterschiedlichen magnetischen Eigenschaften führen zu unterschiedlichen Radiowellenechos beim fMRT. Diesen Unterschied nennt man BOLD-Kontrast. Dieser ermöglicht eine 3-D-Darstellung jener Bereiche des Körpers, die Sauerstoff verbrauchen. Auf diese Weise erhält man eine Darstellung sämtlicher Organe und Muskeln.

Speziell beim Scan des Gehirns treten also jene Bereiche besonders hervor, die zu jenem Zeitpunkt einen hohen Energiebedarf haben, d. h. Sauerstoff verbrauchen. Denken kostet nun mal Energie, folglich kann man mittels fMRT verfolgen, welche Gehirnbereiche zu einem Gedanken beitragen. Anders gesagt, sieht man auf dem Scan das neuronale Erregungsmuster des Gedankens. Letzteres ist für jeden Gedanken charakteristisch. Was jetzt »nur« noch fehlt, ist eine eindeutige Zuordnung des neuronalen Musters zum Inhalt des Gedankens.

Diese Zuordnung ist eine mühsame Geschichte. Die Genauigkeit einer solchen Zuordnung hängt davon ab, wie genau man den Gedanken im Gehirn nachverfolgen kann. Heute kann man dies auf 0,1 mm genau, in naher Zukunft wird man die Erregung einzelner Neuronen erkennen können. Dann ist der höchste Detailierungsgrad des Gedankens erreicht.

Bereits vor einigen Jahren gelang dem Neurobiologen Kendrick Kay mit seinem Team an der University of California ein beeindruckendes Experiment. Sie nahmen fMRT-Scans von Personen auf, die sich Bilder von unterschiedlichen Dingen ansahen (Autos, Pferde, ein Strand, ein Haus usw.). Mithilfe einer von ihnen entwickelten Software verknüpften sie die gemessenen neuronalen Muster mit den Bildern. Dieses Computerprogramm war ein selbstlernendes System. Je mehr Bilder sich die Versuchspersonen ansahen, umso besser war das Programm in der Lage, Bild und Muster zu verknüpfen.

Dann zeigte man den Versuchspersonen völlig neue Bilder, also solche, für die das Computerprogramm noch keine Verknüpfung zu dem entsprechenden neuronalen Muster hergestellt hatte. Doch die Software hatte »gelernt«, welche Hirnbereiche bei welchem visuellen Erlebnis aktiv werden. Deshalb gelang es dem Programm in 80 bis 90 Prozent der Fälle, das neue Bild, das den Probanden gezeigt wurde, zu »erraten«.

Das ist ein Ergebnis, von dem menschliche Möchtegern-Telepathen beim Zenerkartentest nur träumen können. Und wieder ist es die Technologie, die nur in der menschlichen Vorstellung existierende Magie und Zauberei Realität werden lässt. Paradoxerweise reagieren manche Menschen desillusioniert, wenn sie zu begreifen beginnen, wie die Dinge in der

Realität funktionieren. Dies ist ein Phänomen, dessen Ursachen ich, ehrlich gesagt, nicht verstanden habe und dem Richard Dawkins ein ganzes Buch gewidmet hat[183].

Der nächste Schritt ist es nun, eine Art »Gedankendatenbank« anzulegen, die es einer Software ermöglicht, aus einem beliebigen neuronalen Muster das visuelle Erlebnis zu rekonstruieren, an das sich die Testperson zum Zeitpunkt der fMRT-Aufnahme erinnerte.

Der Nachteil dieser Vorgehensweise besteht darin, dass man mithilfe dieser Technologie herausfinden kann, dass der Proband beispielsweise an einen Menschen denkt; wie jedoch genau dieser Mensch aussieht, erfährt man auf diese Weise nicht. Was man also gerne hätte, wäre eine Methode, wie man aus den Gedanken der Testperson das Bild direkt rekonstruieren kann, an das er denkt.

Beeindruckende Fortschritte auf diesem Gebiet wurden von Forschern des Advanced Telecommunications Research Computational Neuroscience Laboratory in Kyoto gemacht. Sie präsentierten den Versuchspersonen einen Lichtpunkt auf einer schwarzen Wand an einer bestimmten Stelle. Dann maßen sie mittels fMRT das neuronale Erregungsmuster des Probanden, während er den Lichtpunkt erblickte. Anschließend platzierten sie den Lichtpunkt an einer anderen Stelle und maßen wiederum das dazu gehörige neuronale Muster. Diese fMRT-Messungen wiederholten sie für die Punkte einer 10 x 10 Matrix.

Dann zeigten sie den Versuchspersonen eine geometrische Figur, die aus mehreren Lichtpunkten der Matrix bestand (beispielsweise einen Kreis). Dabei stellten die Forscher fest, dass die neuronale Erregung beim Anblick der Figur die Summe aus den neuronalen Mustern beim Anblick der einzelnen Lichtpunkte war. Mit diesem Ergebnis konnten sie in der Folge al-

---

[183] Dawkins (2007)

leine durch Messung des neuronalen Musters jede durch Lichtpunkte der 10 x 10 Matrix dargestellte Figur mit hundertprozentiger Sicherheit »erraten«. Wenn man den Probanden beispielsweise ein Quadrat mit eingezeichneten Diagonalen zeigte, so konnte man allein durch Auswertung des fMRT-Scans dieses Bild eindeutig rekonstruieren.

Zurzeit arbeitet man daran, die Anzahl der Bildpunkte zu erhöhen, d. h. die Auflösung zu verbessern und verschiedenfarbige Lichtpunkte zu verwenden. Auf diese Weise wird man die Bilder, an die sich jemand erinnert, aus dem fMRT-Scan rekonstruieren können. Alles nur eine Frage der Auflösung und damit der Rechenleistung, von der wir wissen, dass sie exponentiell wächst.

Stellen Sie sich eine solche Technologie zur Unterstützung bei Verhören vor. Wenn der »Verdächtige« gefragt wird, mit wem er gestern Abend zusammen war, so wird er nicht verhindern können, an diese Person zu denken. Und schon erscheint eine Art Phantombild der Person auf dem Bildschirm der Verhörer.

Oder stellen Sie sich vor, der Verhörte wird gefragt, wo er am Abend des Vortages gewesen ist. Erneut ist es ihm nicht möglich, einen Gedanken daran zu unterdrücken. Und schon bekommen die »Verhörspezialisten« einen visuellen Eindruck der Erinnerung auf einem Bildschirm.

Es wird also nicht möglich sein, bei einer mit fMRT-Unterstützung durchgeführten Befragung etwas zu verheimlichen, ebenso wenig wie man dem Gott JHWH etwas verheimlichen kann – sofern man an diesen Unhold glaubt. Der große Unterschied ist, dass es in Zukunft keine Rolle mehr spielt, woran man glaubt oder nicht. »Ich glaube nicht an fMRT« wird kaum dabei helfen, die Freiheit der eigenen Gedanken zu bewahren.

Bleiben wir noch einen Moment beim Thema Verhöre und gehen einen Schritt zurück von der Erkennung vollständiger

Erinnerungsbilder zum einfachen Unterscheiden von Wahrheit und Lüge. Wenn man ihn zu einem bestimmten Thema befragt, und der Proband entschließt sich zu lügen, so verbraucht dies nachweislich deutlich mehr Sauerstoff im Gehirn, als die Wahrheit zu sagen.

Der Grund für den höheren Sauerstoffverbrauch beim Lügen ist der: Wenn man die Wahrheit sagt, so braucht man die Konsequenzen der Aussage nicht zu überdenken. Sie passt auch zu allen zukünftigen Aussagen, sofern man vorhat, bei der Wahrheit zu bleiben. Entschließt man sich jedoch zu lügen, so muss man sicherstellen, dass diese Aussage mit zukünftigen eigenen Aussagen und mit den Aussagen von Zeugen konsistent ist. Man muss sich also eine regelrechte Strategie zurechtlegen. Wenn Sie beispielsweise gefragt werden, wo Sie am Vorabend waren und Sie dies verheimlichen wollen, so geben Sie natürlich irgendeinen anderen Ort an. Dabei müssen Sie allerdings bedenken, ob Sie jemand am Vorabend gesehen haben könnte, oder ob jemand an dem Ort gewesen sein könnte, den Sie den Verhörern nennen. In beiden Fällen würde also ein Zeuge existieren, der Ihre Aussage widerlegen könnte. All diese zusätzlichen Überlegungen, die Sie nicht anstellen müssten, wenn Sie die Wahrheit sagen würden, verbrauchen Sauerstoff. Genau dies ist im fMRT-Scan nachweisbar.

Mittlerweile gibt es bereits mehrere kommerzielle Anbieter von Lügendetektoren auf fMRT-Basis. Gerichte in den USA haben vor einigen Jahren damit begonnen, die Schuldfrage mittels fMRT-Scans zu klären. Während herkömmliche Lügendetektoren lediglich die mit dem Lügen verbundene Stressreaktion messen (Schwitzen, Herzfrequenz), ermöglicht fMRT einen direkten Blick in die Gedankenwelt des Verdächtigen.

Während die EEG-Technologie mit kostengünstigen Gerätschaften auskommt, muss man heute für einen Kernspintomografen ein paar Millionen locker machen. Doch auch das wird sich ändern.

Das Teure an heutigen Kernspintomografen sind die homogenen[184] Magnetfelder, die erzeugt werden müssen, um ein hochauflösendes Bild des organischen Gewebes zu bekommen. In einem solchen Magnetfeld richten sich die Atomkerne wie Kompassnadeln aus. Wenn man dann ein Radiosignal durch die Probe schickt, kehren die Kerne, anschaulich gesprochen, ihren Drehsinn[185] um. Wenn die Kerne in ihren ursprünglichen Zustand zurückkehren, senden sie wiederum Radiosignale (Echos) aus, die charakteristisch für den entsprechenden Atomkern und die Umgebung sind[186], in der er sich befindet. Die Frequenz dieser Echos hängt jedoch von der Magnetfeldstärke ab. Wenn diese nicht homogen ist, also variiert, werden die Signale verschwommen und Rückschlüsse auf die Umgebung des Atomkerns gehen verloren.

Die Homogenität der Magnetfelder wird bei Kernspintomografen durch zwei große, rund 60 Zentimeter durchmessende Spulen gewährleistet. Die zu untersuchende Probe, z. B. ein menschlicher Körper, wird dann zwischen die Spulen platziert. Dementsprechend sind die Tomografen groß, klobig, teuer und haben einen sehr hohen Stromverbrauch, um die beiden riesigen Magnetspulen mit Energie zu versorgen. Außerdem haben sie den Nachteil, dass man keine Objekte untersuchen kann, die nicht in das Gerät passen.

Zusammenfassend können wir also feststellen, dass die beschriebenen Nachteile von Kernspintomografen aus den sehr

---

[184] Homogen bedeutet, dass das Magnetfeld an jedem Ort des zu untersuchenden Gewebes gleich stark sein muss. Schon kleine Schwankungen der Magnetfeldstärke führen zu Verzerrungen des 3-D-Bildes.

[185] Es handelt sich um den Spin der Kerne. Diese quantenmechanische Eigenschaft von bestimmten Teilchen, wie Elektronen und Atomkernen, wird häufig durch den klassischen Drehimpuls veranschaulicht.

[186] z. B. ob die Umgebung paramagnetisch oder diamagnetisch ist, wie im Falle des bereits diskutierten Hämoglobins.

homogenen, d. h. gleichförmigen Magnetfeldern resultieren, um »scharfe« 3-D-Aufnahmen mit hoher Ortsauflösung herstellen zu können.

Aus diesem Grund haben Bernhard Blümich und seine Kollegen vom Max-Planck-Institut für Polymerforschung eine Methode entwickelt, die mit inhomogenen Magnetfeldern auskommt. Das bedeutet nicht weniger als eine Revolution in der Kernspintomografie. Den ersten Prototypen eines solchen Gerätes bauten sie bereits im Jahre 1993. Es arbeitet mit einer Vielzahl von Radioimpulsen, die in die Probe geschickt werden. Die entstehenden Echos werden dann von einem speziellen Computerprogramm analysiert. Das durch das inhomogene Magnetfeld verursachte Verschwimmen der Signale wird dabei von der Software wieder herausgerechnet. Das Ergebnis ist ebenso wie bei der aufwendigen Technik, die auf homogenen Feldern basiert, ein hochauflösendes 3-D-Bild der untersuchten Probe.

Mittlerweile konnte die Größe der auf Blümichs Ideen basierenden Geräte auf weniger als 30 Zentimeter reduziert werden. Ein erheblicher Vorteil, neben den Kosten und der Größe, dieser Technologie ist der, dass sich die zu untersuchende Probe nicht im Gerät befinden muss. Man fährt mit dem Tomografen einfach über das zu untersuchende Gewebe. Deshalb kann man auch Proben untersuchen, die zu groß sind, um in einen herkömmlichen Tomografen zu passen. Die heutigen Geräte arbeiten mit einem Hufeisenmagneten, der das hochgradig inhomogene Magnetfeld zusammen mit der Vielzahl von Radioimpulsen in die Probe schickt. Dabei verbraucht es nur wenige Watt elektrischen Strom.

In naher Zukunft werden diese Blümich-Tomografen nur noch so groß wie ein Mobiltelefon sein und auch nur noch wenige hundert Euro kosten[187]. Dann kann jedermann zuhause

[187] Für Star Trek (Rauschiff Enterprise) Freunde: Die Tricorder, mit denen der Bordarzt »Pille« durch einfaches Streifen mit dem Gerät

regelmäßig fMRT-Scans von seinem Körper anfertigen, wodurch potenziell tödliche Krankheiten wie Krebs oder Arterienverkalkung bereits im Frühstadium erkannt werden können.

Es wird für die dann massenmarkttauglichen Geräte auch eine Vielzahl von Auswertungsprogrammen erhältlich sein. Speziell für das Gedankenlesen wird es haubenförmige Blümich-Tomografen geben, die es uns erlauben, unsere Computer und Mobiltelefone per Gedankenbefehl zu steuern. Und selbstverständlich werden auch die Behörden mit derartigen Geräten ausgerüstet sein, sodass man ihnen nichts mehr verheimlichen kann. Wie gesagt, Technologie ist nicht gut oder schlecht – es kommt immer darauf an, wozu Menschen eine Technologie miss- oder gebrauchen.

Beide Technologien, EEG und fMRT, haben jedoch einen Nachteil gemeinsam: damit sie funktionieren, müssen sie sich in Kontakt mit der Probe befinden, in diesem Falle also dem Kopf des Menschen, dessen Gedanken gelesen werden sollen. Der Grund dafür ist in beiden Fällen die Schwäche der Signale, die mit dem Quadrat des Abstandes von der Probe abnehmen. Für unsere verehrten Damen und Herren von der Totalüberwachungsfraktion wäre allerdings das Gedankenlesen über große Entfernungen hinweg die Erfüllung ihrer feuchtesten Wunschträume. Wie eine solche Technologie funktionieren wird, erfahren Sie im Abschnitt über Hyperdrohnen.

Fazit: Sowohl die EEG- als auch die fMRT-Signale sind charakteristisch für einen Gedanken. Die Fähigkeit, diese Signale zu interpretieren, d. h. Gedanken zu lesen, hängt von der Messgenauigkeit und der Rechenleistung ab. Der Fortschritt sowohl in der Rechenleistung als auch in der Messgenauigkeit ist wiederum eine Frage der Miniaturisierung, die sich exponentiell nach dem Moore'schen Gesetz entwickelt. Da man bereits heute aus fMRT-Signalen die Gedanken an einfache

---

über die Testperson innere Verletzungen diagnostizieren kann, ist nicht mehr fern.

geometrische Figuren eindeutig erkennen und sogar mittels kostengünstigem EEG die Maus eines Computers steuern kann, braucht man vor dem Hintergrund exponentiellen Fortschritts der Technologie keine besonders ausgeprägte Fantasie, um die zu erwartenden Verbesserungen beim Gedankenlesen zu prognostizieren.

Der Unterschied, um eine aus hundert Bildpunkten (10 x 10 Matrix) bestehende geometrische Form in den Gedanken der Testperson lesen zu können, zum Erkennen eines Gedankens an ein komplexes Bild, ist nicht prinzipieller Natur, sondern lediglich eine Frage der Auflösung. Ähnliche Überlegungen gelten selbstverständlich auch für nicht-visuelle Gedanken.

3.5.2 Technologien zur Gedankenübertragung

Gedankenlesen ist also keine »Science Fiction«, sondern bereits nach heutigem Stand der Technik »Science«. Schauen wir uns nun an, wie das in umgekehrter Richtung funktioniert: dem Übertragen von Gedanken von einer Person auf eine andere. Für die *Bruderschaft* ist eine solche Technologie noch wertvoller als die Totalüberwachung der Gedanken. Wenn man beeinflussen kann, was jemand denkt, kann man Kritik und Widerstand gegen das Regime bereits im Keim ersticken – und der Keim jeder Handlung ist nun mal der Gedanke.

Bislang waren unsere *illuminierten* Mitbürger auf rein psychologische, d. h. nicht-technologische Verfahren der Gedankenbeeinflussung angewiesen, und die Übertragung expliziter Gedanken speziell auf Personen, die sich gegenüber Beeinflussung resistent bzw. renitent zeigten, blieb ein Wunschtraum.

Bevor ich auf die technologischen Details eingehe, lassen Sie mich den Unterschied zwischen Beeinflussung und Übertragung noch ein wenig verdeutlichen.

In »Der geheime Weltkrieg« bin ich ausführlich auf eine besondere Eigenschaft des Gehirns eingegangen: die Neuroplastizität, die ich in Abschnitt 1.13 erläuterte. Wichtig dabei ist: Je öfter man diesen Gedanken denkt und umso intensiver die Gefühlszentren dabei angeregt werden, umso stabiler wird das entsprechende neuronale Muster »ins Gehirn gebrannt«.

Das auf diese Weise stabilisierte Denkmuster nennt man je nach Zusammenhang »Haltung« oder »innere Einstellung« oder das »Weltbild« einer Person. Um von so einer Haltung wieder loszukommen, müssen zwei Voraussetzungen gegeben sein. Erstens muss die innere Einstellung von der betreffenden Person als falsch erkannt werden. Dazu ist je nach Komplexität des Sachverhaltes eine gewisse Intelligenz notwendig. Zweitens ist eine starke Persönlichkeit mit entsprechendem Selbstvertrauen notwendig, um die stabilisierten Denkmuster wieder aufbrechen und durch neue ersetzen zu können.

Genau diesen Mechanismus der Neuroplastizität nutzen beispielsweise die Religionen und Ideologien wie der Sozialismus, um bereits in den noch »jungfräulichen« Gehirnen von Kindern Denkmuster zu stabilisieren. Gleichzeitig nutzen diese Religionen/Ideologien die Ent-Individualisierung (Gleichmacherei) der Menschen dazu, ihre Persönlichkeit und ihr Selbstvertrauen zu schwächen. Auf diese Weise kann erreicht werden, dass selbst intelligente, jedoch persönlichkeitsschwache Menschen eine indoktrinierte innere Haltung einnehmen, die ihren eigenen objektiven Interessen klar widerspricht. Beispiele dafür sind die vielfältigen religiösen Vorschriften, die die persönliche Freiheit des Einzelnen einschränken, und der für das Thema dieses Buches bedeutsame Umstand, dass Menschen durch Indoktrination eine Migration Unqualifizierter befürworten, die ihnen nicht nur eine erhebliche finanzielle Belastung aufbürdet, sondern auch in einem kontinuierlichen Prozess jegliche Freiheit nimmt (weil die mit dieser Migration verbundene Terrorgefahr als Begründung für die Totalüberwachung dient).

Selbstverständlich ist dieser Sachverhalt für viele Mitbürger entweder zu komplex oder sie sind zu feige, ihre indoktrinierte

Haltung gegen die vermeintliche Mehrheit ebenfalls Indoktrinierter aufzugeben. Das Ergebnis sind dann Demonstrationen für eine »bunte Vielfalt« und Hass auf jene, die sich nicht gegen ihre eigenen Interessen manipulieren lassen.

Soviel zur Gedankenbeeinflussung mit Hilfe des Mechanismus der Neuroplastizität. Gedankenübertragung geht jedoch einen großen Schritt weiter. Ziel ist es, einen Gedanken in den Kopf eines Menschen zu übertragen, der aufgrund seiner Intelligenz und seiner starker Persönlichkeit unempfänglich für die Manipulationsversuche der Obrigkeit ist.

Ein solcher Mensch mag vielleicht in seiner Kindheit und Jugend indoktriniert worden sein, doch mit dem Reifen seiner Persönlichkeit gelang es ihm, die stabilisierten Denkmuster (z. B. den Glauben an übers Wasser wandelnde Söhne gebärende Jungfrauen) wieder aufzuweichen und durch neue Denkmuster zu ersetzen (damit meine ich nicht den Glauben an einen von Gott gelenkten kriegslüsternen Pädophilen, sondern ein naturwissenschaftlich/spirituelles Weltbild).

Wie bekommt man, aus Sicht der *Bruderschaft*, diese starken Persönlichkeiten in den Griff? Genau dort setzt die Gedankenübertragung an, deren technischer Realisierung wir uns jetzt zuwenden.

Beim Thema Gedankenlesen haben wir gesehen, dass mit jedem Gedanken ein charakteristischer Stromfluss verbunden ist. Elektrischer Strom hat die Eigenschaft, elektrische und magnetische Felder zu erzeugen, die man messen kann, woraus man wiederum auf den Gedanken rückschließen kann. Umgekehrt kann man durch elektromagnetische Felder auch einen Stromfluss induzieren. Kann man auf diese Weise einen Gedanken im Gehirn anregen? Ja, das ist möglich. Die dazu notwendige Technologie nennt man »transkranielle Magnetstimulation« (TMS).

Doch fragen wir zunächst – immer natürlich aus Sicht der *Illuminaten* –, welche Art von Gedanken wir anregen möchten.

Etwas in der Art wie »Hole mir mal eine Flasche Wasser?« Das wäre sicherlich eine praktische Sache, eine solche Kommunikation allein durch Gedankenübertragung zu ermöglichen – und das funktioniert auch, wie wir gleich sehen werden. Aber für das »Problem«, eine renitente starke Persönlichkeit dazu zu bringen, entgegen den eigenen Interessen zu tun, was die *Bruderschaft* will, kann man auf diese Weise nicht erreichen. Schließlich kann man, unabhängig davon, ob die Bitte um eine Flasche Wasser per Gedanken- oder Schallübertragung geäußert wird, eine solche Bitte auch ablehnen.

Es geht also weniger um die Übertragung eines konkreten Gedankens, sondern um eine Veränderung der Persönlichkeit. Wenn es beispielsweise gelingt, das Selbstvertrauen, den Mut, die Intelligenz und/oder die Kreativität einer Person zu reduzieren, so wird sie sich viel leichter unterordnen und eben nicht versuchen, indoktrinierte Gedankenmuster wieder aufzubrechen.

Beides ist möglich – sowohl die Übertragung eines konkreten Gedankens als auch die Veränderung der Persönlichkeit mittels TMS. Interessanterweise ist das aus Sicht der *Bruderschaft* wünschenswertere Ergebnis, die Veränderung der Persönlichkeit herbeizuführen, technisch erheblich einfacher zu realisieren als die Übertragung eines konkreten Gedankens.

Wie es gelingt, mithilfe von TMS die Persönlichkeit zu verändern, beschreibt der Forschungspsychologe Prof. Dr. Kevin Dutton sehr unterhaltsam in seinem Buch: *»Psychopathen – Was man von Heiligen, Anwälten und Serienmördern lernen kann«*, das ich auch schon in »Der geheime Weltkrieg« zur Diskussion von Psychopathie bei Politikern heranzog.

Wie der Titel seines Buches bereits sagt, beschäftigt sich Professor Dutton intensiv mit der »Psychopathie« genannten Persönlichkeitsstörung. Vereinfacht gesagt, sind Psychopathen vermindert bis überhaupt nicht in der Lage, Gefühle wie Ärger, Angst und Ekel zu empfinden.

Wenn man sich wissenschaftlich mit Psychopathen beschäftigt, so sagte sich offensichtlich der liebe Professor, dann muss man auch wissen, wie sich ein Psychopath so fühlt. Dazu unterzog sich Dutton einem Selbstversuch.

Es ist allgemein bekannt, dass Angst in einem speziellen Gefühlszentrum des Gehirns, der Amygdala, entsteht. Mit Hilfe der bei TMS fein justierten Magnetfelder ließ der Professor den Informationsfluss zwischen seiner Amygdala und dem Rest seines Hirns unterbrechen. Anschließend konnte er sich für eine halbe Stunde wie ein Psychopath fühlen.

Ekelerregende Bilder von verstümmelten Menschen und Tieren, die vor dem Einschalten der Magnetfelder noch heftige Reaktionen bei ihm ausgelöst hatten, ließen ihn nun völlig kalt. Er schreibt sogar, er habe beim Anblick der verstörenden Bilder ein Lächeln unterdrücken müssen. Seine allgemeine Gefühlslage skizziert er nicht nur als »wie im Alkoholrausch, aber ohne die üblicherweise damit verbundene Trägheit«, sondern – im Gegenteil – er diagnostizierte sich sogar eine »Schärfe der Aufmerksamkeit«. Nach rund einer halben Stunde klang die Unterbrechung des Informationsflusses in seinem Gehirn ab und er begann sich wieder wie ein normaler Mensch zu fühlen.

Dies ist ein beeindruckender Beweis dafür, dass man mittels TMS die Persönlichkeit eines Menschen grundlegend verändern kann. Wenn es auf diese Weise gelingt, einen normalen Menschen in einen Psychopathen zu verwandeln, so gibt es keinen Grund, anzunehmen, man könnte einen selbstbewussten Menschen nicht zu einem duckmäuserischen Angsthasen machen. Tatsächlich ist diese zuletzt genannte Persönlichkeitsveränderung mit dem obigen Psychopathenexperiment Duttons eng verwandt. TMS ermöglicht es nämlich nicht nur, den Informationsfluss zwischen Hirnregionen zu unterbinden, sondern dieser kann auch verstärkt werden.

Die Kommunikation zwischen der Amygdala und dem übrigen Hirn zu verstärken, bedeutet jedoch, Angstgefühle auszulösen. Neurobiologisch gesehen ist Angst jedoch das exakte Gegenteil von Vertrauen, d. h. man kann mittels fMRT-Scans nachweisen, dass man diese beiden Gefühle bezüglich eines Objekts nicht gleichzeitig haben kann. Beispielsweise kann man einem speziellen Menschen nicht gleichzeitig vertrauen und Angst vor ihm haben. Selbstvertrauen ist jedoch eine Komponente des Vertrauens.

Durch die Erzeugung von Angst mittels TMS kann man somit dem Menschen das Selbstvertrauen nehmen, was wiederum neben der Intelligenz eine wesentliche Voraussetzung dafür ist, per Indoktrination stabilisierte Gedankenmuster aufbrechen zu können.

Anders gesagt, haben wir mit TMS eine technische Möglichkeit, den perfekten Untertanen zu schaffen, der sich niemals gegen die von der Obrigkeit vorgegebenen Dogmen auflehnen wird, unabhängig davon, wie sehr sie seinen Interessen widersprechen.

Allerdings sind noch weitere Schweinereien denkbar, die von den Totalüberwachern mit Regime-Kritikern, d. h. aus ihrer Sicht »Terroristen«, angestellt werden können. Dazu ist es jedoch notwendig, dass der Einsatz der Technologie vom Opfer unbemerkt erfolgt. Doch diese Eigenschaft zukünftiger Technologien diskutiere ich später.

Neben dem bereits geschilderten Informationsfluss der Amygdala zum Rest des Hirns (unterbinden oder steigern) kann man die für die Motorik zuständigen Hirnbereiche (motorischer Kortex) stimulieren und so unkontrollierbare Zuckungen auslösen. Ein anders Beispiel ist die per TMS mögliche Beeinflussung der für die visuelle Wahrnehmung zuständigen Bereiche (visueller Cortex). Auf diese Weise kann man Phosphene[188] und Skotome[189] bis hin zu Halluzinationen erzeu-

[188] Visuelle Wahrnehmungen, die nicht durch Licht, sondern durch Reizung des Auges, der Sehnerven oder des visuellen Kortex ausgelöst werden.

gen. Wenn man jemanden glauben lässt, er leide unter motorischen Störungen und Halluzinationen, dürfte er seine Energie wohl eher auf die Wiederherstellung seiner Gesundheit statt auf seinen Widerstand gegen das Regime konzentrieren.

Die von heutigen TMS-Systemen verwendeten Magnetfelder sind sehr stark (die magnetische Flussdichte betrug bei Duttons Psychopathen-Experiment immerhin mehrere Tesla), weshalb heutige TMS-Geräte einen unmittelbaren Kontakt zur Versuchsperson benötigen.

Eine Anwendung der Technik über größere Entfernungen hinweg, ohne dass das Opfer etwas davon mitbekommt, ist demnach nicht ohne Weiteres möglich. Aber ebenso, wie Blümich die Einschränkungen durch die streng homogenen Magnetfelder beim fMRT überwunden hat, die zuvor große, teure und stromfressende Tomografen erforderten, arbeitet man selbstverständlich an der Behebung der technischen Restriktionen heutiger TMS-Systeme.

Wichtig ist für uns an dieser Stelle nur, dass die grundlegende Veränderung der Persönlichkeit technisch mittels TMS möglich ist. Die Vergangenheit hat gezeigt, dass die prinzipielle Machbarkeit die eigentliche Hürde war, nicht jedoch die technische Verbesserung der Details – erst recht, wenn es um Kommunikationstechnik und Informationsverarbeitung geht, deren Fortschritt nach dem Moore'schen Gesetz ungebremst exponentiell verläuft.

Kommen wir nun zum Übertragen konkreter Gedanken, was, wie gesagt, technisch komplexer als die Persönlichkeitsveränderung ist. Auch dies ist heute schon im Prinzip möglich, wie ein im August 2014 veröffentlichtes Experiment[190] zeigt. Wer keine Lust hat, sich den wissenschaftlichen Artikel auf Eng-

---

[189] Reduzierung der Sehfähigkeit und/oder Einschränkung des Sichtfeldes.

[190] http://journals.plos.org/plosone/article?id=10.1371/journal.pone.0105225

lisch durchzulesen, findet darüber auch Artikel in den Mainstream-Medien.[191,192]

In Indien wurde einem Experimentator eine EEG-Haube aufgesetzt. Er sollte sich entweder auf die Begrüßung »Hallo« oder die Verabschiedung »Tschüss« konzentrieren. Seine aufgezeichneten Gehirnwellen wurden dann digitalisiert und per Internet nach Frankreich übertragen. Dort wurden die Daten in ein TMS-Signal übersetzt, das den visuellen Kortex des dortigen Experimentators reizte. Letzterer nahm »Hallo« und »Tschüss« als unterschiedliche Lichtblitze (Phosphene) wahr. In 85 % der Fälle erkannte er korrekt, ob er von seinem Kollegen in Indien begrüßt oder verabschiedet wurde.

Die bislang von mir beschriebenen Technologien (EEG, fMRT und TMS) erfordern keinen operativen Eingriff. Man muss sich (noch) lediglich eine Haube mit den entsprechenden Sensoren aufsetzen. Deshalb nennt man diese Technologien »nicht-invasiv«. Ihr Vorteil, auf eine Operation zur Implementation von technischen Gerätschaften in das organische Gewebe eines Menschen verzichten zu können, liegt auf der Hand. Ihre Nachteile sind die geringe Stärke der vom Gehirn ausgesandten elektromagnetischen Signale (was hochempfindliche Messgeräte erfordert) und die Problematik der Ortsauflösung, d. h. dem gezielten Ansprechen spezieller Hirnregionen (was in höchstem Maße feinjustierte Gerätschaften notwendig macht).

Selbstverständlich ist das Verschwinden dieser Nachteile lediglich eine Frage des technologischen Fortschritts. Da Letzterer speziell in der Informationstechnik exponentiell verläuft, dürfte nun klar sein, dass die totale Überwachung und Kontrolle der Bevölkerung auf dem Niveau der dem biblischen Gott

---

191 http://www.welt.de/wissenschaft/article131983808/Forschern-gelingt-Gedankenuebertragung.html

192 http://www.n24.de/n24/Nachrichten/Wissenschaft/d/5356098/forschern-gelingt-erstmals-gedankenuebertragung.html

angedichteten Fähigkeiten selbst mithilfe nicht-invasiver Technologien keine Fantasterei ist, sondern zukünftig in den Bereich des technisch Machbaren rückt.

Kümmern wir uns nun darum, wie Gedankenlesen und Gedankenübertragung über große Entfernungen und unbemerkt vom Opfer funktionieren können. Die notwendige Technologie, nicht-invasive Verfahren über große Entfernungen hinweg zu verwenden, existiert ebenfalls heute schon im Prinzip und muss lediglich miniaturisiert werden.

Es handelt sich um die gleiche Technologie, die bereits gegenwärtig die Totalüberwacher in die Lage versetzt, optische Überwachung durchzuführen und Fehlverhalten umgehend zu bestrafen. Ich spreche von Drohnentechnologie. Entsprechend verkleinert und mit zusätzlichen Messinstrumenten ausgestattet, könnten Hyperdrohnen durchaus als Sensoren für EEG, fMRT und TMS eingesetzt werden. Mehr dazu im nächsten Abschnitt.

Bis es jedoch soweit ist, Hyperdrohnen von der Größe eines Flohs oder sogar Nanodrohnen bauen zu können, wird eine andere Technologie Abhilfe schaffen: die Gehirn-Computer-Schnittstellen (Brain-Computer-Interface, BCI).

3.6 Gehirn-Computer-Schnittstellen (BCIs)

Dabei handelt es sich um eine direkte Verbindung des zentralen Nervensystems mit Computern. Damit eine solche Verbindung hergestellt werden kann, ist selbstredend ein operativer Eingriff notwendig, bei dem Nerven mit implantierter Elektronik verbunden werden. Deshalb spricht man von »invasiven« Technologien.

Bevor wir uns damit beschäftigen, wie so etwas funktioniert und welche Möglichkeiten sich für unsere *illuminierten* Freunde daraus ergeben, stellt sich erst einmal eine ganz andere Frage: Warum sollte sich ein Mensch der Prozedur einer solchen

Operation überhaupt unterziehen? Es müssen also hinreichend gewichtige Anreize vorliegen, damit BCIs Einzug in den Massenmarkt halten können.

Diesen Anreiz kann man leicht auf den Punkt bringen: Wer zukünftig einen Eingriff zur Implementation einer Gehirn-Computer-Schnittstelle verweigert, wird beruflich und sozial massiv ins Hintertreffen geraten. Lassen Sie mich nun diese Behauptung näher begründen.

Den größten Leidensdruck haben behinderte Menschen, sich BCIs implementieren zu lassen. Bereits heute wird vollständig Erblindeten in einigen Fällen ein schemenhaftes Sehen ermöglicht, indem eine Minikamera die Umgebung aufnimmt und die Signale – ohne Umweg über die Rezeptoren der Augen oder den Sehnerv – direkt an den visuellen Kortex weitergegeben werden.[193] Aber, wie gesagt, dazu ist eine komplizierte Operation notwendig.

Weniger kompliziert ist es, tauben Menschen mittels Verbindung eines Implantates mit dem peripheren Nervensystem wieder einen Teil ihrer akustischen Wahrnehmungsfähigkeit zurück zu geben. Heute sind mehr als 250.000 Menschen Träger eines solchen Cochlea-Implantats.

Dies sind Beispiele für Informationsfluss von der Umwelt in Richtung Gehirn zur Abmilderung von Behinderungen. Der umgekehrte Weg ist ebenfalls für Behinderte interessant. Durch das Abgreifen von Nervenimpulsen am Rückenmark zur motorischen Steuerung könnte es Gelähmten ermöglicht werden, Prothesen per Gedanken zu steuern. Ebenso könnten durchtrennte Nervenstränge durch ein Implantat überbrückt werden, sodass Querschnittsgelähmte wieder gehen könnten.

Entsprechende Forschungen sind heute schon recht weit fortgeschritten. Miguel Nicolelis und sein Team konnten bereits im Jahre 2000 die Signale einer größeren Anzahl von

---

[193] http://edition.cnn.com/2002/HEALTH/06/13/cov.bionic.eye/

Neuronen bei Affen dazu nutzen, aus den von den Affen beabsichtigten Armbewegungen einen Roboterarm zu steuern.[194]

Die treibende Motivation zur Entwicklung von BCIs ist also zunächst einmal die Linderung von Behinderungen. Doch wenn man Menschen auf diese Weise verlorene Fähigkeiten zurückgeben kann, ist es dann nicht auch denkbar, gesunden Menschen zusätzliche, neue Fähigkeiten zu verleihen? Schauen wir uns dazu das Potenzial von BCIs an, unser Leben einfacher und erfolgreicher zu machen.

Da wäre zunächst einmal die heutige Schnittstelle zwischen Mensch und Computer. Für Desktop- und Laptop-Rechner sind dies gewöhnlich eine Tastatur und eine Maus.

Doch es gibt auch bereits darüber hinausgehende Schnittstellen, die jedoch, damit sie gut funktionieren, ziemlich viel Rechenleistung und eine ausgefeilte Software haben müssen: die Spracherkennung. Ein Großteil dieses Buches ist mithilfe einer Spracherkennungssoftware der Firma *Nuance* geschrieben worden. Ich diktiere meinem Rechner diese Zeilen einfach und er versteht meine Worte in etwa so gut wie eine Sekretärin dies täte.[195] Der Vorteil, neben der höheren Geschwindigkeit, ist jedoch das vollständige Verschwinden von Tippfehlern. Wenn ich eine Tastatur benutze, produziere ich regelmäßig Buchstabendreher, die ich lästigerweise korrigieren muss, was bei Nutzung meiner Spracherkennungssoftware systembedingt niemals vorkommt.

Besonders vorteilhaft ist Spracherkennung natürlich immer dann, wenn das Computersystem nicht über eine Tastatur und Maus verfügt. Genau dies ist bei mobilen Computern, die ganz

---

[194] Wessberg et al. (2000)

[195] Auch wenn man einem Menschen etwas diktiert, kommt es gelegentlich zu Missverständnissen und man muss korrigierend eingreifen. Dies ist bei modernen Spracherkennungssystemen in etwa gleich häufig nötig, wenn man über einen Rechner mit der entsprechenden CPU-Leistung verfügt.

nebenbei auch Telefone sind, der Fall. Doch für den universellen Einsatz als Schnittstelle zwischen Mensch und Computer ist die Spracherkennung ungeeignet, und zwar aus zwei Gründen: Erstens könnte jeder in Ihrer Nähe hören, was Sie gerade mit Ihrem Smartphone anstellen, wenn Sie es per Sprache steuern. Das ist nicht unbedingt in jedem Fall gewünscht.

Bedeutsamer ist jedoch das Faktum, dass man mit Sprache nur serielle Befehle geben kann. Das mag zum Diktieren von Texten ausreichen, die Steuerung eines Grafikprogramms wäre auf diese Weise allerdings ein Albtraum. Auch berührungsempfindliche Bildschirme sind für die immer kleiner werdenden Geräte keine dauerhafte Lösung. Bereits heute werden Smartphones nicht mehr kleiner (höchstens flacher), weil man sie sonst nicht mehr bedienen könnte.

Stellen wir uns nun vor, der Informationsfluss zwischen Ihnen und Ihrem Smartphone würde in beide Richtungen über eine BCI ablaufen. Dann bräuchten Sie eigentlich überhaupt kein Mobiltelefon mehr, denn die BCI *wäre* Ihr Smartphone. Sie würden einfach denken, wen Sie anrufen wollen, die BCI würde die Verbindung über das Mobilfunknetz herstellen und Ihre gedachten Worte in digitale Datenpakete umwandeln.

Die BCI des Empfängers würde die Datenpakete wieder in Nervenimpulse umwandeln, die Ihrem Gesprächspartner die Illusion vermitteln würden, Ihre gedachten Worte zu hören. Im Idealfall, also die Existenz unserer lieben Totalüberwacher mal außen vorgelassen, würde niemand das Gespräch zwischen Ihnen und dem Empfänger belauschen können. In Ihrer Umgebung würde man noch nicht einmal mitbekommen, dass Sie überhaupt telefonieren. Dies wäre nicht nur in Mehrpersonenbüros von großem Vorteil, in denen sich die Mitarbeiter heute gegenseitig mit ihren Telefonaten stören.

Stellen wir uns nun vor, Sie wollten nicht telefonieren, sondern kurz bei Wikipedia nachschauen, was da so über BCIs steht, weil Ihnen ein Kollege ein Gespräch über dieses Thema aufgedrängt hat und Sie nicht ganz unwissend dastehen möchten. Also geben Sie Ihrer BCI den entsprechenden Gedankenbefehl.

Die Verbindung zu Wikipedia wird über das mobile Internet aufgebaut, die Daten zum Thema fließen von dem Wikipedia-Server zu Ihrer BCI, und diese wandelt sie in Nervenimpulse um, die sie an Ihren visuellen Kortex schickt. Schon entsteht in einem von Ihnen definierten Teil Ihres Sichtfeldes die Wikipedia-Webseite frei in der Luft schwebend. In einer fortgeschritteneren Variante ist es sogar denkbar, dass Sie die in der Luft schwebende Wikipedia-Seite nicht durchlesen müssen, sondern das Ihre BCI gleich das neuronale Muster in Ihrem Gehirn erzeugt, dass entstanden wäre, wenn Sie die Seite gelesen *hätten*.

Kurzum könnten Sie alles wissen, was es im weltweiten Internet zu wissen gibt, einfach nur dadurch, dass Sie es wissen wollen. Sie könnten Texte verfassen, indem Sie die Worte denken und Sie könnten mit jedem anderen BCI-Träger überall auf der Welt auf eine Weise kommunizieren, die von (höchstwahrscheinlich nicht existierender) »echter« Telepathie nicht zu unterscheiden wäre.

Die Medien, die heute lediglich die Sinne »Sehen« und »Hören« ansprechen, könnten aufs Fühlen, Riechen und Schmecken erweitert werden. Alleine die sexuellen Möglichkeiten, die sich daraus gegeben, dürften die meisten Menschen davon überzeugen, sich eine BCI implantieren zu lassen. Stellen Sie sich einfach vor, eine BCI würde Ihnen gestatten, sämtliche erotische Phantasien »wahr« werden zu lassen (zumindest wären die Illusionen von tatsächlich Erlebtem nicht zu unterscheiden).

All diese Dinge würden Ihr Leben erheblich vereinfachen und Ihnen einen riesigen beruflichen Wettbewerbsvorteil gegenüber BCI-Verweigerern einbringen – wobei »riesig« wohl *die* Untertreibung in diesem Buch ist.

Stellen wir uns nun eine Welt vor, in der es keine herrschsüchtigen *Illuminaten* gibt, deren höchstes Ziel es ist, die Menschheit zu versklaven, d. h. ihre Herrschaft absolut werden zu lassen. Stellen wir uns weiter eine Welt vor, in der die Regierungen die Interessen ihrer Bürger im Auge haben, statt der Interessen der Mächtigen im Hintergrund. Eine Welt, in der Politiker Vernunft walten lassen, anstatt zum Nachteil der Bevölkerung die Vorgaben der Elite sklavisch zu erfüllen, um die eigene Position zu sichern. Eine Welt, in der man selbstbestimmt leben kann, keine die private Lebensweise betreffenden Vorschriften erdulden muss, nicht bei allem, was man tut, überwacht wird, und nicht mehr als die Hälfte der Früchte der Arbeit jedes produktiven Einzelnen gestohlen werden. Eine Welt ohne gewalttätige religiöse Idioten, die als Argument für die Totalüberwachung missbraucht werden. Eine Welt, in der die Menschen unter gegenseitiger Abwägung ihrer Interessen zusammenarbeiten, statt gegeneinander aufgehetzt zu werden. In einer solchen Welt wäre die BCI wohl die geilste technische Entwicklung der kommenden Jahrzehnte.

Leider leben wir nicht in einer solchen Welt. Falls es keine umwälzenden Veränderungen geben wird, müssen wir davon ausgehen, dass die BCI jedes Einzelnen das bevorzugte Angriffsziel der Totalüberwacher im Krieg gegen uns alle sein wird. Ob diese Umwälzungen wahrscheinlich eintreten und möglicherweise von den *Artur* herbeigeführt werden, ist zusammen mit den weitergehenden Plänen der *Illuminaten* Thema meines nächsten Buches.

Sollte der Status Quo jedoch beibehalten werden, führt uns die Entwicklung der BCIs zusammen mit den anderen von mir in diesem Buch geschilderten Technologien direkt in die Sklaverei. Schauen wir uns dazu die Möglichkeiten aus Sicht der *Bruderschaft* an.

Zunächst einmal liegt der überwachungstechnische Vorteil von BCIs nicht im Abhören von »telepathischen« Gesprächen.

Ob die Worte ihren Ursprung in ausgesprochenen Worten oder in bloßen Gedanken haben, spielt keine ausschlaggebende Rolle. Der Vorteil für die *Bruderschaft* ist der, dass sie direkten Einfluss auf die sinnliche Wahrnehmung jedes BCI-Trägers nehmen können, seine Gefühlszentren manipulieren und auch verborgene Gedanken lesen können.

Dazu müssen die IT-Spezialisten der Totalüberwacher die BCIs lediglich infiltrieren, d. h. sie müssen genau das tun, was sie heute schon mit den mehr als 100.000 Netzwerken, Desktop-Rechnern und Mobiltelefonen machen. Wie ein Smartphone wird die BCI, die ja nichts anderes als ein Computer ist, ein Betriebssystem haben, und jedes Betriebssystem hat nun mal seine Schwachstellen. Anders gesagt, gibt es keine vernetzten Computersysteme, die völlig immun gegen Hackerangriffe sind. Abgesehen davon, dass es nicht möglich ist, ein solches Betriebssystem zu programmieren, dürfte es auch nicht im Interesse der großen IT-Konzerne sein, dies zu tun. Schließlich hat die Snowden-Affäre gezeigt, dass sie mit den Totalüberwachern unter einer Decke stecken – was uns vor dem Hintergrund der finanziellen Allmacht der *Illuminaten* auch nicht wundert. Folglich werden mit ziemlicher Sicherheit sogenannte »Backdoors« (Hintertüren) in die BCI-Betriebssysteme eingebaut, die den Zugriff durch die Geheimdienste erheblich erleichtern.[196]

Stellen wir uns nun diese Welt vor. Nehmen wir an, Sie folgen der Argumentation dieses Buches und möchten daher lieber nicht mit Menschen zusammenleben, von denen ein für die Totalüberwachung signifikanter Anteil mit gewalttätigen religiösen Irren identisch ist. Dementsprechend sind Sie auch nicht ein Freund der Regierung, die genau eine solche Migration

---

[196] Wenn so etwas herauskommt, werden die Konzerne natürlich darauf verweisen, dass sie per Gerichtsbeschluss im Zuge des Kampfes gegen den Terror dazu gezwungen und zu Stillschweigen verpflichtet wurden.

fördert und Ihnen zu allem Überfluss auch noch die Kosten dafür aufbürdet. Kurz: Sie wollen etwas gegen diese Politik und ihre Protagonisten unternehmen. Deshalb planen Sie, an entsprechenden Demonstrationen teilzunehmen, vielleicht eine Nicht-Mainstream-Partei zu wählen, oder regimekritische Artikel in politischen Foren zu verfassen.

Als BCI-Träger wissen die Totalüberwacher bereits von Ihren Plänen, noch bevor Sie diese in die Tat umgesetzt haben.

Nehmen wir nun an, Sie sind nicht der Rädelsführer einer regimekritischen Bewegung, sondern nur ein besorgter Bürger, der um seine Freiheit und körperliche Unversehrtheit fürchtet. Dann dürfte Ihnen ein relativ einfaches Gedankenprogramm der Totalüberwacher in Ihr Hirn geschleust werden. Wenn Sie regimekritische Gedanken hegen oder beabsichtigen, diese in die Tat umzusetzen, wäre eine ziemlich heftige Aktivierung Ihrer Amygdala die Folge. Die damit verbundenen Angstgefühle werden Sie schon zähmen. Unterstützt wird das Ganze durch ein Gefühl der Wärme, dass sich jedes Mal in Ihnen ausbreitet, wenn Sie ein Boot voller afrikanischer Flüchtlinge sehen, wenn der Moderator der Tagesschau spricht, oder wenn ein Regierungsmitglied in den Medien gezeigt wird.

Falls Sie jedoch nicht kleinzukriegen sind und vielleicht sogar Rädelsführer einer Protestbewegung sind, treibt man Sie ganz einfach in den Wahnsinn. Entsprechende über Ihre BCI induzierte Wahrnehmungsstörungen bis hin zu wunderschön realistischen Halluzinationen werden auf Dauer ein nervliches Wrack aus Ihnen machen, und jemand, der dauernd angsterfüllt zusammenzuckt und auf Fragen antwortet, die kein Anwesender gestellt hat, ist für die anderen Protestmitglieder auch nicht mehr lange eine Leitfigur.

Zusammenfassend wage ich zu behaupten, dass BCIs mit absoluter Sicherheit von den Geheimdiensten »gehackt« werden und dass auf diese Weise in Kombination mit den anderen in diesem Buch geschilderten Technologien die totale Überwachung im biblisch-göttlichen Sinne stattfinden wird. Als Konsequenz daraus wird Widerstand gegen das Regime *absolut unmöglich* – sofern wir den Status Quo auch in Zukunft zulassen und/oder uns niemand »von außen« hilft.

Kommen wir nun zum letzten wichtigen Aspekt der Totalüberwachung: Überwachung ist relativ wirkungslos, wenn keine oder nur geringe Bestrafung von Regimegegnern möglich ist. Wie wir gesehen haben, sind die technologischen Möglichkeiten zur Bestrafung ebenso total, wie die Überwachung selbst. Doch nicht nur Bestrafungen mittels Gedankenprogrammen wie Angst, Halluzinationen etc. über BCIs sind möglich, sondern auch die physische Bestrafung von Nicht-BCI-Trägern. Gleichzeitig sind diese »Bestrafungstechnologien« auch die perfekte Ergänzung zu den Überwachungstechnologien, weil sie sowohl allgegenwärtige akustische und optische Bespitzelung ermöglichen und darüber hinaus eine Plattform für EEG, fMRT und TMS über große Entfernungen bilden können. Dazu komme ich jetzt.

3.7 Totale Bestrafung: Hyperdrohnen

In seinem Vortrag erwähnte Sascha Lobo eine neuartige Drohne der Firma BAE-Systems (siehe Abb. 2.5.1), die den klangvollen Namen »Taranis« trägt. An dieser Stelle macht sich die *Bruderschaft* nicht die geringste Mühe, ihre wahre Absicht zu verschleiern: die Erschaffung einer gottgleichen Macht, bestehend aus Totalüberwachung und -bestrafung. Schließlich ist »Taranis« der keltische Gott des Himmels und des Donners, der in jener Mythologie als Zeichen göttlicher Erzürnung (und daraus folgender göttlicher Absicht, zu bestrafen) gilt.

Diese offene Darlegung ihrer Strategie ist eine Verhöhnung des in ihren Augen dummen Bevölkerungsviehs. Das ist deswegen möglich, weil es weder für den typischen RTL-Zuschauer noch für den regimetreuen Pseudointellektuellen realistisch erscheint, dass jemand ernsthaft göttliche Fähigkeiten technologisch »nachbauen« will. Ich kann nur hoffen, dass viele Menschen meinem in diesem Buch geführten Beweis folgen werden, dass dies nicht nur technisch möglich ist, sondern dass auch mit aller Kraft daran gearbeitet wird und dass die politisch/gesellschaftlichen Rahmenbedingungen dafür mit allen Mitteln vorangetrieben werden.

Die wesentlichen Eigenschaften der Drohne sind ihre Tarneigenschaften und ihre Steuerung durch eine von der Firma QinetiQ entwickelte künstliche Intelligenz. Letztere macht es möglich, dass die Drohne vollkommen autonom agieren kann. Sie kann beispielsweise Mobiltelefone lokalisieren, die SIM-Karte des Telefonierenden mit einer Datenbank abgleichen, in der die »Patterns of Life« eines Großteils der Weltbevölkerung abgespeichert sind, und dann eine mit einer gewissen Wahrscheinlichkeit als »Terrorist« identifizierte Person auf der Stelle hinrichten.

Ein im Kontrollzentrum sitzender menschlicher Entscheider, der seine Zustimmung zur Exekution geben muss, ist in diesem Szenario im Prinzip überflüssig.

Dieser menschliche Aufseher dient wohl eher zur Argumentation gegen Kritiker der bewaffneten künstlichen Intelligenz, als dass er dem ernsthaften Versuch geschuldet wäre, Unschuldige vor einer Tötung durch die Drohne zu bewahren. Schließlich passiert es auch bei von Menschen gesteuerten, »altertümlichen« Drohnen regelmäßig, dass – um es zynisch auszudrücken – »Kollateralschäden« auftreten oder dass mal eben ein Unschuldiger aufgrund eines Softwarefehlers der »Pattern of Life«-Algorithmen über den Haufen geballert wird.

Softwarefehler lassen sich niemals ganz ausmerzen, was von der *Bruderschaft* allerdings nicht als Problem angesehen wird, weil ihnen ein Menschenleben wohl weniger bedeutet, als Ihnen, liebe Leser, das Leben einer Kuh. Auch hier drängt sich der Hinweis auf die wahren Intentionen Orwells beim Schreiben von »Animal Farm« auf. Doch »Taranis« als Überwachungs- und Bestrafungsinstrument einzusetzen, gleicht eher einer Holzhammer-Methode, als dem der »chirurgischen Präzision«, die man sich bei der gezielten Tötung von Menschen wünscht. Deshalb ist ein archaischer Donnergott als Namensgeber ziemlich treffend.

Die Ursache für die fehlende Präzision ist die Bewaffnung der Drohnen. Dabei handelt es sich üblicherweise um Schnellfeuerkanonen und Luft-Boden-Raketen. Diese Waffen eignen sich weder dazu, Exekutionen heimlich durchzuführen, noch ermöglichen sie die gezielte Hinrichtung eines einzelnen Menschen.

Ihre Wirkung hat immer auch eine gewisse Flächenwirkung, von der nun mal Menschen in unmittelbarer Nähe des ohne Gerichtsverfahren und Anhörung zum Tode Verurteilen betroffen sind.

Es tut mir leid, kurz vom Thema abzukommen, doch mir kommt beim Schreiben dieser Zeilen die Galle hoch. Staaten, die ein solches himmelschreiendes Unrecht praktizieren (USA, GB) oder unterstützen (BRD) als freiheitlich, tolerant und als »Hüter der Menschenrechte« zu bezeichnen, ist eine bodenlose Frechheit und eine Verhöhnung all jener durch die *Illuminaten*-Regimes ermordeten Menschen.

Doch zurück zu den Drohnen. Aus Sicht der *Bruderschaft* ist die Flächenwirkung der Bewaffnung und das aufgrund ihrer schieren Größe kaum zu verheimlichende Agieren jener Fluggeräte natürlich nicht wünschenswert.

Versetzen wir uns (mal wieder) in die Lage der *Bruderschaft,* frei nach *Sun Tzu*, dass man die Schlacht verliert, wenn man den Feind nicht kennt. Den Feind erkennt man jedoch am besten, wenn es gelingt, sich in ihn hinein zu versetzen.

Wenn Sie, liebe Leser, zum erlauchten Kreis der Erleuchteten gehören würden, wie würde Ihre Wunschdrohne zur Totalüberwachung und -bestrafung dann aussehen? Denken Sie mal ein paar Minuten darüber nach, bevor ich Ihnen die tatsächlichen *Illuminaten*-Pläne nun präsentiere.

Eine solche Drohne sähe aus wie eine Kopfhaut-Schuppe und würde sich nur unter dem Mikroskop davon unterscheiden lassen.

Es gäbe zwei Varianten: eine zur Bestrafung, eine zur fortgeschrittenen Überwachung bis hin zum Gedankenlesen. Aufgrund dieser fortgeschrittenen Möglichkeiten werde ich zukünftig für diese kleinen Monstren auch die Bezeichnung »Hyperdrohne« verwenden.

1. Beginnen wir mit der »Schuppendrohne« zur Bestrafung. Sie müsste mit einem mikroskopisch kleinen, ausfahrbaren Stachel ausgestattet sein, der es ermöglicht, dem Regimegegner ein Gift, ein Bakterium oder ein Virus zu injizieren. Nicht nur, dass diese Form der Bestrafung nicht zum Regime zurückverfolgt werden könnte (der Dissident, also Terrorist, ist eben »krank« geworden), es wären neben dem Tod auch erheblich subtilere Strafen möglich.

1a. Dem in *illuminierte* Ungnade Gefallenen könnte ein langsam wirkendes, tödliches Gift verabreicht werden. Kurz darauf lässt man ihn wissen, dass sein Leben durch regelmäßiges Verabreichen eines Gegengiftes gerettet werden könnte. Um dieses zu erhalten, müsste er lediglich Stillschweigen bewahren und von seinen regimekritischen Aktivitäten Abstand nehmen. Zusätzlich müsste er sich verpflichten, als V-Mann für die *Bruderschaft*[197] zu arbeiten. Die meisten Menschen könnten da wohl kaum nein sagen.

---

[197] Natürlich würde die *Bruderschaft*, wie fast immer, nicht selbst in Erscheinung treten. Stattdessen würde ein Geheimdienst, von dem bestenfalls der Direktor überhaupt von der *Bruderschaft* weiß, die Kommunikation mit dem Regimekritiker durchführen.

1b. Doch das Ganze geht noch ein wenig subtiler. Die Hyperdrohne könnte dem Querulanten auch eine Droge injizieren (was regelmäßig wiederholt wird), die das Willenszentrum des Regimegegners stark hemmt. Wenn das noch nicht ausreicht, den Übeltäter von seinem schändlichen Tun abzuhalten, könnte man die Droge natürlich schön mit 1a kombinieren. Schließlich gehört eine Menge Willenskraft dazu, das angebotene Gegengift auszuschlagen und in den sicheren Tod zu gehen. Alternativ könnte die Droge auch stark Angst auslösend wirken, was die Bereitschaft, »für die Sache« zu sterben, beim Regimegegner ebenfalls stark reduzieren dürfte.

1c. Statt den Regimefeind zu »überreden«, seine Aktivitäten sein zu lassen, könnte man ihn auch diskreditieren. Halluzinogene Drogen mit hohem Suchtfaktor würden aus ihm in kürzester Zeit ein nervliches Wrack machen, das von niemandem mehr ernst genommen würde – schließlich festigt ein offensichtlich verrückt gewordener Dissident nur das, was die Mainstream-Medien schon heute bei jeder Gelegenheit propagieren:

Wer öffentlich behauptet, die westlichen »Demokratien« seien vielleicht doch nicht so freiheitlich, tolerant und sowieso das Gute an sich, ist natürlich ein Spinner, Verschwörungstheoretiker, Rechtspopulist, Rassist und/oder ewig gestriger Nazi – allesamt Bezeichnungen, die nicht unbedingt Respekt vor der geistigen und moralischen Verfassung des Andersdenkenden[198] dokumentieren. Mithilfe der via Schuppendrohne verabreichten Droge bräuchte man den Regimekritiker nicht einmal zu verleumden – er wäre tatsächlich verrückt.

---

[198] Sofern der Andersdenkende mit seiner Meinung nicht die Freiheit anderer einschränken will, ist der Respekt vor dessen Freiheit, seine Meinung äußern zu dürfen, ein Maß für die geistige Reife der Gesellschaft.

2. Kommen wir nun zur Hyperdrohne als Überwachungsinstrument. Eine heutige Drohne vom Taranis-Typ kann natürlich auch zur optischen Aufklärung aus relativ großer Höhe verwendet werden. Schauen wir uns nun an, wozu eine Schuppendrohne darüber hinaus in der Lage wäre.

Unbemerkt würden die Mikrospitzel in den Haaren, an der Kleidung und an der Kopfhaut des Opfers kleben. Ausgestattet mit Kamera und Mikrofon könnten sie alles aufzeichnen, was das Überwachungsziel sieht, sagt und hört. Ebenso wie bei der heutigen Telekommunikationsüberwachung wäre das Überwachungsziel die gesamte Bevölkerung. Schließlich kann man nie wissen, wo sich etwas gegen das Regime zusammenbraut. Mit anderen Worten: Die Hyperdrohnen wären allgegenwärtig und würden alles mitbekommen, was irgendwo auf der Welt passiert. Man könnte nichts mehr sagen, keinen Geschlechtsverkehr haben und nicht zur Toilette gehen, ohne dass die Totalüberwacher dabei wären. Dagegen wirkt Orwells »1984« wie eine liberale Gesellschaft mit üppiger Privatsphäre.

Wenn nun irgendwo etwas gesagt wird, was dem Regime nicht genehm ist, könnten die Drohnen die Querulanten, je nach Schwere ihres »Verbrechens«, mit Durchfall und Erbrechen bis hin zu den unter 1. diskutierten Sanktionen bestrafen.

Nun kann man sich natürlich fragen, was passieren würde, wenn der milliardenfache Einsatz derartiger Drohnen an die Öffentlichkeit käme. Dazu sollte man sich erstens klarmachen, dass jeder, der diese Machenschaften veröffentlichen wollte, sofort Ziel einer Bestrafung würde.

Zweitens wäre es auch kein schwerwiegendes Problem, wenn die Bevölkerung davon erführe, dass sie über keinerlei Privatsphäre verfügt. Denn wenn Hyperdrohnen erst einmal eingesetzt werden, ist alles zu spät. Ein Regime, das über derartige Mittel verfügt, bräuchte Widerstand nicht zu fürchten. Jede noch so zaghafte Auflehnung könnte im Keim erstickt werden.

Mit diesem Szenario sind wir schon ziemlich nah bei göttlicher Allmacht (zumindest was die Herrschaft über die Menschen angeht) und Allwissenheit. Aber das ist, so furchtbar das Szenario auch sein mag, noch nicht das Ende der Fahnenstange. Schließlich fehlt das Gedankenlesen. Wie dies über gehackte BCIs funktionieren wird, habe ich bereits ausführlich erläutert. Doch auch wenn die Weigerung, sich ein BCI implementieren zu lassen, mit größeren Nachteilen verbunden sein wird als ein heutiger Verzicht auf ein Mobiltelefon, werden sich einige »ewig Gestrige« dieser Technologie verweigern – wahrscheinlich aus Angst vor besagter Totalüberwachung.

Doch auch für diese renitenten Zeitgenossen, die wenigstens beim Denken nicht beobachtet werden wollen, bieten die Hyperdrohnen aus *Illuminaten*sicht einen hervorragenden Ausweg. Schließlich bräuchte sich ihre Ausstattung nicht auf eine Kamera und ein Mikrofon zu beschränken. Gerade wegen ihrer geringen Größe könnten sie mit hochempfindlichen Messgeräten ausgestattet sein, um Elektroenzephalogramme (EEGs) aufzunehmen.

Hunderte dieser kleinen Spitzel auf dem Kopf des Überwachungsziels könnten dabei sogar das Problem der heute noch schlechten Ortsauflösung der EEGs beheben, sodass die Gedanken des Opfers ziemlich gut reproduzierbar sein dürften.

Spätestens mit der Erfindung von Supraleitern, die bei Zimmertemperatur arbeiten, sind auch fMRT-Messungen mittels auf dem Kopf verteilter Hyperdrohnen denkbar.

Damit wäre die letzte Hürde gefallen. Das Wissen um die Taten und das Denken sämtlicher Menschen auf dieser Welt würde sich von den Fähigkeiten des Rachegottes JHWH in keiner Weise unterscheiden – zumindest nicht, was das Diesseits anbelangt.

Zusätzlich wäre seine Fähigkeit zur Bestrafung als Folge eines »sündigen« Gedankens ebenfalls technologisch nachgebildet und in seiner Wirkung von den Möglichkeiten JHWHs zur diesseitigen Bestrafung ebenfalls nicht zu unterscheiden. Spätestens jetzt dürfte klar sein, dass ich den Titel dieses Buches ernst gemeint habe.

Soweit die »Wunschliste« der Eigenschaften der perfekten Drohne aus *Illuminaten*sicht. Eine letzte Frage muss allerdings noch beantwortet werden: Ist die Realisierung derartiger Hyperdrohnen überhaupt möglich?

Schauen wir uns die technischen Probleme an, die zum Bau dieser Mikrospitzel gelöst werden müssen. Beginnen wir mit der Künstlichen Intelligenz (KI) dieser Drohnen. Sie bräuchten nicht verstehen, was sie sehen oder was gesagt wird, sie müssten dies lediglich aufnehmen und als Datenstrom an eine Zentrale schicken. Ihre Intelligenz könnte auf die eines Flohs beschränkt sein. Letzterer ist in der Lage, ein Beutetier zu erkennen, dessen Blut seiner »Geschmacksrichtung« entspricht, z. B. ein Mensch oder ein Hund. Zusätzlich kann ein Floh Gefahren ausweichen, z. B. wenn sich ihm ein großes Gebilde (z. B. eine Hand) mit großer Geschwindigkeit nähert. Mehr braucht unsere Hyperdrohne auch nicht zu können. Es reicht, wenn sie einen Menschen als solchen erkennen kann, und wenn sie dabei auf Schaufensterpuppen hereinfällt, wäre das auch nicht weiter tragisch. Zusätzlich sollte sie noch den Kopf eines Menschen vom Rest des Körpers unterscheiden können, um sich bevorzugt dort niederzulassen.

Zusätzlich sollte die Drohne mit einem System (z. B. einem speziellen Funksignal) ausgerüstet sein, mit dem sie weitere Drohnen zu »ihrer« Zielperson locken kann, falls dies für den Überwacher, der ebenfalls eine KI sein kann (jedoch eine erheblich intelligentere), in der Zentrale geboten erscheint. Zu guter Letzt muss die Drohne in der Lage sein, einen einfachen Satz von Befehlen, die sie per Funk erhält, decodieren und ausführen zu können.

Eine KI mit diesen Fähigkeiten kann man heute schon bauen. Sie hätte zwar nicht in einem Gerät von der Größe einer

Kopfhautschuppe Platz, dafür aber in einem nur wenige Gramm schweren Mikrochip. Nach dem Moore'schen Gesetz, das eine Verdoppelung der Rechenleistung alle 18 Monate voraussagt, also eine Vertausendfachung nach 15 Jahren, dürfte ein Chip, der lediglich ein Milligramm wiegt und in ein Gerät von der Größe eines Flohs passt, spätestens im Jahre 2030 hergestellt werden können.

Kümmern wir uns nun um das Baumaterial. Wenn wir von einem Milligramm je Hyperdrohne ausgehen, braucht man für eine Milliarde von ihnen lediglich eine Tonne. Um jeden Menschen durchschnittlich mit 10 Hyperdrohnen zu überwachen, wären also rund 100 Tonnen Bausubstanz nötig – so viel, wie man zur Herstellung von rund 70 PKW braucht.

Dann wäre da noch das Problem der von den 100 Milliarden Hyperdrohnen erzeugten Informationsflut. Nehmen wir dazu an, pro überwachtem Menschen müssten die ihn überwachenden Drohnen durchschnittlich ein Megabit pro Sekunde (Mb/s) an die Zentrale übertragen. Während der Mensch schläft, oder auf der Toilette sitzend eine Kachelwand anstarrt, wären es sicher weniger, wenn er sich in einem konzentrierten Gespräch mit mehreren Personen befindet, wären es für eine hochauflösende Übertragung sicherlich mehr. Bei 10 Milliarden zu überwachenden Menschen wären das 10 Petabit pro Sekunde (Pb/s).

Vergleichen wir dieses Datenaufkommen mit der heutigen Kapazität des Internets. Im Jahre 2012 wurde weltweit täglich ein Exabyte[199] im Internet übertragen[200]. Dies entspricht einer durchschnittlichen Übertragungsrate von 0,1 Pb/s. Um die angestrebten 10 Pb/s zu erreichen, fehlt also »nur« ein Faktor einhundert. Das dürfte technisch, bis dass Hyperdrohnen über-

---

[199] 1 Exabyte ~1.000 Petabyte ~ 1.000.000 Terabyte ~ 1.000.000.000 Gigabyte ~1.000.000.000.000 Megabyte = 8.000.000.000.000 Megabit

[200] http://de.wikipedia.org/wiki/Internet#Datenaufkommen

haupt gebaut werden können, also spätestens bis 2030, aufgrund des exponentiellen Fortschritts im IT-Bereich kein Problem sein.

Die Frage, die sich an dieser Stelle stellt, ist die, ob das öffentliche Internet überhaupt als Träger für den Überwachungsdatenverkehr dienen sollte. Es gibt gute Gründe, die dagegen sprechen. Der gewichtigste davon hängt mit der geringen Sendeleistung der Hyperdrohnen zusammen. Es dürfte nämlich schwierig bis unmöglich sein, 1 Milligramm leichte Drohnen zu bauen, die genug Sendeleitung abstrahlen, um beispielsweise mit der nächsten Mobilfunk-Station kommunizieren zu können.

Die Lösung für das Problem ist ein dezentrales Netz, das aus nichts weiter als den Drohnen selbst besteht. Stellen wir uns dazu beispielhaft das folgende Szenario vor:

Jede Drohne hat eine Sende- und Empfangskapazität von 1 Mb/s. Auf der Kopfhaut einer Zielperson sitzen zu dessen Überwachung 100 Drohnen. Die gesamte Sende- und Empfangskapazität der Drohnen, die eine einzige Zielperson überwachen, beträgt also 100 Mb/s. Die Informationsmenge zur Übertragung der optischen und akustischen Informationen aus der Umgebung der Zielperson sowie ihrer Gedankeninformationen beträgt nur 1 bis maximal 10 Mb/s. Dann verfügen die 100 Drohnen über 90 bis 99 Mb/s freie Sende- und Empfangskapazität. Diese kann dann genutzt werden, um die Informationen, die von den Drohnen einer weiteren Zielperson in der Nähe gesendet werden, in Richtung einer Auswertungszentrale weiterzuleiten.

Die Überwachungsdrohnen eines einzigen Menschen können also die Überwachungsdatenströme von 10 bis 100 weiteren Menschen an die Zentrale weiterleiten. Die Datendichte wird auf diese Weise natürlich immer größer, je kürzer der Abstand zur Zentrale ist. Möglicherweise macht es deshalb Sinn, zusätzlich Relaisdrohnen in unmittelbarer Nähe der Zentrale einzusetzen. Letztere sind dann vielleicht nicht so groß wie eine Kopfhaut-Schuppe, sondern wie eine Biene, können dafür aber nicht nur ein MB, sondern mehrere GB weiterleiten.

Für an Kommunikationstechnologie Interessierte: Es handelt sich im Prinzip um ein Peer-to-Peer-System, wie wir es von Internet-Tauschbörsen her kennen, allerdings nicht auf der logischen Ebene, also der des Netzwerkprotokolls, sondern auf physikalischer Ebene, d. h. der des Trägernetzes.

In der lokalen Zentrale (z. B. eine in jeder größeren Stadt) befindet sich dann ein Rechenzentrum. Dort werden die Datenströme ausgewertet, komprimiert und, falls von der KI als relevant beurteilt, abgespeichert. Zusätzlich verfasst die KI einen Bericht in Textform, in dem die überwachten Personen, ihre Kommunikation und ihre Aktionen beschrieben werden. Diese Überwachungsprotokolle werden dann an die Zentrale des Geheimdienstes (z. B. verschlüsselt über das öffentliche Internet) gesandt. Das Datenaufkommen ist in diesem Fall ziemlich gering und würde im sonstigen Internet-Verkehr überhaupt nicht auffallen.

In der Geheimdienstzentrale existieren dann die Daten, wer wann mit wem was besprochen hat, was in der Umgebung geschehen ist und was die Beteiligten gedacht haben. Die dortige KI entscheidet dann, ob Bestrafungsmaßnahmen einzuleiten sind und leitet die Befehle an die lokale KI weiter, die sie wiederum an die Drohnen der Zielperson weitergibt.

Dieses Beispiel, wie man ein eigenes Trägernetz aufbauen kann, zeigt die technische Machbarkeit. Der Trick, derart große Datenmengen übertragen zu können, besteht darin, dass die Netzwerkkapazität automatisch mit der Anzahl der Drohnen wächst.

Dieses aus Drohnen bestehende Übertragungsnetz muss sich natürlich selbst organisieren, um die freien Kapazitäten optimal auszunutzen und die Datenströme in Richtung lokaler Zentrale zu lenken. Die dazu notwendigen Algorithmen existieren ebenfalls bereits heute. Mit diesem Thema beschäftigen sich Dutzende Forschergruppen. Wer sich näher dafür interessiert: einfach mal »selbstorganisierende P2P-Netze« googeln.

Schlusswort und Ausblick

Vielleicht habe ich Sie, liebe Leser, mit meinen Ausführungen schockiert. Schließlich ist die Erkenntnis, dass unser heutiges Gesellschaftssystem zwangsläufig auf die totale Sklaverei hinausläuft, nicht leicht zu verdauen. Um noch einen draufzusetzen, möchte ich darauf hinweisen, dass wir bislang in »Der geheime Weltkrieg« und dem vorliegenden Buch »nur« die Auswirkungen exponentiellen Wachstums in der Finanzwelt und beim technologischen Fortschritt im IT-Sektor untersucht haben. Die Folgen des exponentiellen Wachstums in den Bereichen Wirtschaft und Bevölkerung habe ich nur kurz gestreift, doch sie haben noch weitaus dramatischere Auswirkungen – doch dazu in meinem nächsten Buch mehr.

Es muss allerdings nicht so kommen. Aber um diese furchtbare Entwicklungen zu stoppen, brauchen wir ein grundlegend anderes System. Es hilft überhaupt nichts, gegen die Totalüberwachung zu demonstrieren, ohne den ganzen Regelkreis aus Hass, Migration, Terror und Überwachung im Blick zu haben. Noch weniger Sinn macht es, gegen Asylanten zu demonstrieren. Die sind nicht das Problem und wären schlicht bescheuert, wenn sie das Angebot nicht annehmen würden. Das Problem sind jene Leute, die mit ihren heuchlerisch-gutmenschlichen Argumenten uns allen ihren Willen aufzwingen, indem sie verlangen, dass wir dafür bezahlen müssen.

Und da sind wir auch schon bei der Lösung des Problems: Wir brauchen eine 2. Aufklärung. Die spätmittelalterliche 1. Aufklärung reduzierte die Macht der Kirche erheblich, in die Privatangelegenheiten der Menschen hineinzureden. Die nun dringend notwendige 2. Aufklärung muss in ähnlichem Maße die Macht des Staates beschneiden. Diesen Machtverlust kann man am besten über den Entzug des Geldes erreichen. Wir dürfen dem Staat nicht länger erlauben, Geld für »moralische« Dinge auszugeben, sondern dies muss jenen überlassen bleiben, die das Geld in Form von produktiver Arbeit verdienen. Genauso wenig dürfen wir zulassen, dass der Staat einen Großteil seiner Steuereinnahmen für Schuldzinsen an die Privatbanken ausgibt, wofür er keinerlei Gegenleistung erhält. Notwendiger Bestandteil einer 2. Aufklärung sind also die Selbstbestimmung und -verantwortung der Menschen und der Entwurf eines neuen Finanzsystems, in dem Geld als Tauschmittel und nicht als Werkzeug zum Geldverdienen verwendet wird.

Würden diese beiden Dinge erstritten, wäre dem Staat und den ihn kontrollierenden Hintermännern das Wasser abgegraben. Zusätzlich müssten wir dem Staat verbieten, Krieg gegen Länder zu führen, die für uns keine Bedrohung darstellen, oder Staaten zu unterstützen, die einen solchen Krieg führen. Dann bräuchten wir nicht länger die Versklavung mittels Totalüberwachung zu fürchten, wir bräuchten nicht länger die Hälfte unserer Arbeitszeit für das Regime zu arbeiten und wir bräuchten auch keinen Terror mehr zu fürchten, weil kaum noch ein Migrant die Motivation hätte, nach Deutschland bzw. Europa zu kommen – es sei denn, zum Arbeiten.

Wir hätten alle dreimal so viel Geld zur freien Verfügung und könnten selbst bestimmen, für welche »moralischen« Dinge wir dieses Geld neben unserem Konsum ausgeben würden. Ein ungeheurer wirtschaftlicher Aufschwung wäre ohne die Knebelwirkung des Bevormundungsstaats die Folge. Es wäre eine gerechtere Welt, in der derjenige, der das Geld verdient, auch bestimmt, wofür es ausgegeben wird. Wie ein solches System im Detail aussehen könnte, schildere ich in einem der nächsten Bände.

Zusammengefasst möchte ich empfehlen, das Übel bei der Wurzel zu fassen: beim Geld. Nehmt es dem Staat zum Großteil weg und lasst ihn sich möglichst per verursachungsgerechter Besteuerung um die innere und äußere Sicherheit, Forschung und Bildung, sowie Infrastruktur kümmern. Wären beispielsweise heute die KFZ-Steuer und die Mineralölsteuer zweckgebunden, so wären unsere Straßen nicht in diesem desolaten Zustand.

Ich glaube nicht, dass das System durch demokratische Wahlen verändert werden kann, weil die Menschen leider immer das wählen, was ihnen von den Medien gesagt wird. Folglich bestimmt derjenige, der die Medien kontrolliert, wer oder was gewählt wird. Stattdessen müssen die Umwälzungen von dort kommen, wo das Geld durch produktive Arbeit verdient wird. Deshalb nun zum Schluss ein kleiner Aufruf an die richtige Adresse:

***Ein Generalstreik ist überfällig*.**

Liebe Mittelständler,

nachdem man Euch nun auch noch mit der Erbschaftssteuer ruinieren möchte, solltet Ihr Euch einmal überlegen, ob Ihr Euch nicht mit Euren nicht minder vom Regime abgezockten Belegschaften zusammentut und einfach streikt – und zwar so lange, bis das »Parteiensyndikat« die Staatsquote auf ein vernünftiges Maß, rund 10 %, absenkt. Natürlich ist dann nicht mehr genug Geld da für das Bürokratenheer, das Euch nicht etwa hilft, sondern Eure Arbeit nur erschwert, es fehlt auch an Geld für die »Resozialisierung« von Schwerverbrechern, für den legalen Diebstahl der Banken, genannt »Zinsen«, und für eine immer weiter anschwellende Flut von unqualifizierten Wirtschaftsflüchtlingen.

Wer beispielsweise für Letztere bezahlen möchte, wird schließlich von niemandem daran gehindert. Doch Sache des Staates, dies von allen Bürgern einzufordern, ist es sicher nicht. Für die eigentlichen Aufgaben des Staates, für Forschung, Bildung, Infrastruktur, innere und äußere Sicherheit, wäre jedoch nach wie vor mehr als genug Geld vorhanden.

Noch geht es »nur« um Euer Geld, doch Geld ist auch ein Maß für persönliche Freiheit. Bald schon wird Euch auch der

Rest Eurer Freiheit geraubt – und zwar 100 %ig sicher, wenn Ihr nichts tut. Und wenn Ihr wider besseres Wissens nicht für Eure Freiheit kämpft, sagt später nicht, Ihr hättet nicht geahnt, was da auf Euch zukommt.

Aber vielleicht tut sich ja etwas in Deutschland. »Noch ist Polen nicht verloren«, lautet ein altes Sprichwort. Vielleicht sind es Deutschland, Europa und die Welt ja auch nicht.

Anhang:
Die Grundlagen von Adservern und »Retargeting«

Das Anliegen dieses Anhangs kann es nicht sein, sämtliche Protokolle, Programmiersprachen und Verfahren, die bei Webservern im Allgemeinen und Retargeting im Speziellen eingesetzt werden, im Detail zu beschreiben. Stattdessen geht es mir darum, die Prinzipien zu erklären, damit der Leser in die Lage versetzt wird zu verstehen, ob die von den Webseiten-Betreibern eingesetzten Technologien in seinem Interesse handeln oder nicht.

Um das Prinzip von Retargeting zu erklären, möchte ich das von mir genannte Beispiel erwähnen, als ich mich für die technischen Details von Laptops auf der Hersteller-Webseite erkundigte (siehe Abschnitt 2.3). Gleiches gilt natürlich auch für die Kuckucksuhr der von Sascha Lobo in der Fußgängerzone interviewten Frau (siehe Abschnitt 2.6).

Doch zunächst zu den Grundlagen: Eine Webseite besteht aus herkömmlichem Text, Bildern, Videos und, für uns an dieser Stelle ganz wichtig: Verweisen auf andere Seiten, sogenannte Links. Diese Links sind mit Text, Bildern usw. verknüpft. Als Benutzer sehen Sie das beispielsweise, wenn Sie mit der Maus über den entsprechenden Text oder das Bild gehen und dabei der Mauspfeil zu einem Händchen wird. Wenn Sie dann die linke Maustaste drücken, gelangen Sie auf die mit dem Text oder mit dem Bild »verlinkte« Seite.

Vor diesem Hintergrund ist eine Webseite also nicht einfach nur ein normaler Text wie die Seite eines gedruckten Buchs oder einer Zeitschrift, sondern weil Verknüpfungen (Links) enthalten sind, mit denen man andere Inhalte aufrufen kann, spricht man von »Hypertext«, also eine Art Text, dessen Funktionalität über normalen Text hinausgeht (»hyper«).

Damit ein Text dargestellt werden kann, muss angegeben sein, welche Schriftgröße, welcher Schrifttyp und welche

Schriftfarbe verwendet werden soll, wie der Hintergrund gestaltet sein soll, an welcher Stelle welche Bilder (oder Videos) in welcher Größe platziert werden sollen und welche Bilder oder Texte mit Links versehen werden. Außer den eigentlichen Inhalten (Text, Bilder, Videos) müssen also zusätzlich Informationen *über* die Inhalte angegeben werden.

So etwas Ähnliches hatten wir schon im Vortrag von Sascha Lobo erfahren: Daten *über* Daten nennt man Metadaten, folglich nennt man das Regelwerk, mit dem Hypertext beschrieben wird, »Metasprache«. Eine solche Metasprache hat man für die Darstellung von Hypertext standardisiert und »Hypertext meta language (HTML)« genannt. Sie besteht aus den Anweisungen, wie die Inhalte darzustellen sind, und aus den Inhalten selbst.

Zur Übertragung von diesem Hypertext im HTML-Format von einem Webserver auf einen PC zur Darstellung im Browser[201] hat man ein spezielles Protokoll entwickelt: das Hypertext Transfer Protocol (http). Deshalb sehen Sie ganz oben in der Befehlszeile ihres Browser immer die Kennzeichnung http:// vor der eigentlichen URL, die Sie aufrufen möchten (z. B. www.alternative-realitaet.de).

Diese Kennzeichnung wird angegeben, weil man aus einem Browser heraus auch andere Protokolle verwenden kann, wie z. B. das File Transfer Protocol (ftp), aber das soll uns hier nicht weiter interessieren. Wenn man nichts angibt, gehen die meisten Browser vom Standardfall aus, dass http gemeint ist.

Schauen wir uns nun an, wie die Kommunikation beim Abrufen einer Webseite abläuft. Wenn man »http://www.mein-laptop-beispiel.de« in die Befehlszeile des Browsers eingibt, so wird zunächst einmal ein sogenannter Domain-Name-Server (DNS) von Ihrem PC nach der IP-Adresse von »www.mein-laptop-beispiel.de« gefragt. Der DNS-Server gibt als Antwort die gewünschte IP-Adresse (eine Kombination von Zahlen)

---

201 Gängige Browser sind »Google Chrome«, »Mozilla Firefox« oder »Microsoft Internet Explorer«.

zurück, weil nur mit ihrer Hilfe ein Verbindungsaufbau möglich ist. Namen wie »www.mein-laptop-beispiel.de« haben lediglich den Sinn, dass man sie sich leichter merken kann, als die IP-Adresse, sie dienen also lediglich dazu, dass man das Internet benutzen kann, ohne sich für jeden Webserver die IP-Adresse merken zu müssen.

Nachdem Ihr PC nun die IP-Adresse des gewünschten Webservers vom DNS Server erhalten hat, erfolgt der Verbindungsaufbau über das zuvor erwähnte http-Protokoll. Die Einzelheiten sind hier für uns wenig interessant, weshalb ich nur die wesentlichen Punkte schildere. Ihr PC fordert mit dem »GET«-Befehl den Webserver auf, ihm die Startseite zu schicken. Der Webserver antwortet in der http-Kopfzeile (Header) zunächst einmal mit ein paar für die Kommunikation hilfreichen Informationen. Dazu gehören unter anderem die http-Version, die der Server verwendet, der Servertyp (z. B. Apache, Betriebssystem UNIX), dann folgt die Länge der zu übertragenden Startseite in Byte und welche Sprache im Text verwendet wird (z. B. »de« für »deutsch«). Nach diesem »Vorgeplänkel« folgt dann der eigentliche Hypertext im HTML-Format.

Nachdem der Hypertext übertragen wurde, wird die Verbindung zwischen PC und Webserver wieder abgebaut. Daraus ergibt sich speziell für Online-Shops ein Problem. Das http-Protokoll ist ein sogenanntes »zustandsloses« Protokoll. Beim Aufrufen jeder Seite wird diese per GET-Befehl vom Browser angefordert, dann vom Server geliefert, der danach die Verbindung wieder beendet. Die aufgerufenen Seiten sind also unabhängig voneinander in dem Sinne, dass der Server nicht unterscheiden kann, wer welche Seite aufruft, wenn mehrere Nutzer auf dem Server aktiv sind.

Dies bedeutet, dass es zunächst einmal keinen Sinn macht, sich in einem Online-Shop anzumelden, weil der Server sämtliche weiteren Seitenaufrufe, zum Beispiel, was Sie in Ihren Warenkorb packen, nicht zuordnen kann. Deshalb hat man sich eine Methode überlegt, um diese Eigenschaft (»zustandslos«) des http-Protokolls zu umgehen.

In der Kopfzeile von http kann man nun angeben, dass man keine Inhalte, also keine HTML-Datei[202], übertragen möchte, die im Browser dargestellt werden sollen, sondern Inhalte, die in einer Datei, genannt »Cookie«, auf dem Rechner des Nutzers abgespeichert werden sollen.

Dies geschieht dadurch, dass der Server nicht mit der Angabe der Länge des Hypertexts und der Sprache, in der er verfasst ist, antwortet (weil ein solcher Text in diesem Fall nicht existiert), sondern mit dem Befehl »Set-Cookie«. Dieser Befehl soll den Browser dazu veranlassen, eine Textdatei anzulegen, in die der Server etwas hineinschreiben kann.

Wenn man sich in einem Online-Shop anmeldet, antwortet der Server mit dem »Set-Cookie«-Befehl und schreibt dann Datum, Uhrzeit usw. zusammen mit einer eindeutigen Kennung in diese Datei. Diese Kennung (Session-ID) kann er dann immer wieder dem Nutzer zuordnen. Wenn Letzterer nun eine weitere Shopseite aufruft, schaut der Server zunächst in die Cookie-Datei, liest die Session-ID aus und ordnet sie dem entsprechenden Kunden zu. So kann der Online-Shop-Server immer nachvollziehen, welcher Kunde auf welcher Shopseite aktiv ist und wer welche Produkte in den virtuellen Warenkorb legt.

Kommen wir nun zum »Retargeting«, bei dem Cookies eine wesentliche Rolle spielen, am Beispiel meines Besuchs beim Laptophersteller:

Die Webseite des Laptopherstellers enthielt Bilder der Produkte und beschreibende Texte, die wiederum mit Seiten zur weiteren Erklärung der Produkte verlinkt waren. Der Hintergrund der Seiten war einfach weiß. Unsichtbar für mich hat man nun hinter einem Pixel (ein Bildpunkt, also das kleinst-

[202] Es gibt auch noch andere Inhalte, aber das ist an dieser Stelle nicht relevant.

mögliche Bild), meist nimmt man die Farbe des Hintergrunds, einen Link zu einem sogenannten Adserver platziert. Dies ist der Server eines Werbevermarkters, den der Laptop-Hersteller beauftragt hat, für ihn Werbebanner auf den Seiten Dritter zu platzieren.

Der hinter dem »getarnten« Pixel liegende Link liefert nicht etwa irgendwelche Inhalte vom Adserver. Stattdessen fordert er den Browser (in diesem Beispiel meinen) dazu auf, einen »Cookie« anzulegen. In diese Cookie-Datei schreibt der Adserver dann eine eindeutige Kennung hinein (die mich später identifiziert, ohne meinen Namen zu kennen. Das erinnert an die Identifikation von Menschen per SIM-Karte, ohne dass deren Namen bekannt sein muss; siehe Abschnitt 2.3) und listet die Seite auf, die das »getarnte« Pixel enthält. Somit ist dem Adserver das Produkt bekannt, für das ich mich interessiere (beziehungsweise der Mensch hinter der eindeutigen Kennung, die der Adserver vergeben hat).

Da in allen Produktseiten des Laptopherstellers »getarnte« Pixel mit Links auf den Adserver verborgen sind, kennt der Adserver alle Produkte des Laptopherstellers, die ich mir angeschaut habe.

Nehmen wir nun an, ich besuche Tage später die Seite »Spiegel Online«, eine Seite, die von Werbevermarktung lebt. Wenn nun der Werbevermarkter des Laptopherstellers Banner (Werbeplätze) bei SPON gebucht hat, dann zeigen die hinter den Werbebannern liegenden URLs auf den Adserver des Vermarkters.

Letzterer prüft dann erst einmal, ob er irgendwann bereits einen Cookie auf meinem Rechner angelegt hat. Dies ist der Fall, weil ich mir den bei meinem Besuch auf der Seite des Laptop-Herstellers »eingefangen« habe. Dann schaut der Adserver in den Cookie und weiß, für welche Produkte ich mich interessiert habe, und prüft, ob er Daten darüber hat, ob ich schon gekauft habe oder nicht, ob ich bereits einen Bestellvorgang angestoßen und diesen möglicherweise wieder abgebrochen habe, und was auch immer dem Vermarkter sonst noch einfällt. Aus den ihm vorliegenden Informationen über mich berechnet der Adserver, welches Produkt ich wohl mit höchster Wahrscheinlichkeit kaufen möchte. Um mich daran zu erinnern, schickt er mir sogleich eine Werbung für das von mir mutmaßlich favorisierte Produkt, das dann in dem dafür vorgesehenen Banner bei Spiegel Online angezeigt wird.

Später besuche ich dann beispielsweise Heise Online. Da die Betreiber dieser Webseite ebenfalls einen Vertrag mit dem gleichen Werbevermarkter haben, beginnt das Spiel von Neuem und ich sehe auch dort ein Werbebanner des Laptopherstellers.

Für die Geheimdienste ist dies natürlich auch eine interessante Technologie, denn, wie wir gesehen haben, reicht denen eine eindeutige Kennung. Den Namen brauchen sie schließlich nicht zu wissen, um jemanden umzubringen, geschweige denn zu verleumden oder wirtschaftlich zu ruinieren.

Wenn Geheimdienstspezialisten beispielsweise den Server eines politischen Forums »hacken« und dort hinter einem »getarnten« Pixel einen Link auf einen Cookie setzen, so kennt der Geheimdienst nicht nur die Seiten, die der Nutzer in diesem Forum aufgerufen hat, sondern auch alle anderen vom Geheimdienst präparierten Seiten, die der Nutzer mit jener Kennung besucht. Wenn dann zusätzlich die Adserver der wichtigsten Werbevermarkter infiltriert werden, kann man die Kennung, die der Geheimdienst dem Nutzer verliehen hat, sogar mit der vom Adserver verliehenen Kennung abgleichen. Auf diese Weise ergibt sich ein schönes, ziemlich vollständiges »Bewegungsprofil« des Nutzers im Internet.

Wenn dann auch noch zusätzlich ein Online-Shop von den Staatsschnüfflern infiltriert wurde, der mit dem Werbevermarkter zusammenarbeitet, kann man der Kennung sogar Namen, Adresse und Bankverbindung des Kunden zuordnen.

Außerdem kennt der Geheimdienst durch das Übertragen des Cookies auf den Rechner des Nutzers dessen IP-Adresse. Letztere lässt sich über die Server des Telekommunikationsdiensteanbieters, z. B. der Deutschen Telekom, die den Zugang zum Internet kontrollieren, eindeutig einem Anschluss zuordnen. Mit anderen Worten: Durch Infiltrieren der Zugangsserver weiß der Geheimdienst sogar genau, welchem (DSL)-Anschluss dieses Bewegungsprofil zuzuordnen ist.

Die Frage, die sich nun stellt, lautet: Kann man sich gegen Retargeting schützen? Ja, das kann man. Schließlich wurde der Browser, den Sie, liebe Leser, verwenden, weder vom Geheimdienst noch von Werbevermarktern programmiert. Deshalb erlauben diese Browser in den Einstellungen, das Setzen von Cookies abzulehnen. Dies generell für alle Cookies zu tun, ist keine gute Idee, wenn man Webseiten benutzen möchte, bei denen man sich einloggen muss, wie beispielsweise Online-Shops oder Internetforen.

Beim Retargeting geht es jedoch darum, dass nicht der Webserver, den man gerade besucht (z. B. der des Laptopherstellers) einen Cookie setzen möchte (das soll er ruhig, wenn ich dort einkaufen möchte), sondern dass der Server eines Dritten über ein »getarntes« Pixel einen Cookie setzen möchte. Sie können Ihren Browser jedoch so konfigurieren, dass er zwar Cookies von den von Ihnen besuchten Seiten zulässt, jene von Servern Dritter (Werbevermarkter oder sogar Geheimdienst) jedoch ablehnt. Dies möchte ich am Beispiel des Google Chrome Browsers kurz erläutern:

Direkt unter dem weißen »X« auf rotem Grund rechts oben in der Ecke, mit dem Sie den Browser beenden können, finden Sie ein kleines Feld mit drei horizontalen Linien. Wenn Sie darauf klicken, öffnet sich ein Menü. Ziemlich weit unten finden Sie den Menüpunkt »Einstellungen«. Wenn Sie darauf klicken, öffnet sich ein neuer Tab des Browsers. Ganz oben im Anzeigebereich steht »Einstellungen«, rechts daneben befindet sich ein Eingabefeld mit »in Einstellungen suchen«. Geben Sie dort »Cookie« (ohne Anführungszeichen) ein. Klicken Sie auf »Inhaltseinstellungen«. Es öffnet sich ein Fenster. Setzen Sie dort ein Häkchen bei »Drittanbieter-Cookies und Website-Daten blockieren«.

Wenn nun der Server eines Dritten, wie z. B. der Adserver eines Werbevermarkters, den Befehl »Set-Cookie« überträgt, wird Ihr Browser diesen Befehl verweigern.

Literaturverzeichnis

Boyer, Pascal, *Und Mensch schuf Gott,* 3. Auflage, Klett-Cotta (2011)

Dawkins, Richard, *Der entzauberte Regenbogen*, Rowohlt Taschenbuch Verlag, 2. Auflage (2007)

Dawkins, Richard, *Der Gotteswahn*, 4. Auflage, Ullstein Taschenbuch (2008)

Feynman, Richard, *Vorlesungen über Physik, Band III: Quantenmechanik*, Oldenburg (1988)

Fisher, Roger, Ury, William, Patton, Bruce, *Das Harvard-Konzept: Klassiker der Verhandlungstechnik*, 24. Auflage, Campus Verlag (2013)

Lüdemann, Volker, Sengstacken, Christin, *Lebensretter eCall: Türöffner für neue Telematik-Dienstleistungen*, RDV Nr. 4, S. 177 – 182 (2014)

Marx, Karl, Engels, Friedrich – Werke, Band 25: *Das Kapital.* Bd. III, Fünfter Abschnitt. Dietz Verlag (1983)

Moore, Gordon, E., *Cramming more components onto integrated circuits*, Electronics 38, Nr. 8 (1965)

Parviz, Babak, A., *Augmented Reality in a Contact Lens*, IEEE Spectrum, September (2009)

Sarrazin, Thilo, *Deutschland schafft sich ab,* Deutsche Verlags-Anstalt, 22. Auflage (2010)

Schrödinger, Erwin, *Was ist Leben?*, Piper Taschenbuch, 13. Auflage (1989)

Ulfkotte, Udo, *Gekaufte Journalisten,* Kopp Verlag, 6. Auflage (2015)

Newsletter

Wenn Sie mehrmals jährlich kostenlos per E-Mail
Infos zu unseren Neuerscheinungen
in der Reihe *Alternative Realität*
erhalten möchten,
abonnieren Sie bitte unseren Newsletter.
Dazu müssen Sie nur auf der Seite

www.alternative-realitaet.de

Ihre E-Mail-Adresse angeben und auf *Senden* klicken.
Natürlich können Sie den Newsletter
jederzeit wieder abbestellen.